지식도시론

– 입지적 특성과 산업경쟁력

지식도시론

– 입지적 특성과 산업경쟁력

박종화

경북대학교출판부

박종화(경북대학교 법과대학 행정학부 교수)

미국 럿거스대학교(Rutgers Univ.) 도시계획 및 정책개발학과를 졸업(PhD)하고 1990년 3월부터 경북대학교 행정학부 교수로 재직 중이다. 지역산업정책의 구조와 역학관계 그리고 개발과정에서 파생되는 갈등관리 부분을 주로 연구하고 있다. 그간 『도시경영론』(제2개정판, 박영사, 2009)을 포함하여 6권의 저서와 1권의 역서, 그리고 다수의 관련 논문을 저술했다. 1997년에는 싱가포르 국립대학교(NUS) 건물 및 부동산학부 펠로우십 교수, 그리고 2007년에는 미국 윌리엄스대학교 경제학과 연구교수로 근무하였다.
이메일: hwapark@knu.ac.kr

지식도시론 – 입지적 특성과 산업경쟁력

초판1쇄 2011년 7월 21일 | **초판2쇄** 2012년 8월 17일
지은이 박종화 | **펴낸이** 함인석 | **펴낸곳** 경북대학교출판부
출판등록 1973년 10월 10일 ㉣97호 | **주소** 대구광역시 북구 대학로 80번지
전화 053-950-6741 ~ 3 | **팩스** 053-953-4692 | **E-mail** press@knu.ac.kr

ISBN 978-89-7180-316-5 93350

값은 표지 뒷면에 있습니다.
파본은 바꾸어 드립니다.

글머리

2000년도가 시작되고 얼마 지나지 않은 무렵이었던 같다. 〈지역개발론〉 강좌 중 '지역의 공간구조와 도시화'에 대해 이야기하고 있는데 학생 한 명이 대뜸 "선생님, 지역의 공간구조가 이렇게 형성되고 도시화가 진행된다는 것은 이해하겠는데… 실상 이런 사실들이 현재 우리 대구시의 삶과 경쟁력 그리고 고용 없는 성장 현상 등에 대해 어떤 설명력을 가지는지, 그리고 정책적으로 어떤 대처방안을 가지는지에 대한 내용 등은 제대로 없는 것 같습니다."라는 불만 어린 진단을 내놓았다. 새 학기가 시작되고 2주나 3주쯤 되었을 무렵이었고 지난 여러 학기동안 그렇게 도전적인 평이 없었으므로 순간 좀 당황스러웠다. 선생의 입장에서 우리가 교실에서 논의할 때는 현실을 있는 그대로 기술하기보다는 기본 원리에 대한 탐구에 충실할 수밖에 없다는 점을(W. Christaller나 A. Lösch같은 유명 학자들까지 언급하며) 답변했던 기억이 있다. 논의의 순서상 공간구조 원리에 대한 이해, 재정 등 수단에 대한 검토, 분석 및 예측기법에 대한 논의, 그리고 개별 부문(개발, 경제, 교통, 토지, 주택 등)별 정책적 탐구가 진행되는데 그와 같은 점이 강의계획서에 명료하게 제시되지 못했던 것 같다는 설명도 덧붙였다.

질문의 내용보다 그 당시 심각하게 느꼈던 점은, 무엇보다 현실의 변화속도와 현실 문제를 학교에서 제대로 다루고 있지 못하고 있는 것 아니냐는 반성이었다. 실제 학계에 대한 사회의 수요는 교실에서 다루는 내용보다 훨씬 더 높은 수준에 있는 것이 아닐까 하는 것과, 현실에서 이미 중요한 사안으로 부각된 관련 사안들을 교실에서 제대로 다루고 있지 못하고 지나치게 원리

위주로 접근하고 있는 것은 아닐까 생각하게 되었다. 사회는 이미 지식기반사회로 진전해 왔고, 지식경제의 기본원리 등이 개인은 물론이고 도시와 지역의 경쟁력, 나아가 국가의 경쟁력까지 좌우하고 있는데, 그와 같은 측면들이 도시와 지역 논의에서 제대로 포착되고 있지 못하고 있는 것은 아닌가 하는 의문이 들었다. 예컨대, 소득수준과 생산성의 양극화 현상은 개인 수준에 한정되는 것이 아니라 도시와 지역 간에도 동시에 나타나고 있는데, 그와 같은 점들이 도시와 지역 논의에서 제대로 반영되고 있는지? 산업사회를 지배하던 수확체감 생산원리에서 벗어나 현재의 지식기반사회에서는 수확체증 생산원리가 광범위하게 나타나고 있는데, 관련 논의가 도시와 지역의 산업경쟁력 논의에서 제대로 다루어지고 있는지? 지식경제의 도래와 함께 고용 없는 성장(jobless growth) 문제가 새로운 파장으로 다가오고 있는데, 도시와 지역 관련 논의에서 관련 이슈를 어떻게 제대로 담아 갈 수 있을지에 대한 고민 등이 제대로 반영되고 있는지? 등에 대한 의구심들이었다.

이런 맥락에서, 지식도시에 대한 포괄적인 연구와 정보의 축적이 필요할 것이라는 생각으로 『지식도시론』 집필을 고려하게 되었다. 지식도시에서는 그 특성상 포지티브 피드백에 의한 자기 강화적 메커니즘 내지 수확체증효과, 그리고 네트워크 경제 효과가 두드러지게 나타나게 될 것으로 보인다. 따라서 관련 효과를 촉발하는 핵심적 인자 내지 결과로서 이 책은 지식기반산업의 입지적 측면과 산업경쟁력에 주목하였다. 물론 지식기반산업의 입지적 특성과 산업경쟁력 측면이 지식도시 논의를 포괄하는 것은 아니다. 하지만, 관련 연구나 논의를 확대시켜 나간다는 취지에서 시론적 차원에서 해당 내용정리를 시도하였다.

이 책은 지식도시와 관련하여 저자가 발표한 논문을 토대로 구성하였으며, '입지적 특성', '산업경쟁력', '혁신체계'라는 3개 부와 7개의 장으로 이루어져 있다. 제1부는 〈지식기반산업의 입지적 특성〉으로 지식기반산업의 입지, 형성기 클러스터의 입지특성, 그리고 지역적 경로의존성 등을 다룬다. 제1장 '지식기반산업의 입지'에서는 지식기반산업의 개념과 속성, 입지특성, 그리고 산업입지정책상의 시사점 등을 검토한다. 제2장 '형성기 클러스터의 입지특성'에서는 관련 입지이론을 토대로 실태분석을 하고 장애요인과 정책수요를 분석하며, 대안적 접근방안과 정책적 시사점을 제시한다. 제3장 '지역산업정책과 경로의존성'에서는 이론적 검토를 토대로 지역적 경로의존 특성에 대한 실태분석 및 정책적 시사점을 제시한다.

제2부는 〈지식도시와 산업경쟁력〉으로 지식기반사회로의 이행과 함께 강조되고 있는 지방정부 역할부분, 도시문화산업 부분, 그리고 사회적 자본 부분을 다룬다. 제4장 '지방정부 기업지원의 전략적 실행모형'은 관련 이론적 논의를 토대로 분석모형을 정립하고 기업지원 실행모형을 탐색한다. 사례분석을 통해 모형 적용성의 검토와 정책적 시사점을 제시한다. 제5장 '도시문화산업의 경쟁력'은 도시문화산업의 의의와 경쟁력 결정요인, 관련 실태분석 그리고 정책적 시사점 등을 개괄적으로 다룬다. 제6장 '사회적 자본과 도시경쟁력'에서는 사회적 자본과 도시경쟁력에 대한 논의, 실태분석 그리고 정책적 시사점 등을 분석적으로 검토한다.

제3부는 〈지식도시와 혁신체계〉로서 지역혁신체계에서 사회적 자본의 역할 측면을 논의한다. 제7장 '지역혁신체계에서 사회적 자본의 역기능성'은 사회적 자본과 지역혁신체계에 대한 이론적 고찰을 토대로 사회적 자본의 역기능성 측면을 적시하고 관련 정책적 시사점을 제시한다.

이 책을 펴내기까지 많은 분들의 도움을 받았다. 우선 저자와 관련 주제에 대해 오랫동안 함께 연구하고 고민해 온 대구 북구청 권태형 박사와 포항테크노파크 김동진 연구원의 기여가 컸다. 그리고 저자의 좋은 벗이자 관련 연구

작업에 함께 매진해 온 부산대학교 김창수 교수에게 감사드린다. 멋진 책이 되도록 노력해 주신 경북대학교출판부 여러 선생님들과 교정 및 마무리에 도움을 준 이귀남 석사, 정의석 조교에게 감사한다. 이 외에 도움 주신 모든 분들께도 감사의 말씀을 전하고 싶다.

2011년 6월

저자 박종화

차례

글머리 5

제1부 지식도시와 입지적 특성 11

제1장_지식기반산업의 입지 · 13

지식기반산업의 개념과 속성 · 15

지식기반산업의 입지특성 · 24

정책적 시사점 · 32

참고문헌 · 39

제2장_형성기 클러스터의 입지특성 · 43

형성기 클러스터 · 45

역사적 배경 · 50

입지환경, 장애요인 그리고 정책수요 · 56

정책적 시사점 · 65

참고문헌 · 73

제3장_지역산업정책과 경로의존성 · 80

지역적 경로의존성 · 83

사례의 분석 · 91

지역적 경로의존성에 대한 새로운 시각 · 105

정책적 시사점 · 109

참고문헌 · 111

제2부 지식도시와 산업경쟁력 115

제4장_지방정부 기업지원의 전략적 실행모형 · 117

이론적 배경 및 분석모형 · 119

기업지원 실행모형 탐색 · 126

대구 스타기업 육성 사례 · 133

모형적용성과 정책적 시사점 · 149

참고문헌 · 158

제5장_도시문화산업의 경쟁력 · 161

도시문화산업의 의의와 경쟁력 결정요인 · 164

도시문화산업 경쟁력 결정요인에 관한 실증분석 · 174

정책적 시사점 · 186

참고문헌 · 188

제6장_사회적 자본과 도시경쟁력 · 190

사회적 자본과 도시경쟁력 논의 · 191

실태분석 · 197

정책적 시사점 · 209

참고문헌 · 215

제3부 지식도시와 혁신체계 219

제7장_지역혁신체계에서 사회적 자본의 역기능성 · 221

사회적 자본과 지역혁신체계 · 223

지역혁신체계에서 사회적 자본의 역기능성 · 231

정책적 시사점 · 241

참고문헌 · 251

출처 257

찾아보기 258

제1부

지식도시와 입지적 특성

제1장_지식기반산업의 입지

제2장_형성기 클러스터의 입지특성

제3장_지역산업정책과 경로의존성

제1장 · 지식기반산업의 입지

지역경제와 국가경제의 발전 패러다임이 급격하게 변화하고 있다. 그리고 그 패러다임 변화의 기본 축으로서 지식기반경제로의 흐름과 지식기반산업의 잠재력이 크게 주목받고 있다. 토지, 노동, 자본 등 전통적 생산요소에 비해 지식이라는 생산요소가 지역 및 국가의 경제성장 과정에 보다 중심적인 역할을 하는 경제를 지식기반경제라고 규정할 수 있다. 그리고 그 지식을 토대로 고부가가치의 재화 및 서비스를 생산하는 산업을 지식기반산업이라고 포괄적으로 정의할 수 있다. 그런데 역사적으로 볼 때, 지식과 정보에 기초한 기술혁신이 경제발전 과정에 핵심적인 역할을 담당해 왔다고 하는 것은 전혀 새로울 것이 없는 사실이다. 그런데도 왜 최근에 와서 지식의 중요성이 더 한층 강조되는 것일까? 그리고 성장과 부가가치 창출의 원천으로 새삼 주목을 받게 되는 것일까?

우선 기술혁신 속도의 가속화, 혁신 결과의 공간적 확산 수단인 정보통신기술의 비약적인 발전, 글로벌 경제로의 이행에 따른 경쟁의 심화와 기회의 확대, 소득 증대에 따른 소비자 기호의 고급화 및 다양화, 그리고 사회적 제도의 정비 등이 언급될 수 있다. 그리고 최근 경제발전에 있어서 지식과 정보를 새로운 수단으로 또는 생산성 향상과 비교우위 확보에 있어 결정적인 요소로 주목하게 된 것은 앞에서 언급된 요인들과 함께 지식과 정보의 개념,

내용, 그리고 역할이 크게 달라졌기 때문이다. 그동안 주로 기계와 조직, 사람에게 체화되어 제한된 범위 내에서 작동하던 지식과 정보가 이제 더 이상 시간과 공간의 제약을 받지 않는 전략적 자원이 되어 기존 제품의 고부가가치화와 공정 혁신을 주도할 뿐만 아니라 전혀 다른 새로운 제품과 서비스를 창출하는 데 있어 핵심적인 역할을 하고 있기 때문이다(이선외, 2000: 23-36).[1)]

따라서 여기에서는 지역경제 및 국가경제의 발전과정에서 지식기반경제로의 이행 흐름과 지식기반산업의 잠재력을 인지하고, 그와 같은 맥락에서 지식기반산업의 입지를 속성별 입지특성에 초점을 두고 분석하고자 한다. 보다 구체적으로, 지식기반산업의 개념과 속성을 논의하고, 그 논의를 토대로 지식기반산업의 입지특성을 규명하며, 더 나아가서 산업입지정책상의 함의를 도출하고자 한다.

최근 지식기반경제와 지식기반산업에 대한 관련 연구가 산업경제학과 국토계획학 그리고 경영학 분야에서 활발하게 이루어지고 있는 것으로 보인다. 하지만 지역적 차원에서 그 입지특성을 규명하고 정책적 대처방안을 모색하는 연구는 비교적 제한되어 있는 것으로 보인다. Nijkamp et al.(1994)은 지식네트워크를 통한 지역개발과정을 강조한다. 그리고 그 지식네트워크의 구체적인 실체로서 과학단지를 지적하고 그 핵심적 성공요인에 대한 국제비교분석을 시도하고 있다. Porter(1998, 2000)는 글로벌 경제하에서 지역경쟁력 제고를 위하여 클러스터에 주목하고 클러스터의 장점 및 성장단계별 특성을 밝히고 있다. Dijk(1994)은 산업지구와 기술역량 제고에 대한 연구에서

1) 1920년경에는 자동차 1대 판매 수입의 85% 정도가 근로자와 자본가에게 귀속되었다. 하지만 1990년대에는 근로자와 자본가의 몫은 60% 정도로 감소하는 대신 나머지 40% 정도는 자동차 설계, 엔지니어링, 기획 및 전략, 금융, 보험, 광고, 법률, 마케팅, 데이터 처리 등의 분야 전문가에게 귀속되고 있다(Reich, 1992; 오상봉·김인중 외, 1999: 22-23 재인용).

기존의 경험적 연구를 종합하여 산업지구의 일반적 특성을 밝히고 있다. 그리고 Isaksen(1998)은 글로벌 경제하에서의 개발전략으로서 지역화와 지역클러스터에 주목하고 성공적인 지역산업클러스터의 조건을 제시하고 있다.

국내 연구로서 박삼옥(1987)은 첨단산업에 대한 개략적인 소개와 입지경향을 논의하고 있다. 오상봉·김인중외(1999)는 지식의 창출, 확산, 그리고 활용의 단계별로 지식기반산업의 발전전략을 제시하고 있다. 권오혁(1995)은 R&D입지 관련 연구의 동향과 비판을 분산론, 집중론, 집적론, 편재론 등으로 나누어 비판적으로 검토하고 있다. 김선배(2000)는 지역발전 관점에서 지식기반경제와 지역산업발전방향을 검토하고 있으며, 김태환(2000)은 산업집적 측면에서 지식기반산업의 육성전략을 검토하고 있다. 김선홍(2000)은 수도권 차원에서의 지식기반산업의 육성전략과 정책과제를 검토하고 있고, 박삼옥·최지선(2000)은 이론과 정책과제 측면에서 지역성장과 지식기반산업의 발전 측면을 논의하고 있다. 황주성·이명호(2001)는 지식기반경제하에서 산업군집의 원리와 유형, 그리고 정부정책적 측면을 분석하고 있다. 그리고 정명기(2001)는 충남지역을 중심으로 지식기반산업의 발전 잠재력 분석모형 및 발전전략을 제시하고 있다.

지식기반산업의 개념과 속성

1. 지식기반산업의 개념

지식기반산업이 무엇인가에 대한 학문적 정의는 아직 정립되어 있지 않다. 하지만 지식기반산업은 지식을 주요 투입요소로 해서 고부가가치의 재화나 서비스를 생산하는 산업이라고 일단 규정해 볼 수 있다. 따라서 투입요소 중 지식이 차지하는 비중이 높은, 즉 지식집약도가 높은 산업을 지식기반산업이라고 볼 수 있다. 투입과정에서 지식집약도가 높은 산업이 산출 측면에서 지식집약도가 낮은 재화나 서비스를 만들어 낸다고 볼 수 없기 때문에, 지식기반산업은 투입 측면에서 지식집약도가 높은 산업일 뿐만 아니라 산출 측면에서도 지식집약도가 높은 산업이라고 정의할 수 있다. 따라서 지식기반산업의 산출물은 특허나 지식서비스와 같이 지식 그 자체일 수도 있고 또는 적어도 지식집약도가 높은 재화나 서비스라고 볼 수 있다.

그런데 지식기반산업을 '투입과정과 산출과정에서 지식집약도가 높은 산업'으로 정의한다면 그 연장선상에서 "지식기반산업이란 바로 첨단산업의 또 다른 이름이 아닌가?" 하는 의문을 가질 수 있다. 이와 같은 측면에 대해 박삼옥(2000: 2-3)은 "지식기반산업은 … 기술수준이 높을 수도 있지만 기술수준이 높지 않은 경우도 많다. 섬유·의류산업에서 새로운 디자인을 개발하여 고부가가치의 제품을 만드는 것은 꼭 고도의 기술에 의존하는 것은 아니다. 또한 전통산업이라 할지라도 새로운 아이디어와 지식을 적용하여 고부가가치의 새로운 제품을 만들 경우에 기술수준은 높지 않아도 지식산업이 될 수 있기 때문이다"라고 하며 지식기반산업이라 해도 모두 첨단기술산업은 아니라는 점을 지적하고 있다.

지식기반산업이 모두 첨단기술산업인 것은 아니다. 그러나 섬유나 의류산업에서 유행에 맞는 새로운 디자인 적용을 통해 단기간에 고부가가치를 창출한다고 해서 그 이전에는 지식기반산업이 아니었던 것이 갑자기 지식기반산업으로 탈바꿈하는 것은 아닐 것이다. 또한 전통산업에서, 예컨대 농작물 생산과정에서 새로운 아이디어를 적용하여 단기간에 고부가가치를 창출했다고 해서 그것만 가지고 지식기반산업이 아니었던 것이 지식기반산업으로 바뀌었다고 주장하기도 어려울 것 같다.

그리고 여기서 또 하나의 의문점을 제기해 볼 수 있다. 그것은 "지식기반산업은 모두 고부가가치의 재화와 서비스만 생산해 내는가?" 하는 의문이다. 만일 투입과정과 산출과정에서 공히 지식집약도가 높은데 전통산업과 대차 없는 통상적인 부가가치만 창출할 경우 그 산업은 지식기반산업에서 배제되는가의 여부이다. 우선 어의적으로는 투입과정과 산출과정에서 지식집약성이 높으면 설혹 현재 시점에서 통상적인 부가가치만 창출할 경우에도 지식기반산업에서 배제하기는 어려울 것으로 보인다. 더욱이 지식의 속성, 예컨대 소비과정에서의 비경합성(non rivalry)이나 지식기반제품이나 서비스의 생산과정에서 초기 생산비용은 높다 하더라도 추가적 생산에 따른 한계비용은 거의 무시할 수 있는 수준으로 떨어지는 비용상의 특성이나 그리고 생산과정에서의 광범위한 수확체증 현상 등으로 초기 단계에서는 통상적인 부가가치만 달성된다고 하더라도 장기적인 측면에서는 전통산업에 비해 지식기반산업이 고부가가치 산업으로 진전될 가능성이 아주 높다는 점 등이 고려된다면, 현재 시점에서의 또는 단기적인 측면에서의 부가가치 수준은 지식기반산업 여부를 판단하는 기준으로 적절하지 못해 보인다. 따라서 중요한 것은 새로운 아이디어와 고부가가치가 아니고, 그 관계의 지속성, 제도적 측면(지적 소유권 등에 의한)이든 또는 실제적 측면(기술적 측면의 난해성 등에 의한)이든 생산과정에서의 모방 및 복제의 곤란성 등에서 찾아야 할 것으로 보인다.

전통산업인 농업의 경우에도 단순 상품생산이 아닌 육종학 등의 분야는 대개 생산과정에서의 지식의 집약도가 높을 뿐만 아니라 부가가치 또한 높기 때문에 지식기반산업으로 분류될 수 있다. 즉 지식기반산업은 지식의 내용(knowledge content) 측면이 또한 중요하다. 따라서 지식기반산업은 항공우주공학이나 의약, 정보통신기술산업 등의 첨단산업과 함께 전통산업 중에서도 지식집약도가 높은 부문 등을 지칭한다는 것을 알 수 있다.

OECD(1996: 229-256; 1998)에서는 지식기반경제를 지식과 정보의 창출·확산·활용이 모든 경제활동의 핵심이 될 뿐만 아니라 국가의 부가가치 창출과 기업과 개인의 경쟁력의 원천이 되는 경제를 일컫는다고 정의하고,[2] 새로운 기술의 R&D 또는 새로운 기술의 투자집약도가 높은 산업을 지식기반산업으로 정의하고 있다. 즉 R&D 활동이 활발하거나, 지식기반경제의 핵심 기반기술이라고 할 수 있는 정보통신기술 관련 제품과 서비스의 투입 비중이 높거나, 혁신기술의 생산적 적용과정에 필수적인 고숙련 인력의 투입 비중이 높은 산업이 지식기반산업이 되는 것이다. 보다 구체적으로는 R&D 활동 등을 통해 새로운 기술을 창조하는 첨단기술산업(우주·항공·의약·컴퓨터·정보통신기기) 그리고 지식 및 정보의 창출·확산·활용이 핵심적 기능인 생산자서비스업(정보통신서비스, 금융·보험업과 컴퓨터 운용 및 정보처리 서비스, 신기술 테스트 서비스, 시장조사 및 광고, 마케팅, 인력공급 및 고용알선, 인적 자원 개발 및 고용알선 서비스) 등을 지식기반산업으로 분류하고 있다.

그런데 최근 OECD 보고서(1999a, b)에 의하면 지식기반산업의 범위를 보다 확대정의하고 있다. 산업은 어떤 산업이든 생산과정에서 지식의 투입이 이루어지게 마련이다. 따라서 새로운 기술과 인적 자본의 투입이 타 산업에 비해 상대적으로 큰지 여부에 따라 지식기반산업인지 아닌지로 구분하고 있

---

2) 지식기반경제는 관점에 따라 다양한 형태로 서술되고 있다. 통신 및 컴퓨터 네트워크를 통해 정보와 지식이 광범위하게 전달되는 정보화 경제를 지칭하기도 하고, 새로운 지식의 획득과 학습과정 그리고 그 학습의 경제적 파급효과를 강조하는 학습경제를 일컫기도 하고, 지식의 창출에서 확산까지의 메커니즘에 초점을 두고 지식의 생산과 소비 그리고 기타 연결 요소들 간의 지식 네트워크에 주목하는 네트워크 경제를 지칭하기도 하고, 또는 우주·항공·생명공학과 같은 최첨단 산업이나 정보통신산업처럼 과거 전통적 경제와는 다른 경제원리와 시장전략을 필요로 하는 특정경제부문을 지칭하기도 한다(이선외, 2000: 23).

다. 따라서 지금까지 지식기반산업 범주에 들지 않았던 중고위 기술 제조업과, 의료·교육 서비스를 포괄하는 사회 및 개인 서비스를 지식기반산업으로 분류하고 이들 지식기반산업이 각국 GDP에서 차지하는 비중 증가를 지식기반경제로의 이행 여부 또는 정도를 파악하는 주요 지표로 삼고 있다.

우리나라의 산업자원부(현 지식경제부)(1999)는 지식의 획득·창출·확산·활용이 해당산업의 활동에 있어서 핵심이 되고, 지식 그 자체와 지식이 체화된 중간재가 생산과정에 집약적으로 투입됨으로써 고부가가치의 재화와 서비스를 생산하거나 고부가가치의 지식서비스를 제공하는 산업을 지식기반산업으로 정의하고 있다.[3)]

결과적으로 지식기반산업은 신기술을 토대로 고부가가치의 재화 및 서비스를 생산하는 활동이며, 지식 및 정보의 창출·확산·활용이 그 산업의 핵심적 기능이라는 것을 알 수 있다. 그리고 새로운 아이디어에 의한 고부가가치 창출은 제도적인 측면에서든 실제적인 측면에서든 생산과정에서의 모방 및 복제의 곤란성 등으로 그 관계가 상당 기간 지속적으로 유지될 수 있어야 할 것으로 보인다.

2. 지식기반산업의 속성

지식기반산업에 대한 단일한 정의가 있는 것은 아니지만 적어도 신기술을

---

3) 산업자원부는 정보·기술 등 지식의 집중적인 활용 또는 창출을 통해 높은 부가가치 창출과 경쟁력 확보가 예상되는 산업(27개 업종)을 지정하여 부문별 육성전략을 수립하고 있다. 산업자원부는 지식기반제조업으로 메카트로닉스, 항공우주, 카일렉트로닉스, 정밀광학, 디지털가전, 통신기기, 컴퓨터, 반도체, 생물, 신소재, 의약, 정밀화학, 환경, 신에너지 등의 14개 업종을 지정하고 있다. 그리고 지식기반 서비스 산업으로 영상·음반, 출판, 관광, 디자인, 엔지니어링, 경영컨설팅, 광고, 소프트웨어, 방송, 정보통신서비스, 인터넷, 의료서비스, 교육서비스 등 13개 업종을 지정하고 있다(산업자원부, 1999; 정명기, 2001: 154 재인용).

토대로 하고 있고, 생산과정에서 지식이 중요 투입요소로 기능하고, 그리고 대개 고부가가치의 재화 및 서비스를 생산하는 산업인 것은 분명하다. 그렇다면 여기서는 그 지식기반산업이 구체적으로 어떤 속성을 가지고 있는지에 대한 검토가 필요할 것으로 보인다. 지식기반산업의 속성 분석이 그 입지패턴 분석의 선결조건일 것이기 때문이다.

지식기반산업의 속성 분석을 위해서는 먼저 산업 활동과 연관된 지식에 대한 이해가 필요하다. 지식은 다양한 분야에서 나름대로의 목적을 가지고 정의되고 창조되고 있지만, 그 추상성으로 인하여 명확한 정의가 용이하지 않다. 생산요소로서의 지식은 노동과 자본과 같은 물적 생산요소와는 다른 특성을 가지고 있다. 예컨대, 기술혁신이나 공정의 개선과 같은 지식은 어느 한 사람이 사용하더라도 또 다른 사람이 그것을 사용하는 데 아무런 장애를 주지 않는다. 즉 소비과정에서의 비경쟁성(non-rival consumption)이란 특성을 지닌다. 결과적으로 지식은 노동이나 자본과는 달리 한계수확체감의 법칙이 적용되지 않는다. 또한 생산요소로서의 고정자본 축적과 노동증대에는 물리적 한계가 있게 마련이지만 지식의 경우는 그런 제약을 받지 않는다. 또한 지식기반제품 및 서비스의 생산에 있어 초기 생산비용은 높지만 추가적 생산에 따른 한계비용은 거의 무시할 수 있는 수준으로까지 하락한다. 지식의 초기생산에는 많은 노력, 시간 및 비용이 필요하지만 일단 생산된 지식의 재생산 또는 추가 생산에는 경미한 비용이 소요되거나 비용이 거의 들지 않는 수확체증의 특성이 나타나는 것이다.[4] 따라서 지식의 이러한 속성으로 인해

4) 지식기반제품 및 서비스의 생산에 있어서 수확체증의 현상이 나타나는 요인으로는 다음의 세 가지 요인이 주로 거론된다. 첫째, 막대한 초기투자비용이다. 의약품, 컴퓨터 하드웨어, 소프트 웨어, 항공기 및 미사일, 통신장비, 생명공학 등과 같은 첨단기술제품은 디자인에서부터 시장에 나오기까지 그 과정이 매우 복잡할 뿐만 아니라 이들 제품 생산에 투입되는 물적 자원 및 노하우의 초기 투입비용이 막대하다. 둘째, 네트워크 효과(network effects)이다. 여기서 네트워크 효과는 첨단기술 제품의 경우는 사용자 네트워크의 규모가

지식의 창출, 확산, 활용이 순전히 시장 메커니즘에 의해 효율적으로 이루어지기는 어려울 것으로 보인다. 즉 시장메커니즘에 의해 결정된 지식의 생성 및 활용 수준은 사회적 측면에서 보았을 때 최적 수준에 미달하게 될 가능성이 크다(박종화·김창수, 2001: 8-9; 이선외, 2000: 37-49).

그리고 지식은 그 형태에 따라 형식지(codified knowledge)와 암묵지(tacit knowledge)로 구분될 수 있다.[5] 형식지는 Lawson and Lorenz(1999)의 표현처럼 명확한(articulated) 지식으로, 그 속성상 정보통신기술의 발전 등으로 공간상의 거리 제한을 거의 받지 않고 쉽게 확산 및 전파되고 있다. 하지만 암묵지는 그 형성 자체가 지식 및 기술의 창출 및 전달과정에 관련된 당사자들 간의 상호작용을 통한 학습과 비공식적인 메커니즘을 통해서 가능하고, 결과적으로 공간상의 확산 및 전파가 아주 제한적으로 발생하는 것으로 알려져 있다. 신제품 개발이나 지역혁신 과정에서 형식지에 대한 이해가 필수적이지만, 그것만으로는 부족하고 암묵지의 축적 및 확대가 덧붙여져야 한다. 왜냐하면 암묵지와 형식지는 상호보완적이어서 함께 사용될 때 시너지 효과를 기대할 수 있으며, 특히 암묵적 지식은 형식지를 평가하고 효과적으로 활용하기 위해서는 반드시 필요한 지식으로 평가받고 있기 때문이다. 바로 이런 암묵적 지식에 의한 형식적 지식의 보완기능이 지식기반경제에 있어서 인적

커지면 커질수록 점점 그 제품의 성공 가능성이 높아진다는 것을 의미한다. 셋째, 사용자타성(customer groove-in)이다. 첨단기술제품은 일반적으로 사용하기가 어렵고 이들을 사용하기 위해서는 일련의 훈련이 필요하다. 또한 일단 사용자들이 한 가지 제품의 사용에 익숙하게 되면 같은 계열의 신제품이 나오더라도 이용자들은 새로운 기능을 추가적으로 익히면 쉽게 그 제품을 사용할 수 있게 된다. 이러한 이유로 사용자들은 다른 제품의 이용을 기피하게 된다(Arthur, 1996; 이선외, 2000:44-47 재인용).

5) 지식의 형태상의 속성에 대한 이분법적인 구분으로서 Popper(1972)는 주관적 지식과 객관적 지식, Asheim(1997)은 체화된 지식(embodied knowledge)과 비체화된 지식(disembodied knowledge), 그리고 Amin and Cohendet(1999)은 암묵지와 형식지로 구분하고 있다(박삼옥·최지선, 2000:2-4).

자원에 대한 투자와 개인 및 조직 차원의 학습이 강조되는 이유 중 하나라고 볼 수 있다. 따라서 지역 차원에서는 암묵지의 축적과 확대 그리고 그 암묵지를 형식지로 계속적으로 전환시켜 나갈 수 있는 역동적 메커니즘의 확보가 긴요하게 된다(이선외, 2000: 26-31; 박삼옥, 2000: 2-3).

Nonaka and Takeuchi(1995)는 지식의 속성과 관련된 지식창조과정을 사회화(socialization), 외부화(externalization), 결합(combination), 그리고 내부화(internalization)로 구분하고 있다. 경험의 공유 등을 통해 암묵지를 창조하는 과정이 사회화이고, 그 창조된 암묵지를 명시적으로 표현하는 과정이 외부화이다. 그리고 명시적으로 표출된 지식을 체계화하기 위하여 그 표출된 지식을 조합하는 과정이 결합이다. 그 다음 그 체계화된 지식을 다시 암묵지로 체화하는 과정이 내부화가 된다. 따라서 Nonaka and Takeuchi(1995)는 암묵지와 형식지 사이에 이와 같은 순환이 이루어질 경우에만 혁신이 가능할 것으로 보고 있다(박삼옥·최지선, 2000: 5 재인용).

결과적으로 지식은 소비과정에서의 비경쟁성과 생산과정에서의 수확체증의 특성을 가지고 있다. 그리고 형태상 형식지와 암묵지로 구분되며, 지식의 창조 내지 기술혁신을 위해서는 형식지와 암묵지 간의 체계적 순환과정이 필요하다. 그리고 이와 같은 지식을 토대로 고부가가치의 재화 및 서비스를 생산하는 산업이 바로 지식기반산업이다.

지식기반산업은 지식 및 정보의 창출·확산·활용이 핵심적 기능이므로 그 속성상 질적으로 우수한 노동력에 대한 수요비율이 높아지게 된다. 산업의 구성원 모두가 첨단 지식으로 무장한 인력 내지 고숙련 근로자일 필요는 없지만, 그 비율이 상대적으로 높게 나타날 것으로 예상된다. 그리고 노동력에 대한 대가인 임금이 흔히 노동의 한계생산물 가치를 나타내는 것으로 언급되고 있는데, 그 한계생산물 가치가 노동력만의 질적 수준에 의해 결정되는 것은 아니다. 임금은 투입되는 자본 장비의 질적 수준과도 직접적인 연관관계를 맺고 있다. 따라서 지식기반산업의 경우 노동력과 결합되는 자본장비의 질적 수준에 대한 요구조건이 엄격할 것으로 판단된다.

지식기반산업의 경우 재화나 서비스의 생산 및 소비과정에서 지식이 단순히 이용된다는 것이 초점이 아니다. 문제는 어떤 지식이냐 하는 지식의 내용 측면과 지식의 집약도가 중요하다. 그리고 지식기반산업의 토대가 되는 지식이 소비과정에서의 비경쟁성과 생산과정에서의 수확체증의 특성을 갖고 있으므로, 제도적 측면(지적 소유권 등)에 의해서든 또는 실제적 측면(기술적 측면의 난해성 등)에 의해서든 초기에 우위성을 확보한 지식기반산업이 그 우위성을 지속·확대시켜 갈 가능성이 높다.

하지만 Nonaka and Takeuchi(1995)의 주장처럼 새로운 지식의 창조 내지 기술혁신은 형식지와 암묵지 사이의 체계적인 순환이 필수 불가결할 것으로 보인다. 따라서 그와 같은 순환메커니즘이 어디서 형성되고 또 활성화되는가가 지식기반산업의 움직임에 큰 영향을 미칠 것으로 보인다.

지식기반산업이 활성화되기 위해서는 정보통신기술의 확산, 활용 및 정보통신 인프라 등 물리적 측면에서의 지식인프라의 구축은 물론이고 지역기업, 대학 등 고등연구기관들, 그리고 지방정부 등이 적정한 규칙의 범위 내에서 상호 신뢰하고 경쟁하며 협력하는 사회적 환경 내지 사회적 자본(social capital)의 형성이 긴요한 것으로 알려지고 있다. 그리고 이러한 사회적 환경뿐만 아니라 그 사회적 환경이 제대로 작동될 수 있는 역할주체들 간 네트워크의 강화가 지적되고 있다. 또한 불확실하고 급변하는 제반 환경속에서 제반 기술혁신의 내부화를 촉진할 수 있는 지역학습체계의 구축이 필요한 것으로 언급되고 있다(박삼옥, 2000: 2-3; Nooteboom, 1999).[6)]

지식기반산업의 입지특성

앞에서는 지식기반산업의 개념 및 속성 분석을 시도하였다. 그 과정에서 지식은 형태상 크게 암묵지와 형식지로 구분되고, 속성상 소비과정에서의 비경쟁성과 생산과정에서의 수확체증의 특성을 갖고 있다는 것이 밝혀졌다. 그리고 그 논의의 연장선상에서 지식기반산업의 속성은 고용되는 인적 자원의 측면, 결합되는 자본장비의 측면, 이용되는 지식의 내용 측면, 그리고 투입 측면과 산출 측면에서의 지식의 집약도 측면 등이 부각되었다.

여기서는 그 지식기반산업의 속성을 토대로 지식기반산업의 입지특성을 밝혀 보고자 한다. 입지이론의 오랜 연원에서 추론할 수 있듯이 산업입지패턴이나 특성에 대한 다양한 연구결과가 이미 제시되어 있다. 하지만 지식기반산업의 속성 측면에서 입지특성을 분석한 연구는 흔하지 않다. 현재나 미래에 있어서 지역경제 및 국가경제의 발전과정에서 지식기반산업의 중요성을 고려한다면 지식기반산업의 입지특성에 대한 분석은 큰 의의를 가질 것으로 보인다.

산업입지에 대한 기존 이론적 논의는 크게 두 가지 측면에 대한 분석으로

---

6) 지식의 종류는 크게 사실에 대한 지식(know-what), 원리에 대한 지식(know-why), 수행방법에 대한 지식(know-how), 그리고 보유자에 대한 지식(know-who) 등으로 구분할 수 있다. 이 중 앞의 두 가지는 쉽게 공식화되고 유통되는 것으로 흔히 경제학에서 정보라고 언급되는 것이다. 정보는 적절한 제도적 장치가 있을 경우 시장에서 판매될 수 있다. 그러나 수행방법에 관한 지식은 타인에게 쉽게 이전되지 못하고 보이지 않는 묵시적 지식으로 실행을 통한 학습이나 다른 전문가와의 교류 등을 통한 경험에 의해서만 개발된다. 또 보유자에 대한 지식은 사회적 행위 속에서 학습되는 것으로 고객이나 하청업자 등과의 일상적인 접촉을 통해 개발되는 것이 일반적이다. 대기업이 기초연구에 종사하는 중요한 이유의 하나가 바로 이를 통하여 비공식적인 과학자들의 네트워크내에 접근할 수 있기 때문이다. 이들 두 가지 지식은 사회에 뿌리를 둔 것으로 공식적 정보채널을 통해서는 쉽게 이전되지 않으며 본질적인 기능을 저해하지 않고는 시장에서 판매될 수 없다(Lundvall, 1996; 류승한, 1999: 20 재인용).

구분할 수 있다. 하나는 산업체의 공간상의 이동성향에 초점을 맞춘 논의로서 대도시 지향론과 탈(脫)대도시 지향론이 있다. 그리고 다른 하나는 산업체의 공간적 분포형태에 초점을 맞춘 논의로서 집적 지향론과 분산 지향론이 있다. 따라서 여기서는 기존 논의의 틀을 원용하여 지식기반산업의 입지특성을 밝혀 보고자 한다.

1. 대도시 지향론과 탈(脫)대도시 지향론

산업이 대도시의 장점, 예컨대 각종 물리적 인프라의 존재, 거대한 소비시장에의 근접성, 금융·설계·컨설팅 등 생산자 서비스의 존재, 다양한 노동력에의 용이한 접근성 등을 향유하기 위해 대도시로 몰려가는지 또는 대도시의 단점, 예컨대 높은 지가와 임대료 부담, 교통혼잡 및 공해, 상대적으로 높은 범죄발생률 등을 회피하기 위해 대도시로부터 벗어나서 입지하고자 하는지 등은 오랫동안 많은 학자들의 지속적인 관심사항이었다.

첨단산업일수록 정치적 권위에의 의존, 비공식 정보 취득 가능성의 증대, 법률이나 금융 등 고급 서비스에의 접근성, 전문 인력 획득의 용이성, 그리고 관련 기업·연구소·대학과의 지식 네트워크 형성의 필요성 등으로 대도시 지향성이 보다 강하게 나타난다는 주장이 설득력 있게 제시되고 있다(Nijkamp et al., 1994: 225-234). Hoover and Vernon(박용규·강신겸, 1997: 41)은 최근 벤처기업 등 소규모 창업기업의 활동과정에서 대도시가 일종의 인큐베이터 역할을 수행할 수 있다는 점을 지적하고 있다. 소규모 창업기업은 정보, 자금, 관련 기업과의 커뮤니케이션, 필요한 노동력의 조달 등 모든 면에서 취약한데 대도시는 속성상 소비자의 취향이나 기호변화에 대한 신속한 파악, 시장 근접성, 긴밀한 하청망, 관련 기업들과의 빈번한 접촉, 양적으로 풍부하고 질적으로 다양한 노동력이 존재하고 있기 때문이다.

산업입지 과정에 있어서 대도시 지향론이 설득력 있게 제시되고 있지만, 동시에 탈(脫)대도시 지향론 또한 이론과 실제적인 측면에서 나름대로의 설득력을 가지고 제시되고 있다. 이도향농가설(urban to rural migration hypothesis), 빈 공간 가설(vacant space hypothesis), 생산비 가설(production costs hypothesis), 그리고 노동의 공간적 분할 가설(spatial division of labor hypothesis) 등이 대표적으로 언급되고 있다. 쾌적한 삶의 질을 확보하기 위하여 전원 같은 곳에서 생산 및 주거활동을 추구한다는 이도향농 가설, 포화된 도시에 비해 개발의 여지가 높은 도시 주변 및 외곽으로 산업이 이동해간다고 보는 빈 공간 가설, 도심에 비해 노동비가 상대적으로 저렴한 도시 주변 및 외곽에 초점을 두는 생산비 가설, 그리고 생산과정 중 기획·연구개발 등 중추관리기능은 도심에 계속 남아 있겠지만 나머지 대부분의 활동은 도시를 벗어날 것으로 보는 노동의 공간적 분할 가설들이 제시되고 있다.

정보통신기술의 급속한 발전은 지식기반산업의 경우 특히 '장소의 제약성'을 크게 완화시키고 있다. 예컨대 소프트웨어 산업의 경우에는 생산과정을 분절시켜 생산단계별로 경쟁력이 있는 세계 각국의 각처에서 생산을 하고 전체적인 통합관리만 본사에서 하는 경우가 적지 않다. 기업 전체가 입지 자유적인 행태를 나타내는 경우도 있고 생산단계별로 입지 자유적인 행태를 나타내는 경우도 있다(박종화·윤대식, 2002: 72-74).

결과적으로 산업 전체는 물론이고 특정 산업이라 하더라도 대도시 지향적 또는 탈(脫)대도시 지향적이라고 일률적으로 말하기는 어려울 것으로 보인다. 대구·경북지역의 벤처기업들을 대상으로 한 박종화·황우익(2002)의 최근 입지연구 결과에 의하면 벤처기업의 경우에도 업종별·성장단계별 입지패턴에 있어서 분명한 차이를 드러내고, 제조업형 벤처기업과 정보통신업형 벤처기업 모두 성숙단계에서 대도시 지향성이 높게 나타나지만, 단지 제조업형 벤처기업의 경우는 성숙단계에서 탈(脫)대도시 지향성도 동시에 나타난다는 것이다. 따라서 벤처기업의 입지특성을 ∈형과 그 변형형태로 제시하고 있다.

지식기반산업은 그 속성상 고숙련 노동력의 이용가능성, 첨단 장비의 활용가능성, 고부가가치 창출형 지식의 이용, 그리고 투입 측면과 산출 측면에서의 지식의 집약적인 이용 등이 기본적인 특성이다. 따라서 비공식 정보 취득가능성의 증대, 법률이나 금융 등 고급 서비스에의 접근성, 전문 인력 획득의 용이성, 그리고 관련 기업·연구소·대학과의 지식 네트워크 형성의 필요성 등으로 대도시 지향성이 보다 강하게 나타날 것으로 보인다. 그런데 첨단산업지구이자 지식기반산업지구로 볼 수 있는 미국의 실리콘 밸리, 프랑스의 소피아 앙티폴리스, 독일의 바덴 뷔르템베르크 주, 영국의 실리콘 글렌과 같이 원래 대도시가 아니었던 곳에서도 첨단 산업이 꽃피고 있는 것 또한 사실이다. 그리고 과거에 산업활동이 활발했던 대도시들 중 일부에서는 지식기반산업이 제대로 활성화되지 못한 것은 물론이고 전반적인 산업활동이 위축되었던 곳 또한 적지 않다.

결과적으로 지식기반산업의 입지특성을 일괄적으로 대도시 지향적 또는 탈(脫)대도시 지향적으로 규정하기는 어려울 것으로 보인다. 지식기반산업으로 분류되는 산업들이 제대로 활성화되고 있는 곳이 대도시이든 탈(脫)대도시이든 공통적인 특성을 추출할 필요가 있을 것으로 판단된다.

2. 집적 지향론과 분산 지향론

산업이 입지할 때 특정한 장소를 기점으로 집적 입지하는지 또는 특정한 기점이 없이 흩어져서 입지하는지가 토지이용이나 인구이동 측면에서 오래전부터 논의되어 왔다. 집적 지향론의 기본적인 논거는 집적경제(agglomeration economies)의 이점을 활용하기 위해 산업집적이 일어난다는 것이다. 동질적 또는 이질적 산업들이 일정한 공간적 범위 내에 집적함으로써 내부 경제(internal economies), 국지화 경제(localization economies), 도시화 경제(urbanization economies), 연계성의 경제(economies of linkage), 그리고 쇼핑상의 경제(shopping economies) 등 집적경제를 가져오는데 그 이점을 향유하기 위해 산업들이 일정한 장소에 모이게 된다는 것이다(Maki and Lichty, 2000: 72-75).

집적경제와 관련하여 19세기 말 A. Marshall은 '산업지구(industrial district)'라는 개념을 제시한 바 있다. 대규모 생산의 효율성은 단일 기업의 규모가 충분히 크지 않다 하더라도 "특정 장소에 유사한 성격을 가진 많은 소규모 기업들이 집중하면, 또는 흔히 말하는 산업의 국지화가 이루어지면" 달성될 수 있다고 주장하였다(Marshall, 1890: 326-327; 박삼옥, 1999: 317에서 재인용). 제3이태리 지역(the Third Italy)의 소기업 집적형태의 성공사례나 뉴욕 시 의상산업의 국지적 집적형태 등은 그 전형적인 예로 볼 수 있다. 최근에는 동질적인 경우는 물론이고 이질적인 경우에도 산업집적의 이점은 적지 않은 것으로 지적되고 있다. M. Porter는 국가의 경쟁력을 결정하는 변수로 산업의 집적현상에 주목하고 산업간 공간적 근접성(spatial proximity)과 지역에의 뿌리 내림(the anchoring of firms in their home base) 그리고 지역네트워크를 통한 산업클러스터(local cluster) 형성의 중요성을 지적하고 있다(Porter, 1990, 1998, 2000).

1980년대에 이르러서는 소품종 대량생산시스템을 대체하는 생산형태로서 유연생산체계 이론이 부각되었다. 포스트 포디즘하의 다품종 소량생산형태의 생산시스템을 유지하기 위해 산업체들은 유연적 생산과정을 거치게 된다는 것이다. 다품종 소량생산체제에 능동적으로 대응하기 위해 산업체들은 한편으로 기업조직을 전문 중소기업 단위로 분절하고, 또 다른 한편으로는 다양한 전문 기업들이 복합적이고 긴밀한 연계관계를 추구하는 이중적 움직임이 나타나게 된다는 것이다. 이 과정에서 관련 업체들 간에 연계비용 내지 거래비용을 감소시키고 동시에 혁신적 환경을 형성하기 위해 지역 네트워크의 형성과 지역단위의 집적이 창출된다는 것이다(권오혁, 1999: 189; Nijkamp et al., 1994: 228-229; Camagni, 1991). 그리고 Lagendijk(1997)는 산업군집현상을 설명하는 기존 논의를 신산업 공간이론, 지구이론, 혁신환경이론, 클러스터 이론, 그리고 지역혁신체계이론으로 분류하고, 그 각각의 장단점과 전체적인 발전경로에 대해 소개하고 있다(황주성·이명호, 2001: 7-22 재인용).

이와 대조적으로 산업입지 형태가 분산형을 나타낼 것이라는 주장은 일부 정보화론자들에 의해 제기되었다. 1970년대와 1980년대를 거치면서 정보통신기술의 급속한 발전은 통신방법의 개선과 통신비용의 급격한 하락을 초래하였다. 이와 같은 추세는 산업입지 형태의 공간적 분산을 가져올 것이라는 주장이다. Hall(1979)은 대학, 연구소, 정부기관을 포함한 '지식산업(idea industry)'이 원격통신의 집중적 사용 등으로 인해 공간적인 형태에서 분산입지 경향을 나타낼 것으로 예측하였다. 즉 통신거리 비용은 더 이상 관련 산업입지에 영향을 미치지 못할 것으로 보았다(권오혁, 1995: 15에서 재인용).

한편 정보통신산업의 발전은 기업입지 형태에 있어서 집중화 경향을 촉진시킨다는 주장도 있다. 통신의 발달은 교통수요를 오히려 증가시키게 되고, 연구개발활동과 같은 고부가가치 창출행위는 제반 중추관리기능들과의 대면적인 접촉을 요하기 때문에 오히려 공간상에 집적의 필요성을 증대시킬 수 있다는 주장이다(권오혁, 1995: 19).

지식산업이 분산화할 것이라는 Hall(1979)의 예견 등이 없는 것은 아니지만, 지식기반산업의 입지패턴은 일단 집적 지향형의 입지패턴으로 추론할 수 있을 것으로 보인다. 지식투입강도와 기술수준이 모두 높고 혁신적인 신제품을 만들어내는, 즉 전형적인 지식기반산업들이 모여 있는 미국의 실리콘 밸리, 프랑스의 소피아 앙티폴리스, 영국의 실리콘 글렌, 그리고 스웨덴의 시스타 산업지구 등은 거의 예외 없이 집적형태의 입지패턴을 나타내고 있다.[7] 지식투입강도는 높지만 기술수준은 그렇게 높지 않은 지식기반산업 형태인 제3이태리 지구의 패션산업과 홍콩의 고부가가치 수공업이나 생산자서비스업 등의 경우를 보더라도 집적 내지 근거리 네트워크 형태가 지배적이다.[8]

그리고 최근 집적입지의 이점은 산업의 종류를 불문하고 강화되고 있는 것으로 보인다. 소규모 제조업 입지에 대한 조사들도 대개 근거리 네트워크의 이점을 강조하고 있고, 서비스업 형태로 볼 수 있는 가구점·보석상·유흥음식점 등도 집약적인 입지형태를 보여주고 있다(Porter, 1998; 박종화·윤대식, 2002).

3. 비판적 종합

지식기반산업의 입지패턴에 있어서 대도시 지향성이나 집적의 이슈는 계속적인 논의의 대상이 될 것으로 보인다. 벤처기업에 대한 한 조사결과에서도

7) 지식이 창조되고 축적되는 가장 기본적인 메커니즘으로서 Nonaka and Takeuchi (1995)의 형식지와 암묵지의 순환과정 그리고 Nooteboom(1999)의 학습순환과정 등은 모두 근거리 입지형태를 토대로 하고 있다.

8) Park(2001)은 기술과 지식유형에 의한 산업구분을 하면서, 지식투입강도가 높고 기술수준이 높은 경우(예: 실리콘 밸리의 첨단기술산업)와 지식투입강도는 높지만 기술수준은 낮은 경우(예: 홍콩의 고부가가치 수공업이나 생산자서비스업) 모두를 지식기반산업으로 분류하고 있다.

나타났듯이 대도시 지향성 사안은 일률적으로 판단할 사안은 아니고 업종별 그리고 동일한 업종에 있어서도 성장단계에 따라서 차이가 나타나게 될 것으로 보인다. 정보통신기술의 급속한 발전 그리고 다양한 부문에 있어서의 세계화 추세의 보편화 등으로 앞으로 이와 같은 경향은 더욱 복잡한 형태로 진전될 것으로 보인다.

결과적으로 상충하는 다양한 논거들과 실제 사례들을 통해 짐작할 수 있듯이 지식기반산업의 속성별 입지특성은 아직 불명료하다. 이 시점에서는 오히려 산업입지 행태를 대도시 지향성이나 탈(脫)대도시 지향성으로 양분하는 문제점에 착안해서 제기된 지역 다이너미즘 가설(territorial dynamism hypotheses) 등이 지식기반산업의 입지특성을 설명하는 과정에서 적용성이 높을 것으로 보인다. 이는 대도시 지향형이냐 아니냐가 초점이 아니고 오히려 입지 대상지가 가지고 있는 내생적 다이너미즘 그리고 더 나아가서 그 다이너미즘을 증진시킬 수 있는 환경이 존재하고 있느냐 아니냐에 초점을 두고 살펴보고자 하는 것이다. 따라서 대도시의 경우에도 이런 내생적 다이너미즘과 그 증진 환경이 있는 곳은 지식기반산업이 선호하는 입지장소가 되는 것이고, 동시에 도시 외곽이나 주변의 경우에도 내생적 다이너미즘과 그 증진 환경이 있는 곳은 지식기반산업이 선호하는 입지장소가 될 수 있는 것이다. 새로운 기업이 탄생하기 좋고 개인의 창의적 활동이 보장되는 내생적 조건과 환경을 갖춘 지역이 선호되는 대상지인 것이다. 이런 맥락에서 삶의 질 가설(the quality of life hypothesis)과 지역조직 형태의 노후화 가설(the hypothesis of the obsolescence of certain forms of territorial organization) 등이 고려될 수 있다. 즉 쾌적한 생활환경이 결여되고 지역조직형태가 노후화한 구 산업도시들은 지식기반산업의 수용능력이 낮게 나타날 수 있는 것이다(Maillat and Lecoq, 1992: 9-10).

정책적 시사점

앞의 논의를 통해서 지식기반산업의 입지특성을 단정적으로 규정하기는 곤란하다는 것을 알 수 있다. 하지만 그렇다고 해서 지식기반산업이 무정형적으로 아무렇게나 입지 하는 것은 아니다. 실제 사례와 관련 논의에서 대도시 지향성과 탈(脫)대도시 지향성이 동시에 관찰되고 또 제기되고 있지만, 지역 다이너미즘 가설, 삶의 질 가설, 그리고 지역조직 형태의 노후화 가설 등과 같이 나름대로의 사유가 있는 것으로 보인다. 이와 같은 경우 정책적 시사점을 도출하기 위해서는 지식기반경제로의 변화 흐름을 직시하고, 그 변화 흐름 속에서 일견 상충하는 것 같은 제반 요인들의 공통분모를 파악해야 할 것으로 보인다.

1. 선택적 집중전략

지식기반산업의 필요성을 인정한다 하더라도 그 산업이 구체적으로 어디에 입지하는지를 일률적으로 판단하기는 아직 이를 것으로 보인다. 하지만 무정형적으로 아무 곳이나 입지하는 입지자유형의 산업형태가 아닌 것은 분명한 것으로 보인다. 따라서 그 입지패턴에 맞게 선택적으로 집중 육성하는 산업입지정책이 고려될 수 있을 것으로 보인다.

새로운 환경변화속에서 지식기반산업이 바람직하게 보인다고 해서 아무 곳이나 모두 지식기반산업 입지대상지로 육성하기는 어려울 것이다. 한정된 자원을 효과적으로 사용하기 위해서는 먼저 지식기반산업이 제대로 꽃필 수 있는 대상지를 선정하고 그곳에 관련 산업의 집적형태가 나타나도록 집중적으로 육성하는 방안이 효과적일 것으로 판단된다.[9)]

Joint Venture(1999; 류승한, 1999: 24-25 재인용)에서 미국내 인터넷 산업의 급성장 지역 8개소를 대상으로 조사한 바에 의하면 기업들은 숙련된 고급인력의 확보가능성, 핵심적 기업과의 근접성, 그리고 기존 기반시설의 이용가능성을 입지요인 중 중요한 요인으로 지적하고 있다. 인터넷 산업이 지식기반산업을 모두 대변하는 것은 아니지만, 지식기반산업이 특정입지에 대한 분명한 선호를 나타내고 있는 좋은 증거로 판단된다.

〈표 1〉 미국의 인터넷 기업의 입지요인

입지요인	비중(%)
숙련인력의 확보	75%
설립자의 연고지	63%
핵심기업과의 접근	52%
기존 기반시설의 이용가능성	45%
고객에의 접근	37%
모험자본의 존재	26%
우수한 교육기관의 존재	25%

자료: Joint Venture(1999.7; 류승한, 1999: 24 재인용)

그리고 산업정책에 있어서 공간적 집적의 중요성이 증가하게 된 여건 변화로서 다음 세 가지 사항이 지적되고 있다(류승한, 1999: 18-19). 첫째, 기업간 경쟁의 심화 등으로 시장수요의 변화에 대한 신속한 대응(예: 부품과 원료 공급 등)이 요구되고 있다. 둘째, 경제의 세계화가 진행되고 특정 제품생산에 있어서의 부가가치 창출원이 범세계화됨에 따라 개별 국가와 지역은 가급적

9) 역사적 우연성 내지 행운성 및 단순 복제불가능성에 대하여 여러 주장들이 제기되고 있다. Rogers and Larson(1984, 류승한, 1999: 17 재인용)은 실리콘 밸리가 캘리포니아주 산타클라라 외의 다른 장소에서, 또 원래의 시기와 다른 시기에 형성될 수 있었는가에 대해 부정적인 의견을 제시하고 있다. 다시 말하면, 실리콘 밸리의 성립은 반도체 제품과 그것이 지향하는 기술혁신의 시기에 땅의 혜택과 행운이 제대로 맞아 들었던 것으로 추론하고 있다.

지역 내에서 생산을 완결함으로써 지역 내 부의 지역 외 유출을 막고자 하는 경향을 보인다. 셋째, 기술혁신, 특히 점진적 혁신의 중요성이 점차 증가하고 있다.[10)]

2. 산-학-관 협력전략

지식기반경제로의 변화흐름에 편승해서 지역과 국가가 안정적이고 지속적으로 성장하기 위해서는 광범위한 분야의 전문기술을 접할 수 있는 기회를 확대하고, 특히 모든 경제주체의 학습능력을 향상시켜 다양한 생산자원과 경제주체의 질을 한 차원 더 높일 필요가 있다(이선외, 2000: 48-49).

그런데 그와 같은 기회를 지역단위에서 활성화하기 위해서는 현실적으로 보유하고 있는 역할주체들의 결집도 내지 네트워크 제고가 필수적이다. 지식기반경제로의 이행과정에서 지역단위의 역할주체들 중 가장 기본적이고 중요한 실체가 바로 산-학-관 역할주체들이다. 따라서 그들 간의 협력 제고를 위한 전략이 지식기반경제로의 이행흐름에 부응하고 지식기반산업을 활성화하는 길이 될 것으로 보인다.

박종화·김창수(2001: 4-9)는 지역경제활성화 과정에서의 산-학-관 협력의 이유로 기술전략적 측면, 지식네트워크의 구축 및 확산차원, 위험분산 및

10) 기술혁신은 급진적 혁신과 점진적 혁신으로 구분할 수 있다. 전자는 칼라 TV의 발명이나, 수치제어기의 발명 등과 같이 신제품이나 신공정의 도입을 의미한다. 이에 비해 점진적 혁신은 기존 제품과 공정의 개량과 관계된 것이다. 신고전 경제학은 전통적으로 급진적 혁신을 주관심의 대상으로 삼아 왔으며 지속적인 혁신에 대해서는 큰 관심을 두지 않아 왔다. 그러나 넓게 볼 때 기술은 단순히 기계나 도구의 문제만은 아니다. 기술과 혁신은 제품의 질이나 디자인, 사용하는 재료의 질과 유형, 생산조직, 최종재의 포장 등과도 관련되는 것이다. 즉, 기술은 고정된 것이 아니라 지속적으로 변화하는 것이며, 이를 통해 생산비의 차별과 생산성의 증대가 가능해 지는 것이다(Isaksen, 1996; Dijk, 1994; 류승한, 1999: 18-19 재인용).

비용관리 측면, 생산성 제고 측면을 지적하고 있다. 산-학-관 협력의 형태로 지식네트워크를 형성함으로써 연구주체 간 역할분담은 물론이고 연구단계별 역할분담을 실시함으로써 시간 절약 및 생산성 향상을 가져올 수 있다는 것이다. Nijkamp et al.(1994: 230-233)은 산-학-관 협력의 지식네트워크의 구축을 통해서 단순 생산성의 제고를 넘어서서 지역의 창조성(creativity)을 생성해 갈 수 있는 여지를 중시하고 있다. 지역의 창조성을 생성함으로써 지역 차원의 이해관계에 연계성이 높은 생산활동을 촉진할 가능성이 높고, 고용의 순증가나 안정성의 측면에서도 지역에 토대한 토착형 기업들이 대기업 조직체 내부의 비즈니스 결정에 의한 대기업의 지점 또는 지방공장의 설치 내지 이전에 비해서 보다 나은 결과를 가져올 수 있기 때문이다. 그리고 박종화·김창수(2001: 9-18)는 산-학-관 협력대상의 성격으로 보완성, 결합성, 전환성, 그리고 기반성을 강조하고 있다. 뿐만 아니라 산-학-관 협력관계를 성공시켜 가는 데 필요한 요소가 무엇인지와 그 요소들이 제대로 작동하기 위해 요구되는 조건들을 목표, 조직, 자원, 그리고 관리라는 실천적인 변수들에 초점을 두고 분석하고 있다.

3. 산업간 연계성 제고전략

선택적 집중 및 집적화가 주목받고 있는 이유 중의 하나가 집중 및 집적을 통해 산업 간의 연계성을 자연스럽게 제고할 수 있다는 것이다.[11] 동종(同種)

11) 우리 나라의 산업집적 정책은 부지중심의 계획으로서 물리적 공간의 공급을 강조하는 반면 부지내 입지한 기업간의 네트워크 구축이나 개별 부지나 단지내에서 유발된 효과의 지역내 확산에 대해 소홀히 하고 있다는 점을 지적하는 견해가 있다. 협동화 단지나 벤처기업 집적시설의 경우 공간적 집적이 곧 네트워크의 발전으로 반드시 연결되는 것은 아니라는 것이다(류승한, 1999: 44-46).

산업의 집적의 경우에는 국지화 국지화 경제경제, 이종(異種) 산업의 집적의 경우에는 도시화 경제를 기대하고 있는 이유 역시 산업 간 연계성 제고에 상당 부분 토대하고 있는 것이다. 따라서 지식기반산업의 활성화를 위해서는 물리적 인프라의 구축뿐만 아니라 산업 간 네트워크의 구축 그리고 지식을 효율적으로 창출·확보할 수 있는 시스템의 구축이 필수적임을 알 수 있다. 또한 더 나아가 이와 같은 시스템 구축을 위한 단계적 접근방안의 강구가 필요하다는 것을 알 수 있다(류승한, 1999: 6).

그리고 지식기반산업의 경제적 파급효과는 지식기반산업 자체만으로 결정되는 것은 아니다. 여타 산업들과의 연관관계 속에서 상당부분 결정되는 것이다. 오상봉·김인중 외(1999: 31-48)의 분석에 따르면, 우리나라 지식기반산업의 경제적 파급효과는 소득 및 부가가치 유발효과의 경우 여타 산업보다 다소 높게 나타나고 있다. 그러나 동 산업군과 여타 산업군 간의 연계관계 미성숙으로 인하여 생산 및 고용유발효과 측면에 있어서는 여타 산업보다 아주 낮은 수준에 머물러 있는 것으로 평가되고 있다. 따라서 향후 우리나라 산업구조 고도화를 위해서는 지식기반산업의 지속적인 창출은 물론 지식기반산업과 기존 산업 간의 긴밀한 연계를 통한 기존 산업의 고부가가치화가 필요할 것임을 알 수 있다.

4. 종합적 대처전략

지식기반산업이 활성화되기 위해서는 정보통신기술의 확산·활용 및 정보통신 인프라의 구축은 물론이고 지역기업, 대학 등 고등연구기관들, 그리고 지방정부 등이 상호 신뢰의 토대 위에서 경쟁하고 협력하는 사회적 자본의 형성 그리고 그들 간의 지식네트워크의 구축이 긴요한 것으로 지적되고 있다

(박삼옥, 2000: 2-3).

그런데 그와 같은 결과는 어느 부분적인 대처로 해결될 수 있는 사안이 아니다. 이는 보다 포괄적인 지역정책 내지 국가정책을 통해서 가능한 목표들이다. 물리적 인프라의 구축, 생산요소시장·상품시장·교육시장의 활성화, 문화진흥정책 등과 함께 거시경제 발전정책과도 조화를 이루면서 추진될 필요가 있다. 그리고 그와 같은 정책 추진과정에서 관민 간의 협력과 경쟁의 메커니즘이 또한 필요할 것으로 보인다.

종합적 대처과정에서 지방정부는 중개자의 역할, 지원자의 역할, 조정자의 역할, 그리고 형성자의 역할을 수행해야 할 것으로 보인다(박종화·Han, 2001: 16-19). 상호접촉을 통해서 이익을 얻을 수 있다는 것을 알면서도 대학 등 고등연구기관들과 산업계가 자발적으로 접촉 내지 연계하여 바람직한 결과를 도출하기가 쉽지 않기 때문에 지방정부의 중개자의 역할(the linking role)이 필요하다. 최근 그 경향이 많이 바뀌고 있는 것이 사실이지만, 아직 대학 등 고등연구기관들은 보수적인 색채가 강하고 또 일반 산업계는 대학 등 고등연구기관들이 자신들을 위해서 무엇을 해줄 수 있는지에 대한 제대로 된 정보가 없는 경우가 대부분이기 때문이다. 그리고 기반시설 확충 과정 등에서 지방정부는 중앙정부와 함께 지원자의 역할(the supporting role)을 수행할 수 있다.

지방정부는 대학 및 산업계에서 이루어지는 연구 및 개발(R&D) 활동에 과소 현상이 발생하지 않도록 조정하는 역할(the coordinating role) 및 지역 수준에서 불필요한 중첩이나 낭비요인이 발생하지 않도록 R&D 활동을 조정하는 역할도 가능하다. 지역에서 형식지와 암묵지가 적절하게 순환되도록 상호 신뢰하고 협력하는 사회적 분위기가 필요한데, 이는 지방정부의 노력만으로는 부족하다. 대학교수 및 연구원, 산업체 관계자, 지방정부 및 중앙정부

공무원, 기타 관련자들이 서로 신뢰할 수 있는 사회적 환경을 형성해 가는 것(the forming role)이 매우 중요할 것으로 보인다(박종화·Han, 2001: 16-19).

지역경제와 국가경제의 발전 패러다임이 급격하게 변화하고 있다. 그 패러다임 변화의 기본 축으로서 지식기반경제로의 흐름과 지식기반산업의 잠재력을 인지하고, 그와 같은 맥락에서 지식기반산업의 입지를 속성별 입지특성에 초점을 두고 분석하였다. 지식은 소비과정에서 비경쟁성과 생산과정에서 수확체증의 특성을 가지고 있으며, 형태상 흔히 형식지와 암묵지로 구분되고 있다. 그리고 지식의 창조 내지 기술혁신을 위해서는 형식지와 암묵지 간의 체계적 순환과정이 필요하다는 것을 알 수 있다. 그리고 이와 같은 지식을 토대로 고부가가치의 재화 및 서비스를 생산하는 산업이 바로 지식기반산업이다.

지식기반산업의 입지특성은 일률적으로 언급하기 곤란할 정도로 다양한 패턴을 나타내고 있는 것으로 보인다. 대도시 지향적인 패턴이 나타나는 경우도 있고 탈(脫)대도시 지향적인 패턴이 나타나는 경우도 있다. 대부분 집적입지 형태의 패턴이 나타나고 있는 것으로 보이지만, 분산입지 형태가 전혀 없는 것은 아니다. 그런데 그렇다고 해서 지식기반산업의 입지패턴이 무정형적으로 나타나고 있는 것 같지도 않다. 따라서 그 입지형태가 대도시 지향적이든 탈(脫)대도시 지향적이든 그리고 집적 지향적이든 분산 지향적이든 공통적인 특성에 대한 분석이 필요할 것으로 보인다. 예컨대 지역다이너미즘 가설이 제기하고 있는 것처럼 입지대상지가 가지고 있는 내생적 다이너미즘 그리고 그 다이너미즘을 증진시킬 수 있는 환경이 존재하고 있느냐의 여부에 초점을 두고 검토할 필요가 있을 것으로 보인다.

다만, 예외적인 경우가 없는 것은 아니지만, 대부분의 지식기반산업의 입지특성이 집적화 형태 또는 적어도 역할 주체들 간 연계네트워크가 용이할 정도로의 집적화 형태를 나타내고 있는 것으로 보인다. 따라서 산업입지정책에 있어서는 이와 같은 점에 대한 고려가 있어야 할 것으로 판단된다.

| 참고문헌 |

권오혁. (1995). 「R&D입지 연구의 동향과 비판」. 『지방행정연구』, 10(1): 149-175.

김선배. (2000). 「지식기반경제와 지역산업 발전방향」. 『국토』, 4월: 6-11.

김선홍. (2000). 「수도권 지식기반산업의 육성과 과제」. 『국토』, 4월: 26-31.

김태환. (2000). 「지식기반산업 육성을 위한 산업집적전략」. 『국토』, 4월: 12-18.

류승한. (1999). 「지역산업집적 촉진방안 연구-해외의 사례와 우리나라의 시사점」. 국토연 99-11, 국토연구원.

박삼옥. (1987). 「첨단산업과 입지」. 『도시문제』, 8-20.

박삼옥. (2000). 「지식기반산업과 지역발전」. 『국토』, 4월: 국토연구원.

박삼옥 · 최지선. (2000). 「성장촉진을 위한 지식기반산업의 발전: 이론과 정책과제」. 『지역연구』, 16(2): 1-25.

박용규 · 강신겸. (1997). 『벤처기업 육성을 위한 입지지원방안』. 삼성경제연구소.

박종화 · Han Sun Sheng. (2001). 「테크노 파크 활성화 과정에서 지방정부의 역할과 한계」. 『한국행정논집』, 13(1): 179-202.

박종화 · 김창수. (2001). 「지역경제 활성화 과정에서 산-학-관 협력의 쟁점」. 『한국행정논집』, 13(4): 977-997.

박종화 · 황우익. (2002). 「벤처기업의 대도시 및 집적 지향성」. 『국토계획』, 37(1): 57-74.

박종화 · 윤대식. (2002). 「도심공단 산업입지 특성: 대구3공단 사례분석」. 『지역연구』, 18(2): 71-92.

산업자원부. (1999). 『21세기 한국산업의 비전과 발전전략: 지식기반산업 중심의 산업구조 고도화』.
오상봉·김인중외. (1999). 『지식기반산업의 발전전략』. 산업연구원.
이선외. (2000). 『지식기반경제의 이론과 실제』. 을유문화사.
정명기. (2001). 「지식기반산업 발전을 위한 입지분석과 발전전략」. 『한국정책과학학회보』, 5(2): 147-167.
황주성·이명호. (2001). 『지식기반경제에서 산업군집의 원리와 유형, 정부정책』. 용역사업보고 01-16, 정보통신정책연구원.
Amin, A. and P. Cohendet. (1999). Learning and adaptation in decentralized business networks. *Environment and Planning: Society and Space*, 87-104.
Arthur, W. B. (1996). Increasing Returns and the New World of Business. *Harvard Business Review*, 74(4): 100-109.
Asheim, B. T. (1997). Industrial districts as learning regions: a condition for prosperity. *European Planning Studies*, 4(4): 379-397.
Camagni, R. (1991). *Innovation Networks*: *Spatial Perspectives*. London: Belhaven.
Dijk, M. P. (1994). The Interrelations Between Industrial Districts and Technological Capabilities Development: Concepts and Issues. In UNCTAD (ed.) *Technological Dynamism in Industrial Districts*. New York: United Nations.
Isaksen, A. (1998). *Regionalization and Regional Clusters as Development Strategies in a Global Economy*. STEP Report-01/1998, Oslo: STEP Group.
Krugman, P. (1991). *Geography and Trade*. Cambridge: MIT Press.
Lagendijk, A. (1997). From New Industrial Spaces to Regional Innovation Systems and Beyond: How and from Whom Should Industrial Geography Learn? *Eunit Discussion Paper 10*, Newcastle upom Tyne: CURDS.
Lawson, C. and E. Lorenz. (1999). Collective learning, tacit knowledge and regional innovation capacity. *Regional Studies*, 33(4): 295-304.
Lundvall, B. (1996). The Social Dimension of Learning Economy. *DRUID Working Paper 96-1*, Danish Research Unit for Industrial Dynamics, Aalborg University.
Maillat, D. and B. Lecoq. (1992). New technologies and transformation of regional

structures in Europe: The role of the milieu. *Entrepreneurship and Regional Development*, 4: 1-20.

Maki, W. R. and R. W. Lichty. (2000). *Urban Regional Economics*. Iowa State University Press.

Massey, D., P. Quintas, and D. Wield. (1992). *High Tech Fantacies*. London: Routledge.

Nijkamp, P., G. van Oirschot, and A. Oosterman. (1994). Knowledge networks, scjence parks and regional development. In J.R. Cuadrado-Roura, et al. (eds.) *Moving Frontiers: Economic Restructuring, Regional Development and Emerging Networks*. Avebury.

Nonaka, I. and H. Takeuchi. (1995). *The Knowledge-Creating Company, How Japanese Companies Create the Dynamics of Innovation*. Oxford: Oxford University Press.

Nooteboom, B. (1999). Innovation, learning and industrial organization. *Cambridge Journal of Economics*, 23: 127-150.

OECD. (1996). Special Theme: The Knowledge-Based Economy. OECD (ed.) *Science, Technology and Industrial Outlook*, Paris: OECD.

OECD. (1998). *Technology, Productivity and Job Creation: Best Policy Practices*. Parls.

OECD. (1999a). *The Knowledge-Based Economy: A Set of Facts and Figure*. Paris: OECD.

OECD. (1999b). *OECD Science, Technology and Industry Scoreboard 1999: Benchmarking Knowledge-Based Economies*. Paris: OECD.

Park, Sam Ock. (2001). Knowledge-based industry for promoting growth. In D. Felsenstein and M. Taylor (eds.) *Promoting Local Growth*, Aldershot, UK: Ashigate.

Popper, K. R. (1972). *Objective Knowledge*. London: Oxford University Press.

Porter, M. E. (1990). *The Competitive Advantage of Nations*. Free Press.

Porter, M. E. (1998). Clusters and the New Economics of Competition. *Harvard Business Review*, Nov-Dec: 77-90.

Porter, M. E. (2000). Location, Competition, and Economic Development: Local

Clusters in a Global Economy. *Economic Development Quarterly*, 14(1): 15-34.

Reich, R. B. (1992). *The Work of Nations: Preparing Ourselves for 21C Capitalism*. Alfred K. Knopf, Inc.

Saxenian, A. L. (1990). Regional networks and resurgence of Silicon Valley. *California Management Review*, 33(1): 89-112.

제2장 · 형성기 클러스터의 입지특성

최근 경제개발과정에서 산업클러스터의 중요성이 강조되고 있다. 지역클러스터가 특정 산업 또는 가치사슬의 경쟁성을 강화할 뿐만 아니라, 성장 · 고용 · 생산성 제고를 야기함으로써 경제성장의 중요한 동인으로 간주되고 있다. 지역의 경쟁성이 점차 클러스터의 존재와 동일시되고 있는 것이다. 그 주요한 이유로는 글로벌 경제에서 지역 간 그리고 국제적 경쟁의 치열성, 전통적인 지역개발이론과 전략의 취약성, 그리고 실리콘 밸리, 제3이태리와 같은 성공적인 클러스터의 출현 때문으로 보인다(Enright, 2003: 99). 따라서 클러스터 접근은 도시 및 지역경제, 지역개발 및 전략적 관리 영역 등에서 학술적 연구에 광범위한 영향을 미치고 있다(Cooke, 2003; Krugman, 1991, 1996; Malecki, 2002; Porter, 1990, 1998, 2000).

클러스터 이론과 정책적 접근이 상당히 영향력이 있지만, 클러스터의 진화적 다이너미즘은 명료하게 검토되지 못했다. 특히 클러스터의 형성기 동안에 클러스터 외부적 상호작용과 내부적인 흐름은 좀 더 진전된 연구를 필요로 한다. 클러스터의 발전을 지원하거나 방해하는 입지환경의 일반적인 특징은 무엇인지에 대해 많은 연구가 진행되어 왔지만, 대부분은 이미 기존의 작동 중인 클러스터를 평가하는 데 그치고 있다(Saxenian, 1994; OECD, 1999; Porter, 1990, 2000; Keeble et al., 1999; Bathelt, 2001; Berg et al., 2001).

따라서 잠재적 클러스터가 어떻게 그 환경 속에서 뿌리를 내리는지, 그리고 그들이 초기 발전단계 동안 직면하게 되는 다양한 장애요인을 어떻게 이해하고 극복하는지에 대한 분석은 제대로 이루어지지 못했다.[12)]

도시 및 지역경제의 성과가 클러스터에 의해 강화되고 있음을 나타내는 많은 지표들이 있다(Berg et al., 2001: 185-186). 의료클러스터는 첨단성장 산업으로서의 그 잠재성 때문에 최근 학자, 기업 관리자 그리고 정책결정자들에게 아주 중요한 주제이다. 의료클러스터는 흔히 기술적으로 관련성이 있는 기존 산업들을 종합하고 재배치해서 경제적 성과가 높은 새로운 길로 이끌 수 있는 새로운 방식으로 인지되고 있다. 따라서 의료클러스터의 발전이 대구권 경제개발전략의 우선순위를 차지하게 되었다. 대구권은 공간적인 측면 및 기능적인 측면에서 한국경제의 준(準)중심에 자리 잡고 있다. 대구는 한국의 중심인 경부축(즉 서울, 대전, 대구 그리고 부산이라는 4대 광역도시권을 이어주는 중심축)에 위치하고 있다.

여기서는 형성기 클러스터의 개념 및 특징을 검토하고, 대구의료클러스터의 입지환경, 장애요인 그리고 정책수요를 논의한다. 그리고 그 장애요인을 극복할 수 있는 대안적 접근방안들을 탐구하고자 한다. 우선 경쟁성과 클러스터의 개념, 그리고 경제개발의 변화하는 과정들을 검토함으로써 논의를 시작한다. 그리고 형성기 클러스터의 성격 및 특징, 지역혁신 및 지역경쟁우위에 있어서 형성기 클러스터의 함의점 등에 대한 기존 연구 및 현재의 연구경향 등을 정리한다. 이론적인 논의 후, 이어서 대구의료클러스터가 작동할 것으로 판단되는 역사적 배경을 간략히 서술한다. 그리고 형성기 클러스터가 수립되고 개발되는

---

12) 이것은 부분적으로 그 발전단계 동안 잠재적 클러스터의 존재를 인지하는 어려움에 기인한다. 초기 발전단계에서는 상당한 수의 업체나 고용자 수도 존재하지 않고 지역의 산업기술적 궤적에도 명백한 실체가 제대로 드러나지 않기 때문이다(Menzel, 2005: 413).

과정에서의 입지환경, 장애요인 그리고 정책수요를 탐구하기 위하여 대구의료클러스터의 경험을 분석한다. 그리고 최종적으로 대구의료클러스터의 장애요인을 극복하는 대안적 접근방안들을 정책적 시사점으로 제시한다.

본 장에서는 특히 다음의 세 가지 의문점에 논의의 초점을 둔다.

- 어느 정도까지 형성기 클러스터에서 뿌리내림의 과정(즉, 새로운 네트워크와 기술혁신의 중요성에 대한 인식)을 관찰할 수 있는가? 그리고 만일 그렇다면, 진화적 과정에 내생적 요소와 외생적 요소가 어떻게 결합될 수 있는지를 밝힌다.
- 어느 정도까지 긍정적인 입지환경의 형성을 식별할 수 있는지, 그리고 클러스터 개발의 과정에서 주요한 장애요인은 무엇인지 등을 검토한다.
- 형성기 클러스터의 발전을 위한 주요한 정책수요는 무엇인지, 그리고 형성기 클러스터에서 장애요인을 극복하기 위한 대안적 접근방안들은 무엇인지 상세하게 검토한다.

형성기 클러스터

산업클러스터 관련 이슈가 글로벌화된 현대 경제에서 점차 중심 위치를 차지하고 있다(Porter, 1999, 2000; OECD, 1999; Cooke, 2002). 산업클러스터 이슈들은 글로벌화와 로컬화의 과정에서 특정 지역의 경제적 성공과 여타 지역 쇠퇴의 중요한 원천으로 보인다. 글로벌 경제에서, 경쟁우위를 향한 지식창조 과정은 도시 클러스터링과 지역 클러스터링을 향한 경향을 점차적으로 강화시키고 있다(Lundvall and Johnson, 1994; Storper, 1997; Cooke and

Morgan, 1998; Malmberg and Maskell, 2002). 관련 기업들과 조직들 간의 공간적 근접성은 암묵지의 확산을 촉진하는데, 이는 형식지는 쉽게 복제되고 아무 곳에서나 구할 수 있다는 점과 대비하여 경쟁우위의 주요한 형태가 된다(Cumbers and MacKinnon, 2004: 961-962).

A. Marshall에 의하면, 산업클러스터 혹은 집적으로부터 연유하는 긍정적 효과의 세 가지 상호작용적인 사유들이 있다. 이는 (i) 전문화된 기술을 가진 근로자들의 지역집단의 개발, (ii) 특정 산업에 고유한 비거래적 투입물의 지역적 제공의 증가, (iii) 정보와 아이디어 흐름의 극대화이다(Krugman, 1991). 첫 번째 이유는 기업의 노동력 취득비용과 연관되어 있는 것으로서 전문화된 노동 공급에 대한 근접성을 말한다. 두 번째 이유는 거리에 민감한 투입물과 연계되어 있는 것으로서 전문화된 투입물 공급업자에 대한 근접성에 초점을 둔다. 세 번째 이유는 지식 원천으로의 근접성을 강조하고 있다. 이 세 가지 이유는 기업과 조직의 지리적 집중에서 연유하는 비용감소나 능률성 제고 등의 경제적 효용성을 나타낸다.

A. Marshall과 대조적으로, Ohlin(1993)은 개별 기업이 어떻게 집적에 의해 영향을 받는지에 대해 초점을 두었다. B. Ohlin은 집적경제를 (i) 규모의 내부경제, (ii) 지방화 경제, (iii) 도시화 경제, (iv) 투입-산출 모형 타입의 산업간 연계성의 네 가지 원천으로 분류하고 있다(Karlsson et al., 2005: 11). 또한 Hoover(1937, 1948)는 집적경제에 대한 또 다른 분류방식을 제안했는데, 이는 (i) 규모의 내부경제, (ii) 지방화 경제, (iii) 도시화 경제이다. 이들의 기본적 특징은 1950년대의 순환·누적적 인과이론에서부터(Myrdal, 1957) 1980년대의 신산업지구 연구에 이르기까지 지리적 집적에 대한 후속적인 연구들에 담겨 있다(Scott, 1988; Storper and Scott, 1989). 글로벌화되고 지식기반경제로 이행하는 맥락에서 보다 최근의 연구는 특히 전략적 연계형

성(Gulati and Gargiulo, 1999; Hassink, 2001), 학습(Kraatz, 1998), 지역화된 지식확산의 이슈(Jaffe et al., 1993; Wallsten, 2001) 등을 강조하고 있다. 공간적 집적 과정이 점차적으로 중요해지고 있는 것을 드러내는 많은 경험적 연구들은 클러스터에 대한 관심을 높이는 데 적잖이 기여하고 있다(Cumbers and MacKinnon, 2004: 960-961).

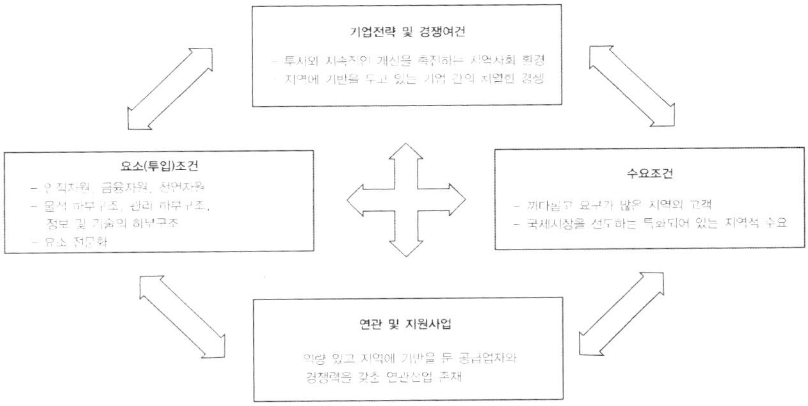

〈그림 1〉 클러스터 경쟁력의 원천: 포터의 다이아몬드 모형
자료: Porter(2000: 20)

클러스터 접근은 로컬 경제 및 지역경제에 대한 생각에 새로운 방식을 나타내고 있고 또한 경쟁성을 제고하는 데 있어서 기업, 다양한 수준의 정부 그리고 여타 기관들에 대한 새로운 인식을 필수적으로 요구하고 있다. M. E. Porter는 로컬 클러스터들이 글로벌 시장에서 어떻게 기여하는지와 그리고 동시에 글로벌 시장에서의 그들의 강점들이 어떻게 지역적인 토대에서 기인하는지를 기술하고 있다. 그는 경쟁성은 네 가지 조건(그림 1 참조)들 간의 상호작용적 관계성에 뿌리를 내리고 있다고 주장하면서 소위 다이아몬드 모형을 개발했는데 이는 다음과 같다: 요소(투입)조건(양과 비용, 질, 전문화),

수요조건(로컬 시장의 규모와 질), 연관 산업(역량 있는 로컬 공급업자들, 전문화된 서비스), 그리고 비즈니스 전략 및 경쟁여건(지방에 토대를 두고 있는 기업들 간의 경쟁성 및 협력성).

Lazonick(1992)과 Boekholt(1994)는 클러스터에서 기업 간 연계성을 넘어서는 여타 측면들을 강조한다. 기업의 경쟁우위 중 상당 부분은 기업 바깥에 놓여 있고 심지어 그 산업의 바깥에 있다는 것이다(Porter, 2000: 16). 공공부문은 여러 측면에서 클러스터의 성장을 지원하는(또는 방해하는) 활동을 한다. 그리고 공공부문은 로컬 클러스터의 사회적 환경의 부분이 된다. 특히 공공부문투자는 특정 도시나 지역을 경제개발의 어떤 특정 궤도 쪽으로 '작동시키는' 중요한 역할을 수행한다(Leibovitz, 2004: 1136). M. E. Porter는 클러스터를 다음과 같이 정의한다.

> 특정 산업부문에서 상호 경쟁하고 협력하는 연관된 기업, 전문화된 공급업자, 서비스 제공자, 연관산업의 기업들, 그리고 관련 기관들(예: 대학, 표준기관들, 무역협회 등)의 지리적 집적체(Porter, 2000: 15)

Porter(2000: 21)는 클러스터가 다음 세 가지 주요 측면에서 경쟁에 영향을 미친다고 본다: (i) 구성 기업 및 산업들의 정태적 생산성을 증진시킨다. (ii) 클러스터 참여기업들의 역량을 제고함으로써 혁신과 생산성 증가에 기여한다. (iii) 혁신에 기여하고 클러스터를 확장시키는 신규기업 형성을 촉진한다. 개별 클러스터의 성숙과 발전과 관련하여, 세 가지 유형의 클러스터를 고려할 수 있다. '성숙기 클러스터'는 비교적 높은 수준의 핵심적 역량(관련 자산, 연구 성과, 상업화 역량, 파트너십 개발 등)을 가지고 있는 상태이며, '형성기 클러스터'는 비교적 낮은 수준의 핵심역량을 가지고 있는 상태이고,

'변환기 클러스터'는 중간 정도의 핵심역량을 가지고 있는 상태이다(Lembke and Osthol, 2005: 361).[13)]

Pavitt(2005)이 최근 주장한 것처럼, 기술혁신은 점차적으로 특정 산업부문별 전문화된 복합지식에 토대를 두고 있다. 그리고 이 사실은 기술혁신의 가장 중요한 과정이 지식과 학습이라는 것을 나타내고 있다(Lundvall, 1992: 1). 혁신과정은 흔히 기업 간 그리고 기업과 여타 기관 간 상호작용적 학습과정의 결과이다(Lundvall, 1988; Morgan, 1997). 따라서 기업들 간 그리고 기업들과 여타 기관 간 지식확산은 혁신과정의 핵심적 요소이다. 형성기 클러스터를 다루면서 주요한 의문점은 어떻게 잠재적 클러스터가 그 자체로서 혁신 지향적 네트워크로 변형하는지, 그리고 어떤 요인들이 이 변형과정을 촉진하는지 또는 방해하는지에 관한 것이다.

Best(2001)는 지역은 누적적인 자기 쇄신과정을 통해 전문화되고 특징있는 기술역량을 개발하게 된다고 주장한다. Maskel(2001: 937)에 따르면, "클러스터는 일단 수립되면 기왕에 존재하고 있는 활동들과 긴밀한 관계를 유지함으로써 로컬 기업가들이 직면하는 애매모호함과 비용을 줄이고 특정 종류의 경제적 활동을 끌어들이는 어떤 선택적 장치로 작동하게 된다."

인적 및 물적 자본, 그리고 특정 지역의 산업발전의 결과로 발전된 다른 기관들은 흔히 다른 산업의 형성에 핵심적인 원인 그리고 투입물로서 기능하게 된다는 주장들이 제시되고 있다. 예컨대 Best(2001: 132)는 지역 기술적 역량은 도전적인 기업을 탄생시키고, 그것은 다시 지역기술역량을 제고한다고 하였다. 그리고 이는 또다시 보다 더 많은 도전적인 기업들을 탄생시키게

---

13) Enright(2003: 102)는 클러스터 발전의 단계를 배아기, 형성기, 성숙기로 분류하고 있다. 또한, Menzel(2005: 446)에 따르면, '발현(emergence)'의 상태는 아직 클러스터가 안정적이고 지속적인 발전을 위한 토대로서의 임계용량(critical mass)의 수준에 이르지 못한 상태를 기술한다.

된다고 주장한다. 이런 의미에서, 연속적인 지역산업 기술궤적들 간에 의존성의 개념이 나타나게 된다. 예컨대 Enright(2003: 109)는 바젤 의료산업의 발전에 있어서 염료산업의 사전적 존재의 중요성, 덴마크의 바이오텍 클러스터의 발전에 있어서 농업과학산업의 사전적 존재의 중요성, 일본의 탄소섬유산업의 발전에 있어서 합성섬유산업의 사전적 존재의 중요성 등을 강조한다. 특정 전문기술자 집단의 존재는 샌프란시스코 만 지역과 보스턴 주변에 전자 및 바이오텍 산업이 수립되는 데 기여했다. Bresnahan et al. (2005)은 또한 첨단기술클러스터의 출현 분석에서 기존 비교우위의 중요성을 강조한다. 따라서 가령 기술이나 관리적 역량의 공급, 틈새시장에의 연결, 핵심기업의 역할 등과 같은 '구경제'의 투입물을 다시 고려해 볼 필요가 있다. 왜냐하면, 그것들이 '첨단기술경제'가 출현할지 어떨지 그리고 어디서 발전할 것인지를 결정하는 데 중요할 수 있기 때문이다(Martin and Sunley, 2006: 427).

대부분의 클러스터 참여자들은 직접적인 경쟁자들이 아니고 오히려 산업의 다양한 부문에 기여하는 실체들이다(Porter, 2000: 18). 클러스터가 발전해 나갈 때, 특정 형태의 지식창조와 클러스터 참여자들의 역량을 제고하는 압력 및 유인들은 그 클러스터의 지속적인 성공에 중요한 요소가 된다. 예컨대 바젤의 과학자들과 기술자들의 역량은 염료산업에 대한 접근성보다 오늘날의 바젤 의료산업에 훨씬 더 도움이 되기 때문이다(Enright, 2003: 109).

역사적 배경

의료클러스터는 지식기반성과 고부가가치 산업과의 연계성으로 인해 학자들, 정책결정자들, 그리고 기타 관련자들에게 특히 매력적인 연구 분야이다.

의료클러스터는 흔히 정보기술(IT), 바이오기술(BT), 메카트로닉스기술(MT)과 같은 신기술을 적용하는 다음 세대를 위한 전망 있는 산업으로 인지된다. 따라서 OECD 국가들은 의료클러스터 관련 기관들을 검토하고 새로운 정책대안을 준비하는 적극적인 노력을 수행해 왔다(OECD, 2005). 지역클러스터는 경쟁에 중요한 일련의 연계산업과 다른 실체들을 포괄하고 있다. 이런 점에서, 의료산업에서 클러스터 현상은 최근 학자들과 정책결정자들에게 핵심적인 관심사항이 되고 있다(Berg et al., 2001). 대구의료클러스터의 역사적 배경을 이해하기 위해서, 여기서는 대구의료관련 산업들의 일반적인 특징을 서술한 후, 형성기 클러스터로서의 대구의료클러스터의 성격과 함의점을 검토한다.

1. 지역적 특징

대구는 한국의 남동쪽에 위치한 주요 대도시 중 하나로, 인구수 2백5십만 명의 대도시이다. 경북이라는 배후지까지 고려한다면 대구·경북권 인구는 약 5백2십만 명에 이른다.

'국토균형개발계획'의 초기 5년간(2004-2008) 지역전략산업 자료에 의하면, 대구지역에는 메카트로닉스, 전자정보장비 및 기기, 섬유 그리고 생물산업 등 네 가지 전략산업이 있다. 경북지역 역시 네 가지 전략산업이 있는데, 그것들은 전자정보장비 및 기기, 신소재부품, 생물 및 한방 그리고 문화 및 관광산업 등이다.

중앙정부가 현재 '국가혁신전략'을 이행하고 있지만, 그 토대는 지역경제에 있어서 지속가능한 자립적 성장을 달성하는 것이다. 중앙정부는 지역전략산업의 발전을 위한 새로운 패러다임과 촉진계획을 제안하고 있다. 예컨대

〈그림 2〉 대구 – 경북의 지리적 위치

지방의 창의성에 토대한 혁신기반성장, 분권화된 국토구조와 다극화, 지역전문화와 지역 간 연계개발 그리고 환경적으로 지속가능한 개발 등이다. 대구는 기계금속과 섬유에 집중화된 기존의 산업구조를 극복하는 것이 중요하다. 이에 대구는 첨단산업 및 혁신적인 비즈니스를 촉진하고 사람들의 과학기술적 아이디어 개발을 장려하고자 한다. 이와 같은 노력을 통하여, 대구는 한국 동남권 과학기술발전을 위한 혁신클러스터의 중심적 역할을 수행할 것으로 기대된다. 요약하자면, 대구는 역동적이고 지속가능한 성장메커니즘을 창조하고자 하는 것이다(국가균형발전위원회, 2004: 203-207).

통계청 한국표준산업 분류체계에 의하면, 의료산업의 업체 수와 고용자 수는 전국적으로 각각 33,918개와 427,798명에 이른다(표 2 참조). 대구의 경우 의료산업의 업체 수와 고용자 수는 각각 1,998개와 25,046명에 이른다.

〈표 2〉 의료산업 업체 및 종사자 현황 (단위: 개, 명)

	전체		의료기기 제조업		의약품 제조업		의료기기 /의약품 유통업		의료 서비스업	
	업체수	종사자수	업체수	종사자수	업체수	종사자수	업체수	종사자수	업체수	종사자수
전국	33,918 (100%)	427,798 (100%)	2,080	18,021	555	6,865	6,585	51,181	24,698	351,731
대구	1,998 (5.9%)	25,046 (5.9%)	131	155	12	326	249	3,892	1,376	20,273
경북	1,313 (3.9%)	17,232 (4.0%)	46	828	30	345	118	512	1,119	15,547

전국 대비 대구의 상대적인 중요성은 양자 모두 5.9% 정도이다. 만일 대구·경북지역을 함께 고려한다면, 의료산업의 업체 수와 고용자 수는 각각 3,311개와 42,278명에 이른다. 전국 대비 대구·경북지역의 의료산업 업체 수와 고용자 수의 상대적인 비중은 각각 9.8%와 9.9%에 이른다. 자료를 산업의 종류별로 분류해 보면, 의료 유통 및 의료서비스 부문에 있어서는 전국 대비 대구의 상대적 비중이 경북지역의 상대적 비중보다 명백하게 더 높다. 특히 의료유통부문의 경우 대구의 업체 수는 경북지역에 비해 2배가량 되고, 고용자 수는 대구지역이 경북지역에 비해 7배가량 많다. 이와 같은 결과는 대구 대도시권의 지역적 특성이 반영된 것으로 보인다.

2. 형성기 클러스터로서의 대구의료클러스터

장소에 따라서 클러스터의 정의는 흔히 다양하게 사용되고 있다.[14)]

14) 클러스터의 적절한 정의는 위치, 경계, 기술개발, 또는 규제적 변화 등과 같은 다양한 요인에 따라서 달라질 수 있다(Porter, 2000: 18).

Porter(1998, 2000)식 정의에 따르면, 의료클러스터는 '서로 경쟁하고 협력하는 의료산업 영역에서 상호 연관된 기업, 전문 공급업자, 서비스 제공자, 그리고 기타 연관 기관들의 지리적 집적체'로 볼 수 있다. 넓은 의미에서의 의료산업은 의료장비 및 기기, 제약 산업, 의료센터, 실험실 및 병원 등을 포함한다(Lembke and Osthol, 2005: 362-363). 여기서는 의료상품이나 서비스의 개발, 생산 그리고 유통 관련 지식과 기술을 응용하는 산업을 의료산업으로 사용한다.

섬유산업은 대구에서 긴 역사를 가지고 있다. 그리고 그 뿌리는 2차 세계대전 이전으로까지 거슬러 올라간다. 국가재건 및 대외 지향적 개발전략의 시기에 대구에는 이미 상당히 양호한 수요조건이 존재하고 있었다. 따라서 대구의 섬유산업은 1970년대까지 강력한 성장형태를 보여주었다. 1980년대에는 중요한 구조적 변화가 나타나고 섬유산업의 상황을 아주 불안정하게 만들었다. 세 가지 추세를 지적할 수 있다. 첫째, 중국이나 동남아시아 등의 저비용 경쟁자들이 새롭게 등장했다. 둘째, 대구에 거주하고 있던 대규모 섬유업체들이 값싼 노동력과 부지확보를 위해서 인근 경북이나 국외로 이전해 나갔다. 셋째, 대구지역의 경우 섬유산업은 성숙산업의 문제점이 나타났는데, 예컨대 정체하는 수요, 치열한 경쟁 그리고 낙후된 개발경로로의 고착성 등과 같은 것들이다. 최근 대구의 기계금속산업의 부상은 현대자동차의 생산중심지인 울산광역시에 대한 지리적 근접성과 연계되어 있다. 그 근접성으로 인하여, 대구는 자동차 부품생산을 특화하는 데 경쟁력을 가졌던 것으로 보인다. 최근 자료에 따르면, 대구의 기계금속산업은 이미 부가가치와 고용자 수에서 섬유산업을 훨씬 추월한 것으로 알려져 있다.

전기전자 및 모바일 산업은 최근 대구지역에서 부상하고 있는 산업부문이다. 이것은 대구지역에 입지하고 있는 경북대학교와 국내 전기전자산업과 관련하여 가장 큰 산업복합체인 구미산업단지와의 지리적 근접성에 기인한 것으로 보인다. 경북대학교의 정보기술(IT) 대학은 한국의 전기전자 관련 분야에서 가장 크고 전문화된 형태로 정평이 나있다. 따라서 중앙정부는 메카트로닉스, 전자정보장비 및 기기, 섬유, 생물 산업을 대구의 4대 전략산업으로 지정하고 있다. 동일한 맥락에서, 대구광역시는 대구의 기존 산업구조를 개선하고 중앙정부 선정 4대 지역전략산업을 통합할 수 있는 방식으로 의료산업 발전을 위하여 노력하고 있다.

김범일 시장의 다음 취임사는 대구 대도시권의 현재 상태와 과제를 요약하고 있다.

> … 무엇보다도, 대구경제의 활력을 되살리기 위해 모든 노력을 다할 것입니다 … 저는 대구의 주요 산업들을 첨단산업으로 발전시켜 나갈 것입니다 … 지식기반산업들이 … IT, BT, NT, ET 그리고 CT 등을 포함하여 대구경제의 주요부분이 될 것입니다. 의료 장비 및 기기 산업부분을 육성하기 위해 힘껏 노력할 것입니다 … 과학과 기술 인프라를 형성하는 데 집중할 것입니다. (2006.7.3. 김범일 대구 시장 취임사)

대구의료클러스터 계획은 김범일 시장의 취임사에 개괄적으로 표현되어 있고, 또한 대구 시정부의 '보건산업계획'에 의해 뒷받침되고 있다. 대구광역시에 따르면, 보건산업계획은 8개의 주요 사업계획과 53개의 과제로 구성되어 있다. 8개의 주요 사업계획은 첨단의료 복합단지의 설치, 보건산업의 글로벌 경쟁력 강화, 전략적 기술 및 상품개발의 지원 등이다.[15] 대구의료클러스터

15) 그 계획이 성공적으로 마무리되면, 대구광역시 추계상 고용은 17,000명 그리고 소득은 2,460억 원의 창출효과가 나타나게 될 것이다(연합뉴스, 2006.11.8).

는 대구 대도시권의 경쟁력에 토대하고 있는 것으로 보인다. 대구에는 5개의 대형 대학병원들과, 전문화된 노동력 집단, 그리고 기계금속클러스터나 형성기의 전자전기클러스터와 같은 기존의 지역클러스터들이 있다. 따라서 대구 의료클러스터는 시너지 효과를 만들어내기 위하여 기존의 연관 클러스터를 활용하는 전형적인 형성기 클러스터로 보인다.

형성기 클러스터의 형성과정에는 (i) 신기술의 지역적 착근성에 의한 새로운 토착클러스터를 형성하는 경우, (ii) 다국적 기업의 생산 및 R&D 시설의 신규 입지에 의해 지역경제의 재생 및 재구축을 촉발함으로써 새로운 클러스터를 개발하는 경우, (iii) 기존 지역클러스터에서 저활용된 다양한 기술을 통합하고 연관성이 있는 새 산업의 토대를 제공하고 새 클러스터로 발전하는 경우 등의 여러 가지 유형이 있다(Martin and Sunley, 2006: 420-423). 대구 의료클러스터는 마지막 경우에 보다 가까운 것으로 보인다.

입지환경, 장애요인 그리고 정책수요

혁신은 흔히 기업들 간 그리고 기업 및 기관 간 상호작용적 학습과정의 결과이다(Lundvall, 1988; Johnson, 1992; Morgan, 1997). 따라서 상호작용적 학습환경의 창조는 혁신과정에 필수적이며, 상호작용적 학습환경의 발전은 흔히 경로의존성 과정을 따른다(Gulati and Gargiulo, 1999). 그러나 경로의존성의 관찰은 클러스터의 발전과정에서 다양한 장애요인을 이해하고 극복하는 방법을 제시하지는 않는다. 형성기 동안에는 더욱 그렇다. 이런 측면에서 대구의료클러스터의 발전과정에 대한 보다 엄밀한 이해를 위하여 일반적 입지환경, 장애요인 그리고 정책수요를 분석할 필요가 있다.

1. 경험적 조사

대구의료클러스터의 장애요인과 대안적인 방안을 모색하기 위하여 여기서는 설문조사 방식을 이용한다. 설문조사 내용은 대구의료클러스터와 경북의료클러스터의 입지환경, 중요한 장애요인 그리고 정책수요를 포함하고 있다. 경북지역은 대구 대도시권의 배후지에 가깝다. 따라서 경북의료클러스터 또한 대도시권과 배후지 간의 차별화 검증을 위하여 설문에 포함되었다. 국립통계청 한국표준산업분류표를 토대로 선정된 설문조사의 참여자들은 의료상품의 제조 또는 유통회사들과 의료서비스 기관들(예: 대학병원, 일반병원, 개인진료소)이다. 이에 더하여, 의료클러스터의 정의상, 의료관련상품의 제조 및 개발업체들도 또한 의료상품의 제조 또는 유통업체로 포함되고 검토된다.

대표성이 있는 표본을 확보하기 위하여 산업분류표상의 구성비율과 최소표본수 등이 감안되고 층화표본추출방식(stratified sampling method)이 이용된다. 실태조사는 구조화된 설문지가 이용되었다. 총 300부의 설문이 배포되고, 그 중 202부가 최종분석에 이용되었다. 이것은 대략 67%의 반응률을 나타낸다. 반응률을 제고하기 위하여, 직접 방문, 팩스 메시지 그리고 이메일 등 다양한 방법을 활용했다. 조사기간은 2006년 6월 22일에서 8월 20일까지 대략 2개월 정도가 소요되었다.

조사된 업체와 기관들 중에, 2/3의 업체와 기관들은 대구지역에 속하고 나머지 1/3은 경북지역에 토대를 두고 있다. 산업분류표상 조사된 업체들의 약 57%는 의료 제조 및 유통업체로 분류된다. 그리고 약 43%는 의료서비스 기관으로 분류된다. 의료제조 또는 유통업체의 성격과 특징은 의료서비스 산업의 성격 및 특징과 상당히 다를 수도 있기 때문에 두 집단은 분리해서

조사하고 최종분석에서도 분리해서 검토된다. 리커트 5점 척도 방식(Likert five-point scale)이 설문항목에 이용되었기 때문에, 응답자들은 주어진 설문과 관련하여 자신들의 의견 내지 입장을 오점척도형태로 표기하도록 요구받았다. 다음 절에서는 설문조사에서 제기된 대구의료클러스터의 관련 의문점 내지 이슈를 탐구한다.

2. 입지환경

여기서는 대구의료클러스터의 입지환경을 분석하기 위하여 Porter(1990, 2000)의 다이아몬드 모형을 활용한다. M. E. Porter의 다이아몬드 모형은 경쟁력이 있는 환경의 본질적인 조건으로서 네 가지 요인 — 투입요소조건, 수요시장조건, 연관 및 지원산업 그리고 기업전략 및 경쟁여건 — 들을 밝히고 있다. 여기서는 지식생태적인 측면을 검토하기 위해 대구의료업체와 기관들의 다양성, 학습역량 그리고 이동성 등을 보완한다.

대구의료클러스터의 업체와 기관들은 세부적인 산업분류표상의 차이와 상관없이 수요시장과 기업경쟁조건을 비교적 양호한 것으로 평가하고 있다. 반면에 그들은 투입요소조건이나 연관산업조건 그리고 지식생태조건을 세부적인 산업분류표상의 차이와 상관없이 비교적 취약한 것으로 평가하고 있다. 이것은 대구의료클러스터의 업체와 기관들이 실제로 그 입지환경에서 특별한 강점이나 취약점을 인지하고 있지 않다는 것이다. 그들은 단지 몇몇 요소들에서만 강점을 인지하고 있다. 가령 투입요소조건에서 교통 및 커뮤니케이션 시설, 수요조건에서 정교하고 요구사항이 많은 지역고객들, 그리고 기업경쟁여건에서 유사한 유형의 기업들과의 경쟁적인 관계성 및 차별화된 기업경영전략 등이다. 반면에 그들은 또한 입지환경에서 취약한 몇몇 요소들을 인지하

〈표 3〉 대구 의료 클러스터의 입지환경

		의료상품의 제조 및 유통업체		의료 서비스 기관	
		대구	경북	대구	경북
요소(투입)조건	관련 재료 혹은 부품	2.92(.84)	2.92(1.03)	3.15(.67)	2.82(.77)
	교통 및 커뮤니케이션 시설	3.27(.67)	3.22(.83)	3.39(.72)	2.89(.92)
	전문화된 대학과 연구기관	2.97(.94)	2.61(.90)	2.62(.70)	2.18(.92)
	전문화된 인력	2.85(.84)	2.53(.88)	2.46(.75)	1.86(.85)
	법률/회계/금융 등 기업지원	2.75(.82)	2.44(.91)	2.75(.80)	2.25(.84)
	소계 평균	2.95	2.74	2.87	2.40
수요조건	지역시장의 규모	2.99(.93)	3.00(.79)	3.00(.74)	2.82(.72)
	여타 지역시장의 규모	3.20(1.0)	3.31(.86)	2.73(.67)	2.54(.74)
	정교하고 요구사항이 많은 지역고객	3.39(.85)	3.53(.81)	3.36(.76)	3.39(.69)
	소계 평균	3.19	3.28	3.03	2.92
연관산업	연관산업의 양적 발전	2.92(.90)	2.83(.81)	2.92(.73)	2.39(.63)
	연관산업의 질적 발전	2.79(.84)	2.86(.90)	2.69(.62)	2.39(.74)
	연관 산업과의 공간적 근접성	3.00(.79)	3.00(.72)	2.90(.79)	2.50(.79)
	연관산업과의 사회-문화적 근접성	3.01(.75)	2.89(.75)	2.78(.70)	2.64(.83)
	연관산업과의 조직적-구조적 근접성	2.84(.76)	2.75(.84)	2.53(.68)	2.29(.71)
	연관산업과의 기술적 근접성	3.07(.75)	3.00(.79)	2.68(.63)	2.36(.73)
	소계 평균	2.94	2.89	2.73	2.43
기업경쟁력	지역 동종기업과 경쟁적인 관계성	3.15(.99)	3.50(.91)	3.75(.86)	3.54(.92)
	차별화된 기업경영 전략	3.32(.79)	3.64(.72)	3.39(.65)	3.39(.83)
	정부지원사업 및 지원기관 사업내용에 대한 친숙성	3.14(.87)	3.11(.79)	3.12(.84)	3.04(.96)
	소계 평균	3.20	3.42	3.43	3.30
지식생태계	R&D, 생산, 유통 및 거래 과정의 다양성	2.97(.72)	2.89(.62)	2.45(.60)	2.11(.58)
	상호학습과 집합적 학습	2.91(.68)	2.75(.65)	2.54(.68)	2.21(.74)
	인력, 기술 및 정보의 이동성	2.78(.71)	2.83(.66)	2.58(.65)	2.11(.74)
	소계 평균	2.90	2.82	2.52	2.15

주: - 모든 수적 데이터는 리커트 5점척도로 나타냄.
(1점: 강하게 부정함, 2점: 동의하지 않음, 3점: 동의하지도 부정하지도 않음, 4점: 동의함, 5점: 강하게 동의함)
- 표준편차는 괄호 속에 제시됨.
자료: 저자의 조사

고 있다. 예컨대 투입요소조건에서는 법률/회계/금융 등 기업지원 요소, 연관산업 조건에서는 지역 내 연관산업들의 질적 발전 요소 그리고 지식생태조건에서는 인력, 기술, 정보 요소 등이다.

의료서비스 기관들은 요소투입조건에서 전문화된 대학 및 연구기관들의 취약성, 시장조건에서 여타 지역시장의 취약성, 연관산업 조건에서 조직구조적·기술적·사회문화적 근접성에서의 취약성 그리고 지식생태계 조건에서 전반적 취약성 등을 인식하고 있다. 경북지역과 비교하면, 예상했던 대로, 대구는 의료클러스터의 입지환경에서 일반적으로 경북지역보다 양호하다. 그러나 의료상품의 제조 및 유통의 경우에 수요시장 및 기업경쟁여건에서 경북지역이 대구보다 상대적으로 약간 우위에 있다. 이것은 경북지역에 위치하고 있는 몇몇 핵심 산업단지와 경북권의 공간적 규모의 결과로 보인다.

지식생태계 조건에서는, 전반적으로 비교적 취약한 것으로 인식되고 있다. 의료상품의 제조 및 유통업체들과 비교해서는 의료서비스 기관들의 입장이 더 취약한 것으로 나타난다. 대구 대도시권의 상태와 비교해 봤을 때, 경북지역의 상태는 더 열악하다. 이와 같은 결과는 형성기 클러스터로서 대구와 경북의 의료클러스터의 특징을 나타낼 뿐만 아니라 지식기반산업으로서 의료산업의 성격을 반영하고 있는 것으로 판단된다(Isaksen, 2004). 이 결과는 또한 입지환경의 일반적인 분석수준을 넘어서서 대구의료클러스터의 중요한 장애요인 그리고 정책수요를 분석할 필요가 있음을 시사하고 있다.

3. 장애요인

형성기 클러스터는 흔히 유동성의 문제, 기술개발과 마케팅 어려움 등 다양한 장애요인에 직면한다. 〈표 4〉는 대구의료클러스터의 제조 및 유통산업에서 직면하고 있는 주요 장애요인들이 자금부족, 마케팅 곤란, 인적자원의 결여 그리고 기술개발의 문제점들이라는 것을 나타내고 있다. '자금부족'(58.2%)은 심각한 문제점으로 인지하고 있다. 반면에, '기술개발의 문제점'(8.9%)은 어느 정도 중요한 이슈로 인지하고 있다. 그런데 '고등교육기관과의 협력 부족'은 중요한 문제로 거의 인지되고 있지 못하다. 이와 같은 결과는 '고등교육기관과의 협력'이 의료 제조 및 유통산업의 기술개발과정에서 중요한 요인으로 고려되고 있지 못하다는 것을 시사하는 것이다.

〈표 4〉 대구의료클러스터의 기업 및 기관이 직면한 장애요인

	전체	자금 부족	입지 확보 문제	기술 개발 문제	정보 획득 문제	인력 확보 문제	마케팅 곤란	대학 및 연구 기관과의 협력부족	기타
의료 제조 및 유통 산업	79 (100%)	46 (58.2%)		7 (8.9%)	1 (1.3%)	8 (10.1%)	15 (19.0 %)	1 (1.3%)	1 (1.3%)
의료 서비스 산업	59 (100%)	17 (28.8%)	2 (3.4%)	3 (5.1%)	1 (1.7%)	10 (16.9%)	24 (40.7 %)	1 (1.7%)	1 (1.7%)

자료: 저자의 조사

대구의료클러스터 의료서비스 산업이 직면하고 있는 주요한 장애요인은 마케팅 곤란, 자금부족, 인적자원의 결여 그리고 기술개발 문제 등이다. 의료 제조 및 유통산업과는 대조적으로, 의료서비스 산업은 '마케팅 곤란'(40.7%)을 가장 중요한 장애요인으로 인지하고 있다. 그리고 그 다음으로 '자금부족'(28.8%)을 중요한 문제점으로 인지하고 있다. 의료 제조 및 유통 산업과 같이, 의료서비스 산업은 '기술개발의 문제'(5.1%)를 어느 정도 장애요인으로 인지하고 있다. 그러나 '고등교육기관과의 협력의 중요성'(1.7%)은 거의 문제점으로 인지하고 있지 못하다. 형성기 의료클러스터의 정의에 따르면, 신기술

은 그 발전과정에 있어 중요한 요인이다. 따라서 여기서는 대구의료클러스터에서 신기술 발전과정의 장애요인으로 부각되고 있는 요소들에 대한 조사결과를 〈표 5〉에 요약하고 있다.

〈표 5〉 대구의료클러스터의 신기술 발전과정에서의 장애요인

	전체	기술 개발 자금 부족	연구 인력의 부족	지식과 정보의 부족	대학 및 유관기관과의 교류 및 협력 부족	R&D시설 및 장비의 부족	기타
의료 제조 및 유통 산업	54 (100%)	32 (59.3%)	9 (16.7%)	6 (11.1%)	2 (3.7%)	4 (7.4%)	1 (1.9%)
의료서비스 산업	56 (100%)	29 (51.8%)	6 (10.7%)	8 (14.3%)	7 (12.5%)	5 (8.9%)	1 (1.8%)

자료: 저자의 조사

〈표 4〉와 유사하게, 〈표 5〉는 '기술개발자금부족'(59.3%, 51.8%)을 산업유형과 상관없이 신기술 개발과정에서 핵심적인 장애요인으로 지적하고 있다. 그 외에, 의료제조업과 의료유통업은 '연구 인력의 부족'(16.7%)을 중요한 장애요인으로 지적하고 있다. 그리고 의료서비스업은 '지식과 정보의 부족'(14.3%)과 '대학 및 유관기관과의 교류 및 협력의 부족'(12.5%)을 중요 장애요인으로 지적하고 있다. 이 결과는 대구의료클러스터 기업 및 기관들이 대개 재정적인 어려움과 연구 인력의 부족 문제를 겪고 있음을 시사한다. 의료서비스 산업에서는 '대학 및 유관 기관과의 교류 및 협력 부족'(12.5%)이 신기술의 개발과정에서 중요한 사안으로 인지되고 있다. 이 결과는 신기술의 개발과정에서 대학 및 유관기관의 역할을 지지하는 것으로 보인다.

4. 정책수요

대구의료클러스터의 기업 및 기관들은 다음의 정책방안들을 대구의료클러스터와 관련 산업을 발전시킬 수 있는 정책수요로 지적하고 있다(표 6 참조). '정부규제 및 행정절차의 간소화'(4.09, 4.12) 그리고 '기술개발을 위한 재정적 지원'(4.21, 3.98)요소는 산업유형과 상관없이 대구의료클러스터를 개발하기 위한 주요한 정책과제이다. 의료제조와 유통산업의 경우에서, '세계수준의 의료회사나 연구소의 유치'(3.96), '임상시험센터의 확장'(3.96) 그리고 '마

〈표 6〉 대구의료클러스터 발전을 위한 정책방안

	a	b	c	d	e	f	g	h	i	j	k	l
의료제조 및 유통산업	3.62 (.69)	3.81 (.61)	3.86 (.58)	4.21 (.75)	3.96 (.69)	3.83 (.74)	4.09 (.91)	3.91 (.74)	3.76 (.69)	3.83 (.65)	3.96 (.66)	3.85 (.74)
의료서비스 산업	3.33 (.69)	3.30 (.74)	3.90 (.71)	3.98 (.84)	3.67 (.71)	3.73 (.64)	4.12 (.73)	3.95 (.71)	3.81 (.71)	3.88 (.67)	3.54 (.73)	3.69 (.78)

주: 1. 모든 수적 데이터는 리커트 5점척도로 나타내었다.
2. a - 의료산업단지의 발전
b - 의료 인큐베이터 센터 운영과 같은 새로운 기업의 설립을 위한 지원 메커니즘의 확대
c - 전문 인력 교육 및 현장훈련 프로그램의 도입
d - 기술개발을 위한 재정적 지원의 확대
e - 세계적 수준의 의료회사나 연구소의 유치
f - 대학의 의료기술이전 센터 및 공공 연구기관의 설립
g - 정부규제와 행정절차의 간소화
h - 마케팅 및 수출지원
i - 지역 회사 간의 협력적 시스템의 설립
j - 정부지원의 종합의료지원센터의 설립
k - 임상시험센터의 확장
l - 인터넷 기술에 기반을 둔 유비쿼터스 의료시스템의 설립

자료: 저자의 조사

케팅 및 수출지원'(3.91) 등은 대구의료클러스터를 개발하기 위한 중요 정책방안으로 나타났다. 의료서비스 산업의 경우에서는, '마케팅 및 수출지원'(3.95), '전문(의료)인력 교육 및 현장훈련 프로그램의 도입'(3.90) 그리고 '정부지원외 종합의료지원센터의 건립'(3.88) 등이 대구의료클러스터를 개발하기 위한 중요 정책방안으로 제시되어 있다.

의료 제조 및 유통산업의 경우에 있어서, 지역 내에 세계적 수준의 기업이나 연구소의 유치를 기업들이 희망하고 있음은 분명하다. 그 이유는 우선, 지역기업들이 세계적 수준의 기업이나 연구소들과의 협력적 기술개발을 위한 네트워크 채널을 확보할 수 있기 때문이다.[16] 두 번째로, 지역생산품의 브랜드 이미지 제고, 신규투자의 활성화 그리고 여타 지역에 있는 기업이나 연구소들과의 신규네트워크 수립의 용이성 때문이다.[17] 임상시험센터는 지역에 있는 여러 기업들이 공유할 수 있기 때문에, 그 시설들은 상당부분 공공재로 기능할 수 있다.

16) 로컬-글로벌 상호작용에서, 세계적 수준의 기업이나 연구소들은 특별한 역할을 수행할 수 있다. 만일 세계적 수준의 기업이나 연구소들이 지역적 네트워크 안에 뿌리를 내리고 있다면, 이들이 해외로부터 유입되는 새로운 지식과 정보, 혁신의 중요한 확산자로서 기능 할 수 있다. 이는 특히 R&D에 초점을 둔 활동과 연관이 깊다(Malmberg et al., 1996; Berg et al., 2001: 187-188 재인용).

17) Galaskiewicz et al.(2006: 343-344)는 네트워크 내에서의 구조적 입장은 네트워크 파트너와 보다 넓은 환경으로부터 자원을 조달하기 위하여 활용될 수 있다고 주장한다. 예컨대, 갑이라는 실체가 보다 높은 위상을 갖고 있는 것으로 알려져 있는 환경 속의 실체와 교류한다면, 후자의 두드러짐은 갑에게 "흘러내리게(rubs off)"되고 제3자적 집단 사이에서 갑의 위상을 높이게 된다. 바이오텍 업체들과 반도체 업체들에 대한 사례 연구결과는, 조직의 신뢰는 그 파트너의 위상과 정(正)의 상관관계를 갖고 있는 것으로 제시하고 있다. 그러므로 위상(status)이 자원을 동원하고 성과를 제고하는 인센티브로 활용될 수 있다.

정책적 시사점

형성기 클러스터로서 대구의료클러스터는 개발 잠재력뿐만 아니라 다양한 취약점을 가지고 있다. 문헌검토와 지역적 특성분석에서 드러나는 것처럼, 대구의료클러스터의 개발은 하나의 집단으로서 클러스터 구성기업들과 기관들의 발전에 기여해서 다른 지역에 있는 기업 및 기관들을 앞지를 수 있도록 할 것이다. 뿐만 아니라 지속적으로 높은 성과를 가질 수 있도록 기존 산업구조를 변화시키는 데에도 기여하게 될 것으로 보인다(Pinch et al.: 2003: 374). 따라서 여기서는 기술개발 과정에서 중요한 측면으로 인지되고 있는 지역 환경적 측면, 정부 정책적 측면, 그리고 고등교육기관 측면에서 대구의료클러스터의 장애요인을 극복하는 대안적인 방안을 정책적 시사점으로 검토한다. 이에 더하여, 네트워크 중개측면을 중간적인 기능을 밝히기 위하여 함께 검토한다.

1. 지역적 고려사항

입지환경 분석에서 본 것처럼, 대구의료클러스터의 지역산업환경은 대개 그렇게 양호한 것도 아니고 또 그렇게 취약한 것도 아니다. 투입요소조건이나 수요조건은 흔히 단기간에 개선하기가 어렵지만, 연관 산업들과의 기술적인 근접성이나 지역기업들 간의 경쟁적인 관계성을 향상시키는 것은 지역역할주체들의 의지나 노력 그리고 경쟁전략의 변화에 따라서 비교적 용이한 것으로 보인다. 지식생태계의 측면에서 가치사슬상 기업들의 다양성은 다른 지역에서 기업들을 유치하거나, 신규 기업의 수립, 기업분리신설 과정 등에 의해서 달성될 수 있다. 따라서 지역적 상태가 열악한 곳에서는 기업 다양성을 달성하기가 쉽지 않다. 그런데 집합적 학습 및 노동력의 이동성, 관련 기업들 간의 기술 및 정보의 교류는 지역역할주체들 간의 인식과 행태의 변화를 통해서 비교적 단시간에 개선될 수 있는 것처럼 보인다. Leibovitz(2003: 2616–2617)가 주장하는 것처럼, 기업적 지역개발기관의 형태에서 개방적인 '공적영역'의 창조는 지역역할주체들의 관계적 측면을 강화해 줄 수 있을 것이다. Hirst(1994: 138)에 의하면, 이와 같은 영역들은 기업, 피고용인, 그리고 정부 간에 대화, 논의, 협력 및 신뢰를 촉진하게 될 것이다.

테크노폴리스에 대한 사례연구에서, Castells and Hall(1994)은 '기업 및 기관들 간의 시너지가 지역클러스터의 성공에 핵심적 결정인자'라고 주장하고 있다(Menzel, 2005: 413–414). Storper(1995)는 신산업지구 성공의 결정인자로서 기업 및 기관들 간에 '비거래적 상호의존성(untraded interdependencies)'의 구축 및 개발의 중요성을 강조한다. 이런 비거래적 상호의존성은 기업 및 기관들 간의 형식지와 암묵지의 확산을 촉진하는 사회적 관계, 공유하고 있는 전통이나 규범 등으로 이루어져 있다. 따라서 상호의존성은 비즈니스 활동에서 지역 특정적인 물질적 및 비물질적 자산을 창출한다. 이들 자산은 또한 기술적·조직적 변화와 발전 그리고 비표준화된 산출물의 생산을 가능하게 한다(Raco, 1999: 953). 게다가 이들 상호의존성은 희소하고 비교적 이동성이 없는 자원으로 보이기 때문에 공간적 근접성과 대면적인 접촉에 의해 확대된다(Leibovitz, 2003: 2616). 결과적으로 이들 상호의존성은 지역화되게 되어 있고, 따라서 지역이 전략적 계획접근에서 핵심적 대상이 된다.

2. 정부적 고려사항

정부는 필연적으로 경제의 작동과정에서 다양한 역할을 수행한다. 정부는 공공기관의 형성과정과 예산의 집행과정에 있어서 많은 공적자금과 인력을 관리한다. 정부는 공적자금 분배를 통해 인적·물적 인프라에 상당한 영향을 끼친다. 그리고 또 다른 한편으로는 연관 산업 간 공간적 근접성에 영향을 미치는 정책을 통하여 물리적 인프라와 인적 인프라에 영향을 미친다. 그리고 조세정책의 활용을 통하여 특정 기업이나 기업지원기관의 유치에 영향을 미친다. 게다가 정부는 연관된 인적 및 물적 자원을 활용하여 지식생태계의 다양성, 학습역량 그리고 이동성에 영향을 미친다.

대구의료클러스터의 기업 및 기관이 직면한 장애요인을 분석한 결과(표 4 참조), '자금의 부족'과 '마케팅의 어려움'이 주된 장애요인으로 나타났다. 이러한 장애요인들은 정부가 다룰 수 있는 전형적인 요소들이다. 신생중소기업들이 재정적 어려움에 봉착하는 일은 흔한 일이며, 시장의 힘만으로 이러한 상황을 개선하는 것은 여의치 않다. 예를 들어 기술적 잠재력은 있지만 상용화의 수준이 약한 경우 정부는 초기자금 부족을 해결할 수 있도록 선별적으로 개입할 수 있다. 만약 벤처캐피탈 시장 역시 취약하다면, 정부개입의 영역이 더욱 확장될 수 있는 것이다.

정책과제에 대한 분석결과(표 6 참조)는 '기술개발을 위한 재정적 지원의 확대' 그리고 '정부규제와 행정절차의 간소화'를 주요 정책방안으로 제시하고 있다. 정부규제 및 행정절차의 간소화는 정부개입의 방식과 절차가 여러 가지 측면에서 신중하게 채택되어야 한다는 것을 함축하고 있는 것이다. 예를 들어 정부지원을 위한 행정적인 요구사항이 매우 복잡하고 어려울 경우, 일부 중소기업들은 지원방안들을 제대로 활용하지 못할 것이다. 정부지원은 '그림의 떡'이 될 수 있는 것이다. 따라서 기업의 설립 및 사업 운영과정에서 정부는 행정적 과정의 간소화와 표준화를 이뤄야 한다. 또한 관련 법률의 적절한 개정 및 폐지를 추진하여야 한다.

또한 '세계적 수준의 의료회사나 연구소의 유치', '임상시험센터의 확장',

'전문 인력 교육 및 현장훈련 프로그램의 도입', '정부지원의 종합의료지원센터 설립'은 중요한 정책과제이며 이러한 요소는 정부개입의 전형적인 분야들이다. 특히 공공정책은 특정 도시나 지역의 경제발전을 특정궤도로 향하게 하는 중요한 역할을 할 수 있다. 예를 들면 국가연구기관, 임상시험센터, 의료지원센터들은 기술, 과학 기반, 대구의료클러스터의 성장의 이미지를 제공하는 데 중요한 역할을 할 수 있다. 이러한 여건들이 대구의료클러스터의 '성공'에 충분한 요소는 아니지만, 유리한 여건을 창출할 수 있는 물리적·사회적 인프라로서 중요하게 작용할 수 있다(Leibovitz, 2004: 1136).

스코틀랜드의 로슬린연구소(Roslin Institute)는 생명공학분야의 세계적인 연구기관이다. 로슬린연구소는 지역경제에 다양한 형태로 긍정적인 효과를 가져다 준 사례로 평가받는다.[18] 따라서 정부는 종종 법인세를 경감해 주거나 면제해 주는 등 세금혜택을 제공하여 세계적인 기업 또는 연구기관의 지사를 유치하도록 해야 한다. 의료기기 및 공급업체들이 자발적으로 참여하게 되면, 정부가 적극적으로 상용화를 위해 임상실험센터의 확장에 참여할 수 있을 것이다. 교육과 전문화된 인력의 훈련에서는 정부는 간접적으로 대학과 연구소와의 연계에 참여할 수 있고, 만약 필요하다면 유관기업과도 연계할 수 있다. 포괄적인 의료지원센터의 설립과정에 있어서는 정부의 지배적인 역할이 예상되며, 특히나 초기 발전단계에서는 더욱 그렇다. 하지만 장기적인 관점에서는 센터가 자립적인 시스템으로 유지되어야 할 것이다.

정책결정 및 새로운 이론적 고찰은 거버넌스의 유형을 강조한다(Cooke and Morgan, 1998). 결과적으로 정부의 직접적인 개입과 보조금, 인프라

18) Leibovitz(2004: 1140)는 로슬린연구소와 같은 핵심기관의 존재와 연관된 평판효과는 결코 과소평가 되어서는 안 된다는 점을 강조하고 있다. 특히, 초기성장단계의 클러스터에서는 더욱 그렇다.

등으로는 충분치가 않다. 클러스터 내의 네트워크의 촉진과 같은 소프트한 방안 또한 필요하다(Todtling and Trippl, 2004: 1177). 클러스터의 이점인 생산성과 혁신의 많은 부분은 공권력을 포함한 외부효과와 파급효과에 근거한다. 정부는 또한 민간부문에 의한 집합적 행동에 대한 인센티브를 제공할 수 있다(Porter, 2000: 26).

3. 고등교육기관의 고려사항

〈표 4〉에서 보는 바와 같이 대구의료클러스터의 기업과 기관들이 직면한 장애요인을 분석하면, 예상과는 반대로 '대학과 연구기관과의 협력의 중요성'에 대해서는 거의 인지하지 못하고 있다. 하지만 〈표 5〉에서 나타나는 신기술의 발전과정에서 나타나는 장애요인을 분석한 결과에 따르면, 의료 제조 및 유통산업의 경우 '연구인력의 부족'을, 의료서비스 산업의 경우 '대학 및 유관기관과의 교류 및 협력 부족'을 상당한 정도의 문제점으로 인지하고 있다.

글로벌경쟁의 흐름 속에서, 만약 신기술 발전이 경쟁력의 필수적인 과정으로 받아들여진다면, '대학 및 유관기관과의 교류 및 협력의 확대'는 피할 수 없는 과정으로 간주될 것이다. 〈표 5〉에서 볼 수 있듯이, 의료 제조 및 유통산업의 경우 '기술 개발 자금 부족'과 '연구 인력의 부족', '지식과 정보의 부족', 'R&D시설 및 장비의 부족'은 신기술 발전 과정의 주된 장애요인으로 나타났다. 하지만 이러한 장애요인은 자금부족의 문제를 제외하고는 대학 및 유관기관과의 교류 및 협력을 강화함으로써 상당 부분 극복될 수 있다.

〈그림 3〉은 기업공동체와 고등교육기관 사이의 전략적 상호작용의 단계를 나타내고 있다. 기초적인 단계에서는 고등교육기관은 클러스터 기업과의 관계에서 우연적이고 부수적인 협력을 유지하고 있다. 피라미드의 높은 층에서

는 클러스터 기업과 고등교육기관 간에 좀 더 전략적인 참여가 이루어진다(Berg et al., 2001: 199). 대구의료클러스터의 경우 고등교육기관과 클러스터 기업 간의 전략적 연계는 현재 미약하게 개발되어 있다는 것을 쉽게 알 수 있다.

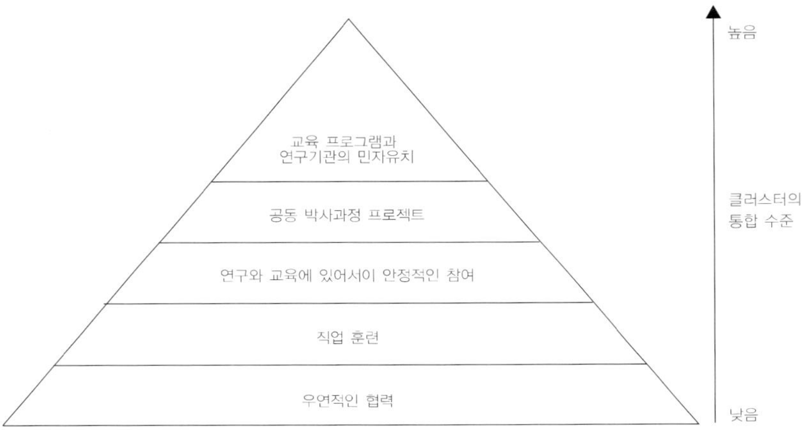

〈그림 3〉 고등교육기관(HEIs)의 착근성
자료: Berg et al. (2001: 199-200 수정 인용)

〈표 6〉에서 알 수 있듯이, '전문(의료)인력 교육 및 현장훈련 프로그램의 도입', '의료기술이전 센터', '종합의료지원센터', '세계적 수준의 의료회사나 연구소의 유치'는 분석의 결과 정책과제로 강조되고 있다. 이러한 과제들은 대학 및 유관기관이 협력할 때 비로소 성공적으로 수행될 수 있다. 이는 지역의 고등교육기관이 대구의료클러스터의 발전을 위한 중요한 요소로 간주되어야 한다는 것을 나타낸다. 기업-고등교육기관-정부 간의 상호작용은 상호호혜성에 기초하고 있다. 이러한 상호작용은 종종 고등교육기관과 기업에 새로운 재정적 자원으로 귀결되고 비즈니스 연관성이나 사회적 적용성이 높

은 문제에 대한 연구 활동에 집중할 수 있도록 지원하므로, 결과적으로 공공자금의 효율적 지출에 기여하게 된다(Berg et al., 2001: 199).[19]

4. 네트워크 중개측면의 고려사항

의료클러스터는 정의상 전적으로 의료관련기업들로만 구성되는 것이 아니다. 의료클러스터는 정부 기관, 대학 및 연구기관, 그리고 다양한 형태의 전문화된 서비스 기관들을 포함하고 있다. 대구의료클러스터는 투입, 수요 시장, 연관기업과 기업 간 경쟁성과 같은 요소들로 볼 때 입지환경이 좋은 편은 아니다. 지식 생태조건의 분석의 결과 또한 크게 강하거나 약하지도 않았다. 클러스터를 구성하는 기업과 기관 사이의 협력적인 네트워크는 저절로 이루어지는 과정은 아니다. 또한 형성기 클러스터에서 자기강화적인 특성을 기대하기도 어렵다. 이러한 경우, 연계를 촉진할 수 있는 중개 조직이나 활동들이 갈등사안들을 중재할 수 있고, 클러스터를 구성하는 기업과 기관 사이에서 협력적 중개를 강화시킬 수 있다.

〈표 4〉에서 나타나는 대구의료클러스터의 장애요인을 분석한 결과에 따르면, 연관 기업과 기관은 '대학 및 연구기관의 협력부족'을 잘 인식하지 못하고 있다. 하지만 〈표 5〉의 신기술발전과정에서 발생하는 장애요인을 분석한 결과에 따르면, 연관기업과 기관은 '연구 인력의 부족'이나 '지식과 정보의 부족'과 같은 문제들을 나타냈고, 이는 '대학 및 유관기관의 협력과 교류'에 의해

19) 그러나, 스코틀랜드의 바이오텍 기업에 대한 Leibovitz(2004)의 최근 연구결과는 그 '과학토대'와 그 잠재적 이용자 간 지역차원 연구연계의 중요성을 상당히 제한적으로 설명하고 있다. 대부분의 연구기관들은 그들의 지역경제에 대한 기여는 지역기업에 대한 그들의 직접적인 연계형태가 아니라는 점을 흔히 인지하고 있다는 것이다. 오히려 국제적인 경쟁시장에서 통하는 핵심적인 연구결과를 산출할 수 있는 그들의 경쟁역량을 통해서 지역경제에 기여할 수 있다고 본다.

해결될 수 있다. 이러한 대조적인 결과는 의료기업 및 기관은 대학 및 연구기관과의 협력 및 교류의 사전 경험을 충분히 가지고 있지 않다는 것을 보여준다. 결과적으로 이는 대학 및 연구기관과 함께 기업의 전략적 상호작용이 클러스터의 역동적인 발전에 필수적이라는 것을 나타낸다. 낮은 상호작용 수준에서는 기업은 우연적인 차원에서 대학에 연구를 위탁하거나 토론에 참여할 수 있다(Berg et al., 2001: 199). 기업 협력의 긍정적인 경험으로부터 정(正)의 파급효과와 선순환을 기대할 수 있고, 중앙정부 또는 지방정부와의 연계 및 협력과정에서도 유사한 상황이 나타난다. 중앙정부 또는 지방정부의 요구사항들을 로컬 기업이나 고등교육기관에 전달하는 조직이나 활동의 필요성, 그리고 로컬 기업이나 고등교육기관의 요구사항들을 중앙정부 또는 지방정부에 명확하게 전달할 수 있는 조직 내지 활동의 필요성이 흔히 인지되고 있다.

대부분의 기존의 연구들이 성장하는 지역에서의 성공적인 클러스터의 형성을 강조하고 있지만, 침체 또는 정체지역에서의 잠재적 클러스터의 본질 및 특성에 대해서는 간과하고 있다. 본 장에서는 이러한 이슈를 강조하고 드러내고자 하였다. 이론적 고찰을 통해 도시 및 지역 클러스터링의 중요성을 제안하였고, 지식과 학습의 상호작용적 관계, 지역 역량 및 네트워크의 차이, 그리고 정책개입과정의 고려사항에 대해서도 제안하였다. 특히, 본 장에서는 형성기 클러스터로서의 대구의료클러스터의 입지환경, 장애요인과 정책수요에 대해서 검토하였다.

대구지역 의료클러스터의 기업과 기관은 수요 시장과 기업경쟁력 상태는 상대적으로 좋은 편으로 나타났지만 요소(투입)조건과 연관 산업, 그리고 지식생태조건은 상대적으로 약한 것으로 나타났다. 세부적으로 '자금의 부족',

'마케팅의 어려움', '인적 자원의 부족', '기술적 발전의 어려움' 등이 주된 장애요인으로 나타났다. 신기술의 발전과정 분석에서도 마찬가지로 재정적 어려움과 연구 인력의 부족이 나타났다. 또한 '정부규제와 행정절차의 단순화'와 '기술개발을 위한 재정적 지원'은 대구의료클러스터를 개발하기 위한 주요한 정책과제로 나타났다. 이러한 분석의 결과에 기초하여, 대구지역 의료클러스터의 장애요인을 극복하기 위한 대안으로 지역 환경, 정부의 정책, 고등교육기관과 네트워크 중개자 측면을 검토하였다.

글로벌 경제의 시대에 대부분의 지역은 자립경제를 추구하기 때문에, 의료클러스터와 같은 지식기반, 고부가가치의 클러스터에 상당한 관심을 기울이게 된다. 따라서 여기서는 지방정부가 가지는 가능성과 문제점을 통해 관련 정책결정과정과 이론을 살펴보았다. 다만, 형성기 클러스터의 입지환경, 장애요인, 정책수요는 산업별 · 지역별 · 발전정도별로 다르게 나타날 수 있다. 따라서 이와 같은 점이 반영된 보다 체계적인 논의가 필요하다.

| 참고문헌 |

국가균형발전 대통령위원회. (2004). 『국토균형개발을 위한 비전과 전략』. 서울: 동도원.

연합뉴스. (2006.11.8)

통계청. (2004). 『시도별 사업체 기초통계조사』. 서울.

Bathelt, H. (2001). Regional competence and economic recovery: Divergent growth paths in Boston's high technology economy. *Entrepreneurship and Regional Development*, 13: 287-314.

Benjamin, B. A. and J. M. Podolny. (1999). Status, quality, and social order in the California wine industry. *Administrative Science Quarterly*, 44: 563-589.

Berg, L. van den, E. Braun, and W. van Winden. (2001). Growth clusters in

European cities: an integral approach. *Urban Studies*, 38(1): 185-205.

Best, M. (2001). *The New Competitive Advantage: The Renewal of American Industry*. Oxford: Oxford University Press.

Boekholt, P. (1994). *Methodology to identify regional clusters of firms and their needs*. Paper for Sprint-RITTS Workshop. Luxemberg.

Boschma, R. A. (2005). Proximity and innovation: A critical assessment. *Regional Studies*, 39(1): 61-74.

Bresnahan, T., A. Gambardella, and A. Saxenian. (2005). 'Old economy' inputs for 'new economy' outcomes: cluster formation in the New Silicon Valleys. In S. Breschi and F. Malerba (eds.) *Clusters, Networks and Innovation*. Oxford: Oxford University Press.

Buendia, F. (2005). Towards a system dynamics-based theory of industrial clusters. In C. Karlsson, B. Johansson and R. R. Stough (eds.) *Industrial Clusters and Inter-Firm Networks*. MA: Edward Elgar Publishing, Inc.

Castells, M. and P. Hall. (1994). *Technopoles of the World - The Making of the Twenty-First-Century Industrial Complexes*. New York, NY: Routledge.

Cohen, W. M. and D. A. Levinthal. (1990). Absorptive capacity: a new perspective on learning and innovation. *Administrative Science Quarterly*, 35: 128-152.

Cooke, P. (2002). Biotechnology clusters as regional, sectoral innovation systems. *International Regional Science Review*, 25: 8-37.

Cooke, P. (2003). Biotechnology clusters, 'Big Pharma' and the knowledge-driven economy. *International Journal of Technology Management*, 25: 65-80.

Cooke, P. and K. Morgan. (1998). *The Associational Economy*. Oxford: Oxford University Press.

Cumbers, A. and D. MacKinnon. (2004). Introduction: Clusters in urban and regional development. *Urban Studies*, 41(5/6): 959-969.

Dalum, B., Ch. O. R. Pedersen, and G. Villumsen. (2000). *Tehnological life cycles: Regional clusters facing disruption*. Working Paper No. 02-10. Danish Research Unit for Industrial Dynamics.

Enright, M. J. (2003). Regional clusters: what we know and what we should know. In J. Brocker, D. Dohse and R. Soltwedel (eds.) *Innovation Clusters and Interregional Competition*. New York, NY: Springer.

Galaskiewicz, J., W. Bielefeld, and M. Dowell. (2006). Networks and organizational growth: a study of community based nonprofits. *Administrative Science Quarterly*, 51(3): 337-380.

Gordon, I. R. and P. McCann. (2000). Industrial clusters: complexes, agglomeration and/or social networks? *Urban Studies*, 37(3): 513-532.

Gulati, R. and M. Gargiulo. (1999). Where do interorganizational networks come from? *American Journal of Sociology*, 104: 1439-1493.

Hassink, R. (2001). Towards regionally embedded innovation support systems in South Korea? Case Studies from Kyongbuk-Taegu and Kyonggi. *Urban Studies*, 38(8): 1373-1395.

Hirst, P. (1994). *Associative Democracy*. Cambridge: Polity Press.

Hoover, E. M. (1937). *Location Theory and the Shoe and Leather Industries*. Cambridge, MA: Harvard University Press.

Hoover, E. M. (1948). *The Location of Economic Activity*. New York, NY: McGraw Hill.

Jaffe, A., M. Trajtenberg, and R. Henderson. (1993). Geographic localization of knowledge spillovers as evidenced by patent citations. *Quarterly Journal of Economics*, 108: 577-598.

Johnson, B. (1992). Institutional learning. In B. A. Lundvall (ed.) National Systems of Innovation: *Towards a Theory of Innovation and Interactive Learning*. London: Pinter.

Karlsson, C., B. Johansson, and R. R. Stough. (2005). Industrial clusters and inter-frim networks: An introduction. In C. Karlsson, B. Johansson and R. R. Stough. Northampton (eds.) *Industrial Clusters and Inter-Firm Networks*. MA: Edward Elgar Publishing, Inc.

Keeble, D., C. Lawson, B. Moore, and F. Wilkinson. (1999). Collective learning processes, networking and 'institutional thickness' in the Cambridge region. *Regional Studies*, 33(4): 319-332.

Kraatz, M. S. (1998). Learning by association? Interorganizational networks and adaptation to environmental change. *Academy of Management Journal*, 41:

621-643.

Krugman, P. (1991). *Geography and Trade*. Leuven and Cambridge, MA: Leuven University Press and MIT Press.

Krugman, P. (1996). Making sense of the competitiveness debate. *Oxford Review of Economic Policy*, 12: 17-25.

Lazonick, W. (1992). *Industry Clusters versus Global Webs*. Department of Economics, Columbia University, New York.

Leibovitz, J. (2003). Institutional barriers to associative city-region governance: The politics of institution-building and economic governance in 'Canada's Technology Triangle'. *Urban Studies*, 40(13): 2613-2642.

Leibovitz, J. (2004). 'Embryonic' knowledge-based clusters and cities: the case of biotechnology in Scotland. *Urban Studies*, 41(5/6): 1133-1155.

Lembke, J. and A. Osthol. (2005). Regional partnerships for the biotech sector: North Carolina and Sweden. In C. Karlsson, B. Johansson and R. R. Stough. Northampton (eds.) *Industrial Clusters and Inter-Firm Networks*. MA: Edward Elgar Publishing, Inc.

Lundvall, B. A. (1988). Innovation as an interactive process: From user-producer interaction to the national systems of innovation. In G. Dosi (ed.) Technical *Change and Economic Theory*. London: Pinter.

Lundvall, B. A. (Ed.) (1992). *National Systems of Innovation: Towards a Theory of Innovation and Interactive Learning*. London: Pinter.

Lundvall, B. A. and B. Johnson. (1994). The learning economy. *Journal of Industry Studies*, 1: 23-42.

Malecki, E. J. (2002). Hard and soft networks for urban competitiveness. *Urban Studies*, 39(5/6): 929-945.

Malmberg, A. and P. Maskell. (2002). The elusive concept of localization economies: towards a knowledge-based theory of spatial clustering. *Environment and Planning* A, 34: 429-449.

Malmberg, A., O. Solvell, and I. Zander. (1996). Spatial clustering, local accumulation of knowledge and firm competitiveness. *Geografiska Annale*r, 78B(2): 85-97.

Martin, R. and P. Sunley. (2003). Deconstructing clusters: chaotic concept or policy panacea? *Journal of Economic Geography*, 3: 5-35.

Martin, R. and P. Sunley. (2006). Path dependence and regional economic evolution. *Journal of Economic Geography*, 6: 395-437.

Maskell, P. (2001). Towards a knowledge-based theory of the geographical cluster. *Industrial and Corporate Change*, 10: 921-943.

Menzel, M. P. (2005). Networks and technologies in an emerging cluster : The case of bioinstruments in Jena. In C. Karlsson, B. Johansson and R. R. Stough. Northampton (eds.) *Industrial Clusters and Inter-Firm Networks*. MA: Edward Elgar Publishing, Inc.

Morgan, K. (1997). The learning region: institutions, innovation and regional renewal. *Regional Studies*, 31(5): 491-503.

Myrdal, G. (1957). *Economic Theory and Under-developed Regions*. London: Duckworth.

OECD. (1995). *Health Data*. Paris: OECD.

OECD. (1999). *Boosting Innovation: The Cluster Approach*. Paris: OECD.

Ohlin, B. (1933). *Inter-regional and International Trade*. Cambridge, MA: Harvard University Press.

Pavitt, K. (2005). Innovation processes. In J. Fagerberg, D. C. Mowery and R. R. Nelson (eds.) *The Oxford Handbook of Innovation, Chapter 4*. Oxford: Oxford University Press.

Pinch, S., N. Henry, M. Jenkins, and S. Tallman. (2003). From 'industrial districts' to 'knowledge clusters': a model of knowledge dissemination and competitive advantage in industrial agglomeration. *Journal of Economic Geography*, 3: 373-388.

Porter, M. E. (1990). *The Competitive Advantage of Nations*. New York: Free Press.

Porter, M. E. (1998). Cluster and the new economics of competition. *Harvard Business Review*, Nov-Dec: 77-90.

Porter, M. E. (2000). Location, competition and economic development: local clusters in a global economy. *Economic Development Quarterly*, 14: 15-34.

Raco, M. (1999). Competition, collaboration and the new industrial districts: examining the institutional turn in local economic development. *Urban Studies*, 36(5/6): 951-968.

Sainsbury, D. (1999). *Biotechnology clusters: Report of a team led by Lord Sainsbury*. Ministry for Science. London: DTI/TSO.

Saxenian, A. (1994). *Regional Advantage: Culture and Competition in Silicon Valley and Route 128*. Cambridge, MA: Harvard University Press.

Scott, A. J. (1987). Industrial organization and location: Division of labor, the firm, and spatial process. *Economic Geography*, 63: 214-231.

Storper, M. (1986). Technology and new regional growth complexes: the economics of discontinuous spatial development. In P. Nijkamp (ed.) *Technological Change, Employment and Spatial Dynamics*. Berlin: Springer Vertag.

Storper, M. (1995). The resurgence of regional economies ten years later: the region as a nexus of untraded interdependencies. *European Urban and Regional Studies*, 2: 191-221.

Storper, M. (1997). *The Regional World: Territorial Development in a Global Economy*. New York: Guildford Press.

Storper, M. and A. J. Scott. (1989). The geographical foundations and social regulation of flexible production complexes. In J. Wolch and M. Dear (eds.) T*he Power of Geography: How Territory Shapes Social Life*. Winchester, MA: Unwin Hyman.

Storper, M. and A. J. Venables. (2004). Buzz: face-to-face contact and the urban economy. *Journal of Economic Geography*, 4: 351-370.

Stuart, T. E., H. Hoang, and R. C. Hybels. (1999). Interorganizational endorsements and the performance of entrepreneurial ventures. *Administrative Science Quarterly*, 44: 315-349.

Stuart, T. E. (2000). Interorganizational alliances and the performance of firms: A study of growth and innovation rates in a high-technology industry. *Strategic Management Journal*, 21: 791-811.

Todtling, F. and M. Trippl. (2004). Like Phoenix from the ashes? The renewal of clusters in old industrial areas. *Urban Studies*, 41(5/6): 1175-1195.

Wallsten, S. J. (2001). An empirical test of geographic knowledge spillovers using geographic information systems and firm-level data. *Regional Science and Urban Economics*, 31: 571-599.

Zahra, S. A. and G. George. (2002). Absorptive capacity: a review, reconceptualization, and extension. *Academy of Management Review*, 27: 185-203.

제3장 · 지역산업정책과 경로의존성

지역산업정책이 무엇인지에 대한 엄밀한 학술적 정의가 내려져 있지 않다. 요소개념으로 볼 때, 지역산업정책은 지역과 산업 그리고 정책이 합성되어 있는 것이다. 산업정책이 해당 산업을 그 추구목적에 따라서 인위적으로 변화시켜 가는 것이라고 볼 때,[20] 지역산업정책은 산업정책에 지역이라는 공간성이 부가된 것이다. 지역산업정책은 정책의 대상영역이 지역이므로 해당 지역 내에 존재하는 산업, 해당 지역 내로 유입될 산업, 또는 해당 지역 내에서 새롭게 창출될 산업을 대상으로 하는 정책을 언급하는 것이다. 다만, 지식기반사회로의 이행흐름 속에서 지식기반산업 내지 지식산업의 역할이 점점 더 확대되고 있으므로, 지역산업정책은 그 대상으로 지역기업뿐만 아니라 지식창출 및 연계과정에서 중요한 지역 대학이나 연구소 그리고 지역의 기타 공공부문까지 흔히 포괄하게 된다. 그리고 지역산업정책의 형성과정에서 결정권자 및 영향력을 행사하는 실체가 해당 지역 내에 존재해야만 하는 것은 아니므로, 다양한 곳의 다양한 실체가 영향력을 행사하고 있고 또한 할 수 있다. 그중에서 해당 지역내부와 중앙정부와의 역학관계가 흔히 하향적 지역개발전

20) 산업정책이 특정 산업을 반드시 발전시켜가는 것을 의미하는 것은 아니다. 발전 잠재력이 낮은 산업은 상황에 따라 정체 또는 쇠퇴시켜가는 것이 필요할 것이기 때문이다. 이와 같은 측면은 식물재배과정에서 전체 수확량을 제고하거나 질적인 측면을 강화하기 위해 부분적으로 발췌 정리하는 과정에 비유될 수 있을 것이다.

략과 상향적 지역개발전략의 차이를 만들게 된다.

지역산업정책이 형성되는 과정에서 다양한 주체가 존재할 수 있지만, 여기서의 논의의 초점은 지역산업정책이 형성되는 과정에서 경로의존성이 나타나고 있는지의 여부와 그 메커니즘 그리고 그 적용성과 한계에 대한 것이다. 지역산업정책 형성과정에서의 경로의존성 여부와 그 메커니즘은 실제 지역산업정책의 형성과정을 관찰하고 분석함으로써 드러날 수 있다. 지역산업정책의 형성과정이 경로의존성인 속성을 강하게 나타낸다면, 기존의 지역문제, 특히 지역 산업의 구조적 문제를 해결하기 위한 산업정책의 수립과정에서 중앙정부나 지방정부는 그 경로의존성 메커니즘을 극복할 수 있는 방안모색이 부가적으로 요구되게 된다. 반면에 피상적으로는 경로의존성인 것으로 보이더라도 실제 경로창조의 과정 또는 발전적 적응과정을 나타내고 있다면 중앙정부나 지방정부는 지역산업정책의 형성과정에서 그 메커니즘에 대한 구조적인 변화보다는 보완적인 대안모색이 효과적일 수 있다.

경로의존성 또는 관련 개념들이 최근 다양한 학문분야, 예컨대 지역경제학, 문화인류학, 사회학, 정치학, 그리고 경영학 등의 연구에 적용되고 있다. 산업조직 및 산업기술전략, 인간의 의사결정행태 및 관행, 사회 거버넌스 및 제도, 정치제도연구, 그리고 리더십과 경영전략 등의 논의에서 그 흔적을 어렵지 않게 찾아볼 수 있다(Magnusson and Ottosson, 1997; Hirsch and Gillespie, 2001; Greener, 2005). 공통적으로 관련 논의들은 경로의존성을 특정 상황에 대한 인식론적 또는 해석적인 특징의 형태로 인식하고 있는 것으로 보인다.

경로의존성의 개념은 기본적으로 그 역사로부터 자유스럽지 못하다는 것인데 한편으로는 '발전의 순서'를 나타내는 경우도 있고, 또 다른 한편으로는 특정 지역에 있어서의 사회적 상호작용 및 양(+)의 피드백을 토대로 하는 다이너미즘을 언급하는 경우도 있다(David, 2005). 지역연구에 있어서 경로의존성은 지역의 진화적 발전 내지 지역혁신체제의 발전과정에서 지역화된 학습과 지식이전, 경제적 활동의 지역 사회문화적 착근성, 지역적 제도의 출현과 발전 등에 있어서 두드러지게 나타나고 있다. 신기술과 지역구조의 변형 그리고 지역성장 과정의 설명에서 경로의존성 측면에 대한 분석이 확대되고 있는 것이다(Martin and Sunley, 2006: 408-409).

경로의존성 논의가 지역성장 과정 및 그 메커니즘을 파악하는 데 핵심적 사안이라면, 지역산업정책 형성과정에서 경로의존성의 존재 여부 및 관계를 분석해 볼 필요가 있다. 따라서 지역산업정책의 형성과정에서 경로의존성이 나타나고 있는지 그리고 경로의존성이라면 그 주요 요인들은 무엇인지를 밝혀 보고자 한다. 좀 더 구체적으로는 "경로의존성으로 보기 어려운 점들은 무엇이며 그리고 그 이유들은 무엇인지?", "어느 정도까지 경로의존성이고 어느 정도까지 경로파괴 또는 경로창조적인지?", "어떤 의미에서는, 이런 움직임들을 지역의 적응적 발전 형태로 볼 수는 없는지?" 등을 분석하고자 한다.

지역산업정책이 형성되는 과정에 대한 실제적인 관찰 및 분석을 위하여 여기서는 세 가지의 자료를 이용한다. 우선 중앙부처인 산업자원부(현 지식경제부)의 의견을 반영하는 산업연구원(*KIET*)의 〈지역별 산업발전 로드맵 수립 지침(안)〉(2006.10.2), 산업연구원의 〈지역별 산업발전 로드맵 수립 지침(안)〉에 입각한 대구전략산업기획단(*DRIA*)의 〈대구권 산업발전 로드맵(RIRM) 수립 연구추진계획(안)〉(2006.10.27), 그리고 대구권 산업발전로드맵 중간연구결과를 형성하기까지 대구에서 개최된 총 8차례의 회의록 등이다. 지역산업정책의 형성에는 중앙정부와 지방정부, 지역 산업계와 연구기관들, 그리고 지역학계 등이 영향을 미치는 것으로 알려져 있다. 따라서 위 세 가지 사례의 분석을 통해서 그들 간의 역학관계가 상당 부분 밝혀질 수 있고, 결과적으로 본 논의의 중심주제인 지역산업정책의 형성과정에서의 경로의존성 측면, 그 주요 요인 그리고 새로운 시각의 모색 등이 상당 부분 가능할 수 있다.

지역적 경로의존성

경로의존성이나 기타 유사개념들이 국가 또는 지방정부의 정책결정과정, 산업조직 및 기술개발과정, 사회제도 및 사회적 형태의 발전과정 등에서 주목받고 있다. 그런데 지역별로 흔히 경제적 구조, 제도, 연결성에 있어서 차이가 있으므로 지역적 경로의존성은 복잡하고 다차원적으로 나타날 것으로 보인다. 여기서는 지역 차원의 경로의존성의 개념과 속성 그리고 원천 등에 대하여 검토한다.

1. 개념

경로의존성을 규정하는 학문적 속성은 특정 현상이나 정책의 결과가 그 과정의 역사로서 전개되는 것이다. 안정적 확률분포 시스템과 같이 특정 시스템의 초기 상태나 선정경로가 무엇이든 간에 단일 귀착지점으로 수렴하게 되는 것은 경로의존적인 시스템과는 거리가 멀다. 경로의존적인 시스템은 그 대상범위나 귀착지점이 다양하게 나타날 수 있지만 그 귀착지점은 과정의 역사나 결과로서 나타나게 되는 것이다. 결과적으로 경로의존성의 개념은 그 대상이 무엇이든 과거에 이루어진 선택들이 다음 단계의 선택에 영향을 미치게 되는 관계를 말한다.[21] Walker(2000: 126)에 따르면, 산업의 역사를 돌아볼 때 기계와 상품설계에 구체화된 기술, 특허 또는 특정한 역량으로 획득된 기업자산, 또는 학습을 통하여 획득된 노동기술은 다음 단계의 방법, 디자인, 관행의 선택 등에 영향을 미치게 되는데 이런 관계가 바로 경로의존적인 관계이다. 그리고 이런 논리는 산업입지패턴의 결정에도 적용될 수 있다. 동일한 맥락에서 Arthur(1994)는 도시 및 지역개발 과정의 경로의존적 성격에 대해 다음과 같이 기술하고 있다.

> 초기의 기업들은 한두 장소에 역사적인 우연에 의해서 세워진다. 다른 기업들은 초기 기업들의 입지장소로 이끌린다. 해당 산업은 초기에 [우연에 의해서] 선택된 장소에서 클러스터가 진행된다. 하지만 이 공간적 순서가 유일한 것은 아니고, 다양한 집합의 초기 사건들이 다양한 패턴의 입지결과를 초래할 수 있다. 우리는 이 관점을 아마 역사적인 의존성이라 부를 수 있다. 여기서 입지적 체계는 입지가 진전됨에 따라 그 구조를 만들어 내게 된다(Arthur, 1994: 50).

David(1985)는 경로의존성을 우연성, 역사성, 그리고 기술적 고착성 등으로 설명하고 있다. 쿼티(QWERTY) 자판의 예와 같이 초기 우연적·역사적 사건들이 양(+)의 피드백을 초래하고 쿼티가 사실상의 표준으로 남게 되었다고 본다. 초기 쿼티 자판의 선택은 우연성과 역사성의 산물이라는 것이다. 기술적 고착성은 기술적 상호연결성(technical interrelatedness), 규모의 경제(economies of scale), 그리고 투자의 준비가역성(the quasi-irreversibility of investments) 등에 따른다고 보았다. 기술적 상호연결성에 의해 특정 기술

---

21) 특정 현상이나 결과들 간에 관계의 허위성, 관계의 선행성 결여, 그리고 관계적 깊이의 결여 등이 나타나면 경로의존 관계로 보기는 어렵다(George and Bennett, 2005: 185-186; 김병섭·임승후, 2008: 11 재인용).

의 다양한 구성요소와 그 이용 간에 보완성과 호환성의 강화효과가 기대되고, 규모의 경제에 의해 기술의 이용과 연관된 편익 등이 이용비용의 감소 등으로 나타나고, 그리고 투자의 준비가역성에 의해 기술을 교체하는 어려움으로부터 발생하는 매몰비용 문제가 생기게 된다고 설명하고 있다.

Arthur et al.(1987)은 경로의존성을 수확체증으로 설명하고 있다. 그리고 그 수확체증의 원인으로 초기에 투입되는 대규모 고정비용(large fixed, initial, set-up costs), 역동적인 학습효과(dynamic learning effects), 조정효과(coordination effects), 그리고 자기강화적인 기대감(self-reinforcing expectations)을 지적하고 있다. 고정형태의 초기수립비용이 대규모이므로 산출량이 증가하면 단위당 비용은 자연적으로 감소하게 된다. 실제 생산과정에서 다양한 역할주체들 간 교류와 상호작용 등을 통해 학습이 이루어지고, 학습을 통해서 양(+)의 피드백을 기대할 수 있다. 유사한 행동을 취하는 다른 경제적 실체와 동행함으로써 행위의 적정수준 및 적시성을 보다 빨리 지각하는 조정효과의 편익을 기대할 수 있다. 그리고 특정 생산과정이나 생산관행의 광범위한 확산, 특정 상품 내지 서비스의 광범위한 보급은 추후 보다 더 많은 보급 내지 확산의 믿음을 제고하게 된다. 그리고 North(1990)와 Setterfield (1997) 등은 제도와 경제는 상호의존적인 방식에서 다양한 단기 그리고 장기 결과를 가지면서 공진화(co-evolve)해 가는 것으로 인식하고 있다.

이들 연구로부터 명백한 것은 경로의존성을 형성하는 기본적인 메커니즘 — 수확체증, 우연성과 기술적 고착성, 네트워크 — 은 상당 부분 지역적 차원을 가지고 있다는 것이다. 경로의존성은 지역에서 우연히 출현하고, 흔히 지역적 상황에 의존적이 된다. 지역 경제적 상태는 지역적 경로 의존성의 결과이자 주요 결정인자가 되는 것이다(Scott, 2006). 그런데 지역경제는 다양한 역할주체들(기업, 대학 및 연구소, 지방정부 등)로 구성되어 있는 것이고 그 역할주체들과 제도들 간의 상호작용과 관계들로 구성되어 있는 것이다. 그리고 해당 지역은 그 모든 요소들이 작동하고 있는 구체적 환경이자 거시적 차원의 시스템이 되는 것이다. 따라서 지역적 경로의존성은 지역단위에서 과거에 이루어진 선택들이 다음 단계의 선택에 영향을 미치게 되는 복합적이고 다차원적인 관계로 규정할 수 있다. 그리고 개별 지역마다 경제적 역할주체들, 조직, 제도 등이 상당부분 차이가 날 수 있고 결과적으로 지역적 경로의존성의 성격과 정도 역시 지역마다 차이가 나타날 수 있을 것으로 보인다.

2. 속성

개념논의에서 부각되었듯이 경로의존성을 형성하는 기본적인 메커니즘—우연성과 기술적 고착성, 다양한 형태의 수확체증, 그리고 외부경제와 네트워크 경제—은 그 형태와 운영에 있어서 상당부분 지방의 차원을 가지고 있다. 따라서 흔히 장소 의존적(place dependent)인 형태로 나타나게 된다. 공간상의 경제적 차별화와 조직화의 패턴(경제적 상황의 공간적 형태)은 경제적 진화의 경로의존적 과정의 결과이자 동시에 다수의 그런 과정을 형성하는 주요한 결정인자가 된다(Martin and Sunley, 2006: 408-410). 즉 경로의존성은 경제적 상황의 기본적인 특징 중의 하나가 된다. 자기강화적인 지역경제개발의 상황특정적인 성격에 대한 강조가 내재하고 있는 것이다.

그런데 경로의존성이라 해서 역사적 결정주의 또는 '과거 의존성'을 의미하는 것은 아니다. 경로의존성은 오히려 확률론적이고 상황론적인 과정이다. 역사적 시간의 각 순간에서 기술, 기업 또는 산업의 가능한 미래 진화적 궤도(경로)의 모음은 파악하고자 하는 시스템의 과거와 현재의 상태에 의해 조건지워진다. 그리고 이들 가능한 경로의 일부는 다른 경로들보다 더 가능성이 있다. 따라서 과거가 그 가능성을 규정하는 것이고, 현재는 어떤 가능성이 탐구될 것인가를 통제하게 된다(Martin and Sunley, 2006: 402-403). North(1990: 98-99) 역시 경로의존성이 역사적 결정주의를 의미하는 것이 아님을 강조하고 있다. 경로상의 모든 단계에서는 사실 정치적이든 경제적이든 선택이 존재하는 것이고, 그 선택에 따른 현실적인 대안이 마련되는 것임을 지적하고 있다. 다만, 경로의존성은 개념적으로 그 선택의 조합을 좁히는 방식이고 시간의 경과 속에서 이루어지는 의사결정 방식을 의미하는 것으로 규정하고 있다.

Arthur(1996: 167-168)는 현대 하이테크 제품시장에서 경로의존적인 선택과 의사결정이 발생하게 되는 이유로 막대한 초기개발비용(up-front costs), 네트워크 효과(network effects), 그리고 소비자의 타성효과(customer groove-in) 등을 지적하고 있다. 현대 지식기반경제하의 하이테크 제품들(예: 의약품, 컴퓨터 S/W, 생명공학 제품)은 제품의 다자인에서부터 제품을 시장에 출시하기까지 매우 복잡한 과정을 거치게 되고, 결과적으로 제품 단위 생산비용당 연구개발비용이 매우 높은 특성을 보여 준다. 즉 최초의 제품생산 비용은 엄청나게 높지만 두 번째, 세 번째 생산비용은 거의 무시할 수 있는 수준에 이르게 된다는 것이다. 두 번째로 현대 하이테크 제품은 흔히 사용자 네트워크와의 연결이 긴요한 경우가 많다. 동일 제품이나 서비스를 이용하는 사람이 많으면 많을수록 서비스 공급자의 입장에서는 단위이용자당 서비스 공급비용이 급격하게 떨어지게 된다. 그리고 현대 하이테크 제품이나 서비스는 이용과정에서 어느 정도의 사전 지식이나 정보가 필요한 경우가 대부분이다. 따라서 이용과정상의 친숙함으로 소비자의 타성효과가 발생하게 되고 해당 시장 선점자는 그만큼 더 이익을 보게 되는 것이다.

동일한 맥락에서 Lawson(1997: 248)은 경로의존성 접근을 개방성, 상황성, 그리고 시간의 흐름에 따른 재생산성의 속성을 가지고 있다고 규정한다. 지역별로 차이가 날 수 있겠지만 지역 내에 복수의 관련된 경로의존성(multiple related path dependence)이 발생할 수 있고, 경로 간 상호의존성(path-interdependence)의 가능성도 생각할 수 있다. 지역 내부 산업, 기술, 제도 들 중 일부는 경로의존적일 수 있고 또 다른 일부는 경로의존적이지 않을 수 있다. 한 지역 내 다양한 산업들은 경로의존성의 대단히 다양한 원천과 메커니즘에 영향을 받을지 모른다. 우연성과 기술적 고착성(예: 특정 자원의 부존 등), 양(+)의 피드백에 의한 자기 강화적 메커니즘 내지 수확체증 효과, 또는 외부경제와 네트워크 경제 등에 영향을 받을 것으로 보인다 (Martin and Sunley, 2006: 412).

결과적으로 기존에 존재하는 사회경제적 구조는 과거에 택한 행동의 유산이고 현재의 행동이 일어나는 환경을 구성한다. 이들 역사적으로 주어진 구조는 자원과 기득이익의 초기분포를 규정함에 의해서 현재의 사회경제적 실체들의 행태를 조건 지운다. 차례로 이 과정의 결과로서 나타나는 일단의 (재생산된 또는 변형된) 구조는 다음 단계의 행동에 대한 상황을 구성하게 된다 (Martin and Sunley, 2006: 402-403). 다만 이와 같은 경로의 상호의존성은 지역적 맥락과 상황적 변수에 따라 다양한 정도로 나타나게 될 것이다 (Liebowitz and Margolis, 1995; David, 2001: 25).

3. 원천

경로의존성 관련 아이디어들은 사실 최근의 아이디어는 아니다. Menger(1883)의 제도의 발현(institutional emergence)에 대한 연구, Veblen(1898)의 누적적 인과(cumulative causation) 현상의 포착 등이 오래전부터 있어 왔다. 하지만 Martin and Sunley (2006: 398-399)가 적절하게 지적한 것처럼, 1970~80년대에 와서 경로의존성의 아이디어가 David(2005)의 우연적 사건들, 역사적 상황, 그리고 기술적 특성에 의한 '기술적 고착성(technological lock-in)'의 연구결과와 Arthur(1988, 1989)의 양(+)의 피드백을 가져오는 '역동적인 수확체증(dynamic increasing returns)'에 대한 연구결과 그리고 North(1990)와 Setterfield(1993, 2001) 등의 '제도적 이력(institutional hysteresis)'에 대한 연구결과 등을 통하여 크게 부각되고 있다.

관련 논의에서 집약적으로 추론할 수 있는 것은 경로의존성은 진공 속에서 나타나는 현상이 아니라, 우연성과 기술적 고착성, 양(+)의 피드백에 의한 수확체증효과, 외부성과 네트워크 경제에 의한 제도적 이력 등에 의해서 유도되고 자극 받을 뿐만 아니라 실제 발현하게 된다는 것이다. 동일한 맥락에서 Martin and Sunley(2006: 412)는 경로의존성의 원천으로 자연자원토대, 로컬 자산과 인프라의 매몰비용, 산업 전문화의 로컬 외부경제, 지역 기술적 고착, 집적경제, 지역의 특정 제도, 사회적 형태 및 문화적 전통, 지역 간 연결성과 상호의존성 등의 7가지를 중요 요소로 기술하고 있다. 그런데 이 논의에서는 지역산업정책의 결정과정에서 핵심적 변수로 작용할 수 있는 정치적 인프라 논의가 빠져 있다. 따라서 정치적 인프라 측면을 감안하고 관련 논의를 지역의 다양한 인프라와 그 인프라 위에 형성되어 있는 지역산업의 구조와 분포형태로 구분해서 정리하면 〈그림 4〉와 같이 5각형 모형으로 나타낼 수 있다.

물리적 인프라는 해당 지역의 토지 등 물리적 부존자원(예: 석탄, 석유, 물, 목재 등), 건물, 도로와 교량 등의 수송환경, 통신체계, 그리고 기타 내구적인 자본장비 현황 등을 일컫는다. 이와 같은 물리적 인프라에 의존하여 형성된 특정 지역산업 내지 관련 산업의 발전경로를 연상할 수 있다. 내구적 자본장비나 인공거주환경 등은 대개 매몰비용의 형태로 관련 산업발전 경로에 영향을 미치게 된다. 사회적 인프라는 해당 지역의 사회경제적 제도 및 문화적 전통 등을 일컫는다. 특정 지역의 특정 규제, 사회적 자본 현황, 지방문화는 경제적 활동의 지역착근성에 영향을 미치게 되고 특정 지역의 특정 산업발전경로 형성에 주요 원인이 될 수 있다.

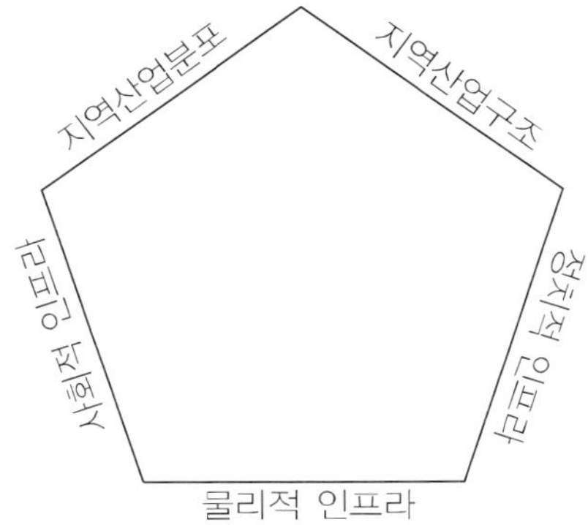

〈그림 4〉 지역적 경로의존성의 원천

산업구조는 해당 지역산업의 노동 분업 형태, 연구 및 기술개발방식, 집합적 학습형태 등 지역산업 및 산업기술의 전문화와 상호관련성의 정도를 말한다. 예컨대 전문기술 산업지구와 클러스터로 특징 지어지는 산업구조형태의 경우 전문화된 기술과 연구 조직, 인력, 네트워크 등으로 지역경제주체들 간 긍정적인 상호의존성과 상호관련성을 창조하게 된다. 결과적으로 전문화된 지역혁신체제의 개발경로를 창조할 수 있다. 산업분포는 해당 지역산업의 분포형태를 일컫는 것이다. 예컨대 집적분포형태의 경우 다양한 집적효과(다양하고 전문화된 노동력 집단의 존재 및 이용가능성, 정보수집·생산·판매

과정에서의 밀집네트워크의 이용 등)를 토대로 집적경제 내부의 자기 강화적 발전경로를 기대할 수 있다.

정치적 인프라는 해당 지역의 지역산업정책 결정과정에서의 정치적 역학관계의 토대가 되는 정치구조, 관행 그리고 전통 등을 말한다. 중앙정부와 지방정부 간의 정치적 힘의 배분형태와 전통, 지방정부 간의 정치적 역학관계와 전통, 그리고 지방정부 내에서의 정치적 세력집단들 간의 힘의 배분상태, 역학관계, 관행, 전통 등이 특정 지역의 산업정책 발전경로에 영향을 미칠 수 있다.

사례의 분석

지역산업정책의 형성에는 중앙정부와 지방정부, 지역 산업계와 연구기관들, 그리고 지역학계 등이 영향을 미치는 것으로 알려져 있다. 따라서 여기서는 관련 사례로서 중앙부처인 산업자원부(현 지식경제부)의 의견을 반영하는 산업연구원의 〈지역별 산업발전로드맵 수립지침(안)〉(2006.10.2), 대구전략산업기획단(*DRIA*)의 〈대구권 산업발전로드맵(RIRM: Regional Industry Road Map) 수립 연구추진계획(안)〉(2006.10.27), 그리고 대구권 산업발전로드맵 중간연구결과를 형성하기까지의 총 8차례의 회의록 등을 이용한다. 위의 사례 분석을 통해서 중앙정부와 지방정부, 지역산업계와 연구기관들, 그리고 지역학계들 간의 역학관계가 밝혀질 수 있고, 결과적으로 본 연구의 중심주제인 지역산업정책 형성과정에서의 경로의존성 측면을 파악할 수 있을 것이다.

1. 사례의 개요

(1) 지역별 산업발전로드맵 수립지침(안)

산업연구원의 〈지역별 산업발전로드맵 수립지침(안)〉은 크게 개요, 내용, 그리고 추진방안으로 구성되어 있다(산업연구원, 2006: 1-27).

가. 개요

지역산업발전 로드맵은 지역전략산업 진흥사업의 효율적 운영과 성과 극대화를 위해 지역별 전략산업의 중장기 발전비전, 단계별 추진목표 및 세부전략 등을 구체화한 것이다. 지방자치단체는 지역 스스로 지역 내 전략산업의 투자우선순위 조정, 전략산업별 중점 추진산업에 대한 선별적 지원을 내용으로 하는 지역산업발전로드맵에 입각하여 지역전략산업을 체계적으로 육성하고, 중앙정부는 지역별 전략산업의 여건 및 특성에 맞는 맞춤형 지원계획을 수립 및 지원하는 것이 지역산업발전 로드맵의 수립목적이다(산업연구원, 2006: 1).

제한적으로 예외가 인정되지 않는 것은 아니지만, 공간적인 측면에서 원칙적으로 시·도별이 아니라 권역별로 전략산업발전 로드맵 작성을 강조하고 있다. 광역권역의 접근을 통해서 다수 지역에서의 전략산업 및 사업의 중복가능성을 줄이고 혁신활동의 임계규모 확보를 통한 국가적 차원에서의 자원 활용의 효율성을 강조하고 있다(산업연구원, 2006: 1-2).

나. 내용

지역산업발전 로드맵의 주요내용은 권역 내 산업클러스터 및 전후방 연관구조 분석, 권역별 전략산업 및 특화분야 선정, 산업발전 비전과 발전 시나리오, 그리고 특화분야별 부문 로드맵 수립 등으로 구성되어 있다. 산업연구원이 먼저 집중도와 특화도를 기준으로 전국 시·군·구 단위의 산업특화도를 분석하여 각 지역전략산업기획단에 제시하면, 각 지역전략산업기획단이 산업집적지별 집적실태를 확인하는 과정을 거친다. 지역단위에서 지역별 혁신자원 및 혁신활동을 분석하여 지역별 산업클러스터를 식별한다. 그리고 그 식별과정은 지역 차원에서의 제안을 통해, 관련 산업 및 지역전문가의 컨설팅을 거치며, 최종적으로 중앙과의 협의하에 지역협의회에서 결정한다. 세부 특화분야 선정 과정에서 전후방 연관구조분석 자료는 산업연구원이 산업연관표의 자료를 기초로 주성분분석 및 요인분석을 통해서 도출하고, 세부특화분야는 각 권역단위로 전략산업의 전후방 연관구조 속에서 국가적 차원의 산업발전 전략, 해당 지역의 발전여건 및 비전을 토대로 선정한다(산업연구원, 2006: 4-9).

권역별 전략산업 및 특화분야 선정에 있어서 지역별 전략산업은 기본적으로 기존과 같이 4개로 유지하고 전략산업 조정의 최소화를 강조하고 있다. 지역 전략산업과 특화분야 검토 시의 중점 고려요인에서 지역차원에서는 산업발전의 정도, 성장 잠재력, 그리고 기타 요인을 강조하고 있다. 산업 발전의 정도는 산업집적지, 입지우위성(입지계수, 지역할당분석 등) 평가 등을 활용한다. 성장잠재력은 산업발전역량 평가, 주요 산업의 권역별 연계방안, 지방자치단체의 정책적 육성의지 등을 고려한다. 그리고 기타 요인으로는 지역의 산업발전의 비전, 지역산업진흥사업 등의 추진실적 및 성과평가 결과, 관련 전문가 의견 등을 참조한다. 중앙차원에서는 국가중점 지원대상 지역전략산업, 중앙정부의 투자 우선순위, 지역 간 중복여부, 기존 국고투자 정도 등을 고려한다(산업연구원, 2006: 9-12).

특화분야별 부문 로드맵은 지역의 산업발전전략을 고려한 단계적 발전전략을 수립하고 있다. 특화분야를 중심으로 혁신인자 분석과 기업체 수요조사 결과를 바탕으로 세부 사업계획 수립의 기본방향을 제시하고, 특화분야의 가치사슬 분류(안)과 사업추진 연도별로 이루어진 교차표에 도출된 사업(안)을 표시하여 부문 로드맵을 작성하고 있다(산업연구원, 2006: 16).

다. 추진방안

지역전략산업 특화분야 선정 추진은 우선 통계적 분석 자료를 토대로 산업연구원이 지방자치단체에 대한 가이드라인을 제시하고, 그 가이드라인을 토대로 지역 전략산업기획단 및 지역 내 전문가들이 지역전략산업 자율 조정안을 마련하고, 다시 산업연구원이 지방자치단체 제시안에 대한 검토 및 컨설팅을 거쳐 최종 조정안을 산업자원부로 제출하게 된다. 산업자원부는 산업연구원의 조정안을 바탕으로 국가균형발전위원회(현 지역발전위원회), 기획예산처(현 기획재정부), 지방자치단체와 협의하여 최종안을 확정·공표하게 된다(산업연구원, 2006: 23).

(2) 대구권 산업발전로드맵 수립 연구추진계획(안)

대구전략산업기획단의 대구권 산업발전로드맵 수립 연구추진계획(안) 역시 크게 개요, 내용, 그리고 추진방안으로 구성되어 있다(대구전략산업기획단, 2006: 1-14).

가. 개요

산업자원부 및 산업연구원의 연구의뢰에 따른 대구권 산업발전로드맵 수립연구로서, 대구지역전략산업진흥사업의 효율적 운영과 성과 극대화를 위해 대구지역 전략산업의 중장기 발전비전, 단계별 추진목표 및 세부전략 등을 구체화하기 위한 목적을 갖고 있다. 향후 지방자치단체는 지역산업발전로드맵에 입각하여 전략산업을 체계적으로 육성함으로써 정책추진의 성과를 극대화하고, 중앙정부는 지역별 전략산업의 여건 및 특성에 맞는 맞춤형 지원계획을 수립하기 위한 것이다. 계획기간은 2008년부터 2012년까지로 5년간이며, 연구기간은 2006년 10월 1일부터 2006년 12월 15일까지로 76일간이다. 연구 범위는 대구·경북(강원)권이며, 대구권 전략산업 육성 비전, 전략, 세부추진사업 도출 및 대구·경북(강원)권의 지역공동추진산업의 발굴 등이다. 연구방법은 기존 문헌 및 자료연구 그리고 현황조사 및 설문조사를 병행한다. 특히 지역전략산업 분야 전문가 의견수렴을 위하여 델파이 조사를 실시한다. 지역산업발전 로드맵 수립체계는 산업연구원과 동일한 틀을 이용하고 있다(대구전략산업기획단, 2006: 1-3).

나. 내용

주요 내용은 권역 내 산업클러스터 및 전후방 연관구조분석, 권역별 전략산업 및 특화분야 선정, 산업발전 비전과 발전 시나리오, 그리고 특화분야별 부문 로드맵 수립으로 구성되어 있다. 주요 내용뿐만 아니라 지침, 분석방법, 그리고 분석틀 등에서 산업연구원의 〈지역별 산업발전 로드맵 수립 지침(안)〉에 전체적으로 부응하고 있다. 산업연구원이 제시하는 기초 통계자료의 활용, 권역별 전략산업 및 특화분야 선정과정에서 지침 및 중점 고려요인 등에서 산업연구원의 자료를 그대로 이용하고 있다. 부문 로드맵 작성 흐름도도 양자가 동일하다.

다. 추진방안

역할분담을 기초로 산업연구원의 자료 및 지침을 토대로, 대구 전략산업기획단은 지역 전략산업 자율조정안 및 특화분야를 작성하여 산업연구원에 제시하게 된다. 대구전략산업기획단은 총괄 작성팀과 산업별 작성팀으로 구분하여 작성하고, 총괄 작성팀과 산업별 작성팀은 상호 자료와 정보를 교환하며 전략산업기획단 총괄팀에서 산업연구원 제출 보고서를 작성한다. 대구전략산업기획단에서 보고서 작성 과정 및 산업연구원 제출 전에 대구시와 협의과정을 거친다. 산업연구원은 지역기획단 자료들에 대한 검토 및 컨설팅을 거쳐 산업자원부에 제출하고, 산업자원부는 국가균형발전위원회, 지방자치단체, 기획예산처와 협의하고, 기획예산처에서 예비타당성 조사를 거쳐 예산확정을 하게 된다(대구전략산업기획단, 2006: 11).

지역전략산업 특화분야의 선정 및 조정절차에 있어서는 총괄연구팀에서 특화분야 선정 및 조정을 주관하고, 필요 시에는 전략산업조정위원회를 구성하는 것이 가능하다. 총괄연구팀에서 산업별 작성자료를 취합하여 조정 및 작성하되, 산업연구원과 경북전략산업기획단과 수시 협조하며 사업내용을 조정하는 역할을 수행한다. 총괄연구팀은 내부 연구원으로서 대구전략산업기획단의 연구원 11명, 외부 연구위원으로서 국내 전문연구원들에서 위촉한 연구원 6명, 전문서비스 기관에서 관리자 1명, 학계에서 교수 등 5명 등으로 구성되어 있다. 자문 형태로 대구시 관계관 8명이 위촉되어 있다. 다만 기존 산업별 연구팀은 섬유, 메카트로닉스, 나노, 모바일, 전통생물 분야로 구성하여 운영 중이다(대구전략산업기획단, 2006: 12, 14).

(3) 대구권 산업발전로드맵 회의록 요약

총 8차에 걸친 대구권 산업발전로드맵 회의 관련 내용을 요약하면 〈표 7〉과 같다.

〈표 7〉 대구권 RIRM 관련 회의록 요약

	핵심이슈	참여자	주요 내용
1차 (06.10.27)	RIRM 총괄팀 추진방안, 역할분담	정부(9), 연구소(5), 대학(1), 전문서비스(2), *DRIA*(11)	• *DRIA*의 RIRM 수립계획 발표, 향후 추진방안 및 역할분담에 대한 논의 • *KIET*는 RIRM이 지방자치단체의 향후 산업육성의지에 대한 계획임을 강조 • 대구광역시 관계자들은 RIRM의 법적 구속력, 차세대 성장동력산업과의 연계성, 산업별 작성 결과의 조정방안, 지역별 공통사업의 발굴방안, 지역기업인들의 의견수렴 방안, 선정기준, 일정의 조정가능성 등에 대한 의문제기 • 외부 연구원들은 전략산업이나 특화분야 선정과정에서 성장 관련 체계적 청사진과 유연성의 필요성을 강조 • *DRIA*는 비즈니스 서비스 산업, 의료산업 등 신규산업분야의 전략산업 선정가능성과 선정과정에서의 객관성 확보방안, 설문조사의 필요성 등을 제시
2차 (06.11.3)	RIRM 체계, 대구경북 전략산업육성 연계방안, 대구권 전략산업 발전비전, 전략산업 및 특화분야 선정방법론, 향후 추진방안	정부(0), 연구소(2), 대학(3), 전문서비스(1), *DRIA*(5)	• 대구경북 전략산업 육성 연계방안의 구체화 방안, 대구권 전략산업 발전 비전 수립 검토, 전략산업 및 특화분야 선정의 방법론 검토, 전략산업 클러스터의 확인 방법, 외부 연구위원들의 역할분담에 대한 논의 • 대학교수들은 대구경북 전략산업 육성 연계방안에서 클러스터 관점의 접근, 대구와 경북의 공동역할 분야, 기존 전략산업(섬유, 메카트로닉스, 나노, 모바일, 생물)에 비즈니스 서비스, 의료 등의 신규 추가사업의 가능성, 신규사업에 대한 새 선정기준의 필요성 등을 제시 • 외부 연구원들은 대구경북 산업들 간 기능적 연계성, 지역 RIRM으로서의 특성과 지역산업구조의 변화가능성, 신산업분야의 선정과정에서의 정치적 의지의 반영상의 유의점과 시장과 경쟁력 확보 측면의 반영 등을 강조
3차 (06.11.10)	전략산업 및 특화분야 선정기준 및 선정방향 발표, 전략산업 조정	정부(3), 연구소(1), 대학(3), 전문서비스(1), *DRIA*(5)	• 지역전략산업 및 세부 특화분야 선정기준에 대한 대학교수의 발표와 선정방향에 대한 연구원의 발표 및 논의, 전략산업 조정에 대한 논의 • 중립적인 입장의 대학교수와 연구원에 의한 지역전략산업 세부 특화분야 선정기준 및 선정방향 발표 • 대학교수들은 전략산업조정에서 대구시 발전비전자료의 참조 및 산업자원부 지역산업진흥국의 정책방향 참조의 필요성 지적 • 외부연구원들은 전략산업 수의 적정성, 예산확보 측면, 국비와 지방비의 활용방안 및 대상에 대한 고민 필요성 그리고 *DRIA*의 역할 등을 지적 • 대구광역시 관계자들은 전략산업 선정과정에서의 시정방향 반영의 필요성과 함께 RIRM의 시정 반영 가능성을 강조

	핵심이슈	참여자	주요 내용
4차 (06.11.17)	산업분과별 위원회 경과보고, 국가 R&D 사업 중장기 로드맵 발표	정부(3), 연구소(4), 대학(5), 전문서비스(2), *DRIA*(7)	• 국가 R&D사업 중장기 로드맵 발표, 산업분과별 위원회 경과 보고, RIRM 작성 및 특화분야 선정방향에 대한 논의 • RIRM 수립과정에서 공통적으로 외부 이해관계자를 설득할 수 있는 논리개발의 필요성과 내·외부 이해관계자간 합의형성의 중요성을 지적
5차 (06.11.24)	산업분과별 세부특화분야 잠정 선정(안) 발표	정부(7), 연구소(2), 대학(2), 전문서비스(1), *DRIA*(6)	• 전략산업 및 산업분과별 세부특화분야 잠정 선정안 발표 및 논의 • 세부특화분야(안)의 도출과정, 매출액 및 시장잠재력, 공간적·기능적 연계성 측면 등에서의 실현가능성 논의 • 생물분야의 전략산업선정 시 의료산업으로의 장기적 발전방향 감안
6차 (06.12.1)	산업분과별 세부 특화분야에 대한 발전전략 및 시나리오 발표 및 논의	정부(7), 연구소(4), 대학(8), 전문서비스(9), *DRIA*(8)	• 산업분과별 세부특화분야, 발전전략 및 시나리오 발표 후 논의 및 조정안 도출 • 산업발전단계와 지역적 기반을 토대를 세부특화분야의 의미와 역할 등에 대한 검토 • 산업분과위원회별 희망사항들과 애로사항들의 표출 • 전략산업과 특화분야들의 산업자원부에서의 선정가능성을 고려한 논리와 전략적 대처의 필요성 • 산업자원부에서의 탈락가능성에 대비한 대처방안의 모색 • *DRIA*의 모니터링 역할
7차 (06.12.8)	RIRM 총괄보고서 작성 협의	정부(0), 연구소(1), 대학(2), 전문서비스(0), *DRIA*(2)	• 산업별 분과위원회 제출보고서 검토, RIRM 총괄보고서 작성 협의
8차 (06.12.15)	DRIA의 RIRM 중간연구결과 발표	정부(13), 연구소(2), 대학(5), 전문서비스(5), *DRIA*(10)	• RIRM 중간연구결과 발표 및 논의 • 대구시 관계자들은 RIRM 작성과정에서의 참여와 협의의 필요성, 해당 국이나 과별로 이해관계 반영의 중요성, 탈락 시의 유연한 대처방안 그리고 관련 논리개발의 긴요함을 지적 • *DRIA*는 이런 과정이 논리를 토대로 한 파워게임이라는 전제하에 잠재력 있는 형성기 산업은 미래를 위한 클러스터 접근이 필요하고, 이 과정에서 산업자원부와 *KIET*의 가이드라인에 부합하는 것이 원칙이며, 조정과 협의과정에서 상대를 논리적으로 설득하여 조정범위를 최소화하는 것이 바람직함을 강조

주: ( )는 참여자 수

자료: 회의록을 토대로 저자가 정리

2. 사례의 내용분석

산업연구원의 〈지역별 산업발전로드맵 수립지침(안)〉, 〈대구권 산업발전로드맵 수립 연구추진계획(안)〉, 그리고 대구권 산업발전로드맵 회의록 요약 등을 통해 정책결정방식, 참여자의 구성 및 특성, 그리고 경로의존성의 여부 등을 정리하면 다음과 같다. 우선 정책결정방식은 하향식(top-down)과 상향식(bottom-up)의 절충형 형태로 보인다. 중앙정부 차원에서 지역전략산업 선정에 대한 개괄적 윤곽 및 기초 자료를 제공한다. 즉, 산업연구원에서 지역별 산업특화도를 분석하여 지역별로 기초 자료를 제공한다. 객관적 자료이용 및 정치적 긴장완화를 위해서, 지역은 제시된 자료에 대한 확인과정을 거친다. 뿐만 아니라 산업연구원은 지역별 규모의 경제와 특화도 등 전략산업 선정시의 가이드라인을 제시한다. 참여자의 구성 및 특성에 있어서 우선 참여자의 구성은 다양한 편이다. 우선 중앙정부 차원의 산업연구원과 산업자원부가 주도적으로 참여하고 그 외에 국가균형발전위원회와 기획예산처 등이 직·간접적으로 참여하고 있다. 지방정부 차원에서는 지역별 전략산업기획단, 해당 지방자치단체, 산업별 대표라고 볼 수 있는 전문연구위원, 그리고 대학교수 및 전문연구위원들이 참여하고 있다.

참여자들 중 중앙정부차원은 지역산업의 경쟁력 제고를 통해 국가 전체 산업의 경쟁력 제고를 목표로 지역전략산업 업종을 공간별로 배분하려는 의도를 표출하고 있다. 중복성 방지, 실현가능성, 국토균형발전, 그리고 기타 정치적 이유 등이 언급되고 있다. 지방정부 차원에서는 중앙정부 방침을 수용하면서 동시에 지역특성을 반영하기 위하여 노력하고 있다. 지역경제 활성화 및 지역경제의 안정적 성장이라는 궁극적 목표와 함께 중앙정부와 지방정부 간, 지방정부와 기업들 간 갈등회피 목표 등이 동시에 고려되고 있다. 지역학계 및 연구원 역시 지방정부 차원의 의사결정 과정에 참여하면서 지역차원의 신성장동력산업에 보다 적극적인 관심을 표명하고 있다. 하지만 여러 가지 사유로 그와 같은 관심의 반영도라는 측면에서의 추진력은 그렇게 높지 않은 것으로 보인다. 그리고 이들 집단이 반드시 중립적 실체라고는 보기 어렵다.

지역산업정책의 형성과정에서 경로의존성 측면을 파악하기 위해서는 경로의존성이 발생하는 요인으로서 알려져 있는 것들 — 물리적 인프라, 사회적 인프라, 정치적 인프라, 지역산업구조, 지역산업 분포형태 — 을 분석할 필요가 있다. 이와 같은 측면에서 대구권 산업발전로드맵 수립과정은 형태상으로는 경로의존적인 것으로 보인다. 지역의 내구적인 자본장비현황(준-비가역성), 지역의 사회경제적 제도 및 문화적 전통, 그리고 지역의 정치적 역학관계의 토대가 되는 정치구조·관행·전통 등의 반영으로 기존 주력산업이 모두 전략 산업화되었고, 특화도 반영 등으로 기존 산업구조가 반영되었고, 기존 산업분포 등이 집중도 형태로 반영되었다. 따라서 경로의존성이 상당 부분 나타나고 있는 것이 사실이지만, 기타 다른 흐름들도 분명히 존재하고 있다. 세부 특화분야를 체크하면 생물에 의료산업 포함, 섬유산업 비중 약화 노력 등은 기존 경로를 파괴하고 새 경로를 창조하기 위한 노력의 형태로 인지할 수 있기 때문이다. 따라서 점진적, 적응적 발전 형태로의 이행을 부분적으로 예측할 수 있다.

전략산업이나 특화분야 선정과정에서 경로파괴 내지 경로창조 흐름에 대한 제약조건들이 무엇인지 그리고 그 제약조건들의 영향력은 어떠한지 하는 것이 분석될 필요가 있다. 여기서 Grabher(1993)의 세 가지 형태의 고착성, 즉 정치적 고착성(political lock-in), 기능적 고착성(functional lock-in), 그리고 인식적 고착성(cognitive lock-in) 분석을 적용하면 다음과 같다. 우선 새로운 변화를 가져오기 어려운 꽉 짜여진 제도적 장애요인으로서의 정치적 측면이다. 지방행정 담당자들은 지역 전체적인 경제 활성화 의욕도 있지만, 보다 긴급한 수요는 담당 업무 분야에서의 영역확보 측면 등이다. 대학 교수들과 연구원들도 반드시 중립적인 입장에 있는 것은 아니다. 왜냐하면 연구비 지원 등이 지역전략산업분야나 특화분야와 별개로 존재하는 것이 아니기 때문이다. 둘째, 계층적인 관계에 토대한 기능적인 측면이다. 중앙정부의 입장에서는 흔히 전국 모든 지역들이 소위 신경제분야 또는 첨단산업분야 등을 육성하기를 희망하고 있으므로 예산지원 과정에서 선택과 집중을 기하기 어려운 문제가 있게 된다. 그리고 중앙정부의 입장에서 보면 성장잠재력이 높은 수도권이나 특정 산업지역들은 산업의 전후방 연계성이나 융합적·혼합적 발전추세에서 단기적으로는 특히 유리한 입장에 있는 경우가 적지 않다. 따라서 한정된 자원사용의 선택과 집중을 기한다는 명목하에 경로창조를 지향하는 지역별 선택의 여지를 사실상 제한하는 전략산업 숫자와 내용에 대한 가이드라인 내지 정책지침을 부여하기 쉽다. 셋째, 공통적인 관점으로 인한 인식적 측면이다. 새로운 변화에 둔감하고 기존 이익 고수에 집착하게 되는 인식상의 고착성은 경로창조를 향한 새로운 발상을 자리 잡게 어렵게 만든다. 기존 전략산업별, 공무원별, 그리고 연구자별로 자신들의 산업분야의 중요성이나 이해관계를 강하게 주장하는 것은 상당부분 인식상의 고착성에 기인하는 것으로 추론할 수 있다.

대구전략산업기획단이 산업발전로드맵 수립과정에서 회의실 마련, 관련 자료 준비, 논의 안건 설정, 기타 참여자 섭외에 이르기까지 전체 회합을 준비하고 있다. 전략산업기획단은 산업자원부와 산업연구원의 요구사항을 지역역할주체들에게 전달하고, 동시에 지역역할주체들의 수요사항들을 산업자원부와 산업연구원에 피드백하게 된다. 그러므로 산업자원부는 지역산업의 발전계획의 형성 및 관련 예산의 지역별 배정에 있어서 전략산업기획단의 지원이 필요하게 된다. 그리고 지역역할주체들 역시 그들의 요구사항들을 산업자원부와 산업연구원에 반영하기 위해서 전략산업기획단의 적극적인 기여가 필요하게 된다.

종합적 검토과정에서 지역역할주체들은 자신들의 의견을 표명하는 데 아주 적극적이다. 그리고 전략산업 및 특화분야의 선정기준들과 같은 일부 이슈들에 대해서는 대단히 민감한 반응을 나타내고 있다. 대구광역시 공무원들 또한 그들 자신들의 영역을 보호하기 위해서 유사한 행태를 보여 준다. 그들은 여하튼 특정 계선 조직에 귀속되어 있다. 그럼에도 불구하고 그들은 산업자원부와의 갈등에 대해서 걱정하고 있고, 대구권 산업발전로드맵 중간보고서가 산업자원부의 요구사항들을 수용할 수 있을 정도로 충분히 유연한지에 대해서 걱정하고 있다. 이에 더하여, 대구광역시와 다른 지방정부들 간에 갈등이 있을 수 있다. 교수와 전문 연구원들은 비교적 중립적인 입장을 보여 준다. 전략산업을 대표하는 산업별 분과위원들은 예외 없이 그들 분야에 대해서 강한 귀속감을 드러내고 있다.

시간 제약 때문에 대구권 산업발전로드맵 중간보고서 도출의 전체 과정이 비교적 짧은 기간 내에 진행되었다. 따라서 참여자들이 충분한 검토기간과 논의시간을 확보하기는 대단히 어려웠을 것으로 보인다.

3. 경로의존성의 적용성과 그 한계

산업연구원의 일반적 지침과 대구전략산업기획단의 추진계획안 그리고 제1차에서 제8차에 이르는 회의록 분석 등 과정적인 측면에서 관찰하면 새로운 전략산업 모색을 위한 다양한 노력이나 시도가 나타나고 있다. 하지만 지역전략산업의 선정결과를 보면 기존의 전략산업들과 차이가 없는 결과가 나타나고 있다.[22] 결과적인 측면에서 보면, 전략산업의 선정과정에서 경로의존성의 가능성을 추론해 볼 수 있다. 새로운 전략산업(비즈니스 서비스 산업, 의료산업 등)의 제시 등 경로의존성을 벗어나기 위한 노력 내지 시도가 있었지만, 그 노력 내지 시도가 새로운 결과로 반영되고 구체화되는 과정에는 다양한 제약요인들이 존재하고 있는 것으로 보인다. 우선 중앙정부와 지방정부의 관계에 있어서 중앙정부는 기존의 전략산업 숫자와 동일한 숫자로 전략산업의 선정숫자에 대한 제한적 가이드라인을 제시하고 있다. 중앙정부로서는 지역별로 지나치게 다양한 전략산업들이 제시되면 전체적으로 중복성의 문제와 투자효율성의 저하를 가져올 수 있기 때문이다. 지방정부로서는 지역단위에서 잠재력이 높을 것으로 예상되는 신규전략산업이 있다 하더라도 기존의 전략산업을 줄이는 방식으로 전략산업을 조정해야 하므로 정치적 역학관계 등에서 용이하지 않다. 기존 전략산업들은 나름대로 지역단위의 정치적 이해집단을 구축하고 있고 집약된 영향력도 대개 상당하기 때문이다. 그리고 중앙정부가 지역 전략산업 선정기준으로 제시하고 있는 산업발전의 정도와 성장잠재력 등은 기존 분석기법(입지상 등)을 적용하면 기존 전략산업들이 대개 우위에 있게 된다.

지역에서 제시되는 신규전략산업은 정의상 해당 산업의 지역발전 정도가 현재 상태에서 높다기보다는 장래에 높게 나타날 것이라는 기대에 토대하고 있는 것이다. 결과적으로 신규전략산업의 성장가능성, 기존 산업과의 연계잠

22) 신규 전략산업의 선정결과가 기존 전략산업과 동일하게 나타나는 것은 '기존 전략산업의 존재' 여부와 무관하게 나타날 수 있다. 지역실정의 반영이든 우연이든 결과적으로 양자가 동일할 수 있는 것이다. 하지만 여기서의 논의의 초점은 애초에 기존 전략산업의 존재에 대한 인지에서 출발해서 관련 자료의 검토, 참여자의 선정, 그리고 신규 전략산업의 숫자 등의 제시 등이 이루어졌는지의 여부 등이다.

재성 등을 토대로 하고 있지만, 대구전략산업기획단의 추진계획안 작성과정이나 회의록 자료에서 나타나듯이 대개 지역전문가들과 이해관계자들의 직관력과 통찰력에 의존하고 있는 것이다. 즉, 직접적인 실적에 입각한 증거 자료보다는 관련 자료와 직관에 입각한 간접적 추론에 의존하고 있는 것이다. 바로 이런 점들 때문에, 성장전망이 높은 전략산업분야에 전국 여러 시·도들이 공통적으로 매달리는 형태가 표출될 수 있고, 중앙정부 수준에서는 중복투자로 인한 투자효율성 저하를 염려하게 된다. 동시에 지역차원에서는 부정적인 고착현상을 탈피하기 위해 새로운 시도를 할 수밖에 없는 어려움이 공존하고 있다. 결과적으로, 이런 갈등적, 불확실한 수요를 어떻게 전국적인 차원에서 조정할 것인지가 국가적 차원의 과제가 될 수 있다.

그런데 관련 자료를 보다 면밀하게 들여다보면, 경로의존성인 것 같아도 그 안에서 계속 경로창조를 위한 새로운 투입이 이루어지고 있는 것 또한 식별할 수 있다. 제1차에서 제8차에 이르는 회의록 분석 결과, 형성과정에서 '의료산업' 등이 거듭 언급되고 있는 것은 그와 같은 노력의 형태로 보인다. 그리고 의료산업이 신규전략산업으로 채택되지 않아도 유사산업 부문에서 의료산업이 발전될 수 있는 토대를 마련하기 위한 노력 등은 새로운 시도로 보인다. 일단 생물 산업을 지역전략산업으로 선정하되, 생물에서 의료산업으로 발전적 진화가 가능하도록 언급하고 있는 것 등이 이에 해당한다. 더 나아가서 추후 집행 및 평가과정에서 생물부분에서 의료산업으로의 발전적 진화가 이루어지고 있는지의 사실상의 진전 상태(예산배분, 성과 등)를 대구전략산업기획단을 통해 모니터링 할 것을 언급하고 있다. 이와 같은 노력은 지역의 적응적 발전성(adaptive development)의 초기 형태로 볼 수 있을 것으로 보인다.

지역적 경로의존성에 대한 새로운 시각

이론적 분석 및 사례분석을 통해 지역산업정책 형성과정에서 경로의존성이 상당히 지배적인 형태로 나타나고 있는 것으로 보인다. 하지만 사례분석 결과를 보다 면밀하게 들여다보면 지역적 경로의존성을 제약하는 또는 벗어나고자 하는 움직임이 동시에 존재하고 있음을 또한 식별할 수 있다. 여기서는 지역적 경로의존성과 대비되는 지역적 경로창조성, 그리고 어떤 중간적 형태로서의 지역적 적응성 등을 사례분석 결과와 연계해서 검토하고자 한다.

1. 지역적 경로창조성

지역의 활동이나 구조가 동태적인 상황에서 지속적이고 회피하기가 어렵게 될 때 경로의존성의 존재 또는 지역적 고착성의 발생을 생각할 수 있다. Setterfield(1997: 36)는 지역적 고착성은 지역 활동의 연속적인 패턴이 관례를 형성하고 따라서 회피하기가 어렵게 되는 지역적 특성으로 파악하고 있다. Arthur(1989, 1994)는 지역 경제적 활동이나 행태의 패턴에서 고정성과 경직화가 점진적으로 진전되는 상황을 지역적 고착성으로 이해하고 있다. David(2001: 26-27)는 지역 내생적인 변화가 끝나게 되는 조건 내지 상황을 지역적 고착성이라고 주장한다. 결과적으로 지역적 고착성은 지역적 경로의존성의 특별한 형태 내지 결과로 파악할 수 있다. 여기서 제시되는 의문점은 지역적 경로의존의 과정 또는 지역적 고착의 과정에서 새로운 지역적 경로창조의 움직임이 가능한지 그리고 가능하다면 어떤 상황에서 가능한지 같은 것들이다.

지역적 경로창조는 크게 '우연론'과 '상황론' 그리고 '전략적 선택론' 등으로 구별할 수 있다. Krugman(1991; 2001)은 '우연' 또는 '역사적 사건'에서 경로가 창조될 수 있다고 주장한다. Storper(1995), Kenney and von Burg(2001) 등은 '입지적 기회의 창' 또는 '상황적 측면'을 강조하고 있다. Krugman(1991; 2001)에 의하면, 미국의 산업화 과정은 지방화된 수확체증 및 누적적 인과의 과정을 통해 형성된 생산중심지로 설명할 수 있다. 그런데 그 생산중심지가 처음에는 작은 사건에서 비롯되고, 그 작은 사건이 발생하는 것은 '우연'에 해당한다는 것이다. 그는 달턴(Dalton) 시의 카펫 제조, 매사츠세츠(Massachusetts) 주의 신발과 프로비던스(Providence) 시의 보석 등을 예로 들며, "놀라울 정도로 미국의 제조 산업은 고도로 지방화되었고, 그 지방화의 이유는 겉으로 보기에는 하찮은 역사적 사건으로 추론할 수 있다"라고 주장한다(Krugman, 1991: 35). 물론 Krugman(1991; 2001)의 추론은 오류일 수 있다. 왜냐하면, 그 토양에 부합했기 때문에 경로가 시작되고 '우연적인 경로창조'로 보였을 수도 있지만 실제로는 아닐 수도 있기 때문이다. 똑같은 '역사적 사건'이 달턴 시나 프로비던스 시가 아닌 곳에 애초에 있었더라도 유사한 결과가 형성되지 않았을 수가 있기 때문이다. 겉으로 관찰하면 우연적이지만 실제로는 상황에 부합했기 때문에 가능했을 수 있다.

여기서 지역적 경로창조 과정에서 상황적 접근의 유용성을 인지할 수 있다. 겉으로는 우연적으로 보이지만 결국 상황에 부합했기 때문에 경로창조의 형태로 나타나게 된다는 것이다. '입지적 기회의 창(a window of locational opportunity)' 접근은 새로운 산업에게는 기존 공간구조의 선택압력이 약하게 되고 상당 기간 입지적 자유의 순간들을 향유하게 되고 산업발전경로상의 새로운 지방화를 창출하게 된다는 것이다(Storper and Walker, 1989: 71). '입지적 기회의 창' 관점은 우연적인 사건과 함께 '기회의 창'이라는 상황적 맥락의 조건을 융합하고 있는 것이다. 경로창조의 과정에서 연속적인 경로들 간의 의존성의 아이디어 역시 '상황론' 측면에서 검토될 필요가 있다. 예컨대 Zook(2005)는 샌프란시스코 만 지역의 이미 존재하고 있던 벤처캐피털 산업이 그 장소에 인터넷 산업의 개발에 중요했던 것으로 입증되었다고 주장하고 있다. 그리고 경험 있는 위험자본 시스템을 결여하고 있었던 인터넷 생산의 다른 초기 입지들은 상대적인 쇠퇴를 경험하게 되었다는 것이다(Martin and Sunley, 2006: 427). 그런데 단순한 우연이나 전적으로 상황에 따른 경로창조를 생각할 수 있지만, 정책적으로는 상황변수가 고려되면서 동시에 전략적인 고려나 의도적인 행동을 통한 경로창조가 중요하게 된다(Garud and Karnoe, 2001).

대구권 산업발전로드맵 수립과정을 보면 전략적 선택형태의 경로창조로 인지할 수 있는 기존 전략산업의 범위를 벗어난 포괄적인 대안검토가 제대로 이루어지지 않고 있다. 경로의존성의 적용성과 그 한계분석에서 잘 드러나듯이 중앙정부와 지방정부의 관계, 지방정부의 의사결정 과정(기간, 참여자 등), 실태분석기법의 문제점(산업 집적지, 입지상, 지역할당효과 등), 그리고 직관적인 판단과 정치적 역학관계의 문제 등으로 지방정부 차원에서 기존 전략산업의 범위를 넘어서는 포괄적인 대안검토가 용이하지 않다. 다만 대구권 산업발전로드맵 수립과정에서 기존 전략산업 중 생물 산업에 의료산업이 부속하는 형태로 강조되고 진입되는 형태는 상황적인 측면과 전략적인 선택 측면이 부분적으로 동시에 고려되고 있는 것으로 보인다.

2. 지역적 적응성

앞 사례의 경우 지역적 경로창조의 형태로 인지하기는 어려울 것으로 보인다. 새로운 움직임이 없는 것은 아니지만 대부분 경로의존성의 형태로 인지할 수 있기 때문이다. 다만 지역적 경로의존성의 적용성과 한계에 대한 보다 면밀한 분석에서 드러나듯이 겉으로 보기에는 지역적 경로의존성의 형태로 결과가 표출되었지만 그 과정과 결과에서 새로운 흐름을 어느 정도 인지할 수 있다. 이 부분들은 지역적 적응성의 발현으로 추론할 수 있을 것으로 보인다.

지역적 적응성에 영향을 미치는 변수로서 지역역할주체들 간 네트워크의 구조와 성격 그리고 역량 등이 제시되고 있다. Grabher(1993)는 고착성 측면에 주목하여 느슨하게 연결된 네트워크(loosely coupled networks)가 강한 연계(strong ties) 시스템보다 적응력이 높다는 연구결과를 제시하고 있다. 느슨하게 연결된 네트워크는 강한 연계에 비해서 혁신측면, 여유자원에 대한 이용가능성, 그리고 높은 학습역량 등으로 지방화된 적응에 유리하다는 것이다. Arthur(1994)는 지역 네트워크 구성주체들의 이질성과 다양성이 지역 적응성의 토대라는 연구결과를 제시하고 있다. 기술과 제도 그리고 사회적 네트워크의 다양성과 이질성이 지역의 발전적 적응성의 원천이라는 것이다. 이질성과 다양성을 통해서 새로움을 창조하고 새로운 인적자원을 유치하고 그리고 새로운 시장 창출의 여지를 확대한다는 것이다. Martin and Sunley (2006: 422-423)의 연구는 지역적 역량과 관련하여 다른 곳으로부터의 이식(transplantation) 측면을 강조하고 있다. 이식이란 외부로부터 새로운 조직적인 형태, 급진적인 신기술, 산업, 기업 또는 제도적인 장치 등의 수입 및 확산을 말하는 것이다. 그런 이식이 지역경제 형상의 변화와 재생을 촉발하고 또는 그 지역들의 기술적 및 생산적 역량의 개선을 촉발한 여러 가지 예를 생각할 수 있다. 다만 해당 지역에서 그와 같은 이식의 수용 여부인데 지역별로 다양한 수준의 '수용역량(absorptive capacity)'이 존재할 것으로 보인다. Lester(2006)는 지역적 적응성의 또 다른 예로 지역산업들의 구조조정 현상에 주목하고 있다. 새로운 성장궤도에 들어서거나 또는 토대를 제공하기 위하여 과거 한때 핵심 산업과 기술이 관련 산업 및 기술로 다양화될 필요가 있다는 것이다. 예컨대 과거 수십 년 동안 대구시를 유명하게 한 제직위주의 섬유산업의 토대가 된 기술적 노하우를 이용하여 건강기능성 섬유개발로 이행한다거나 전문화된 섬유기계류 시장의 개척으로 나아갈 경우 관련 산업 및 기술로의 다양화를 통한 지역적 적응성이 발현된 것이다.

Grabher(1993)에 의해 언급된 세 가지 고착성의 문제와 Forida et al.(2002)의 네트워크에서의 폐쇄성과 눈가림 현상 등으로 '낮은 단계의 적응성'을 보여주는 여러 징후들이 대구권 산업발전로드맵 관련 회의록 자료 등에서 나타나고 있다. 예컨대 종합적 검토과정에서 기존 지역전략산업 관련 역할주체들은 자신들의 이해관계에 직·간접적으로 연관된 사안에 대한 입장표명에 아주 적극적이고, 전략산업이나 특화분야 선정기준 등과 같은 이슈에 대단히 민감하게 반응한다. 지방공무원들 역시 특정 계선조직에 속하고 있으므로 자신들의 영역보호를 위해 유사한 행태를 보여 준다. 교수와 전문 연구원들은 비교적 중립적인 입장을 표출하지만 전체적인 검토기간의 부족함과 중앙정부의 명시적인 가이드라인의 충족 그리고 새로운 전략산업 제시과정에서의 객관적 증거(산업집적도, 입지우위성, 입지상, 지역할당분석 등) 제시의 결여 등으로 한정적인 입장제시에 그치게 된다.

정책적 시사점

지역 성장과정 및 그 메커니즘을 파악하는 데 경로의존성 논의가 최근 주목받고 있다. 구체적으로 그것은 경로의존성 흐름이 실제로 나타나고 있는

지, 나타나고 있다면 그 메커니즘은 무엇인지, 그리고 새로운 시작은 어떤 것들이 있는지에 대한 것이다. 지역연구에 있어서 경로의존성은 지역의 진화적 발전 내지 지역혁신체제의 발전과정에서 두드러지게 나타나고 있고, 관련 분석이 확대되고 있다. 여기서는 지역산업정책이 형성되는 과정에 대한 실제적인 관찰 및 분석을 위하여 관련 자료들을 분석한 결과, 대구권 산업발전로드맵 수립과정의 경우 경로의존성이 상당 부분 지배적으로 나타나고 있고, 새로운 흐름이라 할 수 있는 경로창조성이나 적응성 흐름 등은 상당히 제한적으로 나타나고 있다.

그런데 경로의존성이 지역산업정책 형성과정에서 지배적인 현상이라면 지역경제나 지역산업구조 측면에서 문제를 안고 있는 대다수의 지역들에 보다 큰 '문제'를 제시하게 된다. 왜냐하면 구조적 문제가 많고 따라서 구조적 문제 해결노력이 필요한 지역들의 문제 극복노력들의 원천적 제약점을 상당 부분 함축하고 있기 때문이다. 따라서 지역경제나 지역산업이 직면하고 있는 문제의 정도와 종류별로 경로의존성이 어떻게 나타나는지, 문제의 정도와 종류별로 경로의존성 구성요소들의 상호작용 관계는 어떤 역학관계를 나타내는지, 또는 문제의 정도와 종류별로 경로의존성을 구성하고 있는 요소들의 상대적 영향력은 어떠한지 하는 점들이 계속적으로 논의될 필요가 있을 것으로 보인다. 그리고 현재 경로의존성 메커니즘을 극복할 수 있는 방안에 대한 구체적인 지식이 제대로 축적되어 있지 않은 상태에 있다. 관련 사안에 대한 많은 정보의 축적 그리고 계속적인 검토와 숙고 등이 필요할 것으로 판단된다.

그리고 본 논의에서 경로창조성이나 적응성 흐름 등이 상당히 제한적으로 드러나고 있는데, 그렇다고 해서 그와 같은 흐름들이 의미가 없는 것은 아니다. 왜냐하면 겉으로 보기에는 경로의존성인 것으로 나타나고 있지만, 관련 자료들을 보다 면밀하게 분석하면 지역적 경로창조 내지 지역적 적응성 흐름 등을 제한적이나마 포착할 수 있기 때문이다. 더욱이 정책형성 과정에서의 기준이나 절차적 측면 등(유연하고 신축적인 가이드라인, 평가지표의 개선, 결정과정상의 참여자 구성의 변화, 결정과정 기간의 적정성)을 개선하게 되면 경로창조의 흐름이나 적어도 적응성 흐름 등에는 상당 부분 변화가 초래될 수 있을 것으로 예상되기 때문이다.

| 참고문헌 |

김병섭 · 임승후. (2008). 「사례연구의 인과분석」. (2008년 한국행정학회 하계학술대회 발표논문), 6월 21일. 1-17.

대구전략산업기획단. (2006). 『대구권 산업발전 로드맵(RIRM) 수립 연구추진계획(안)』, 10월 27일.

산업연구원. (2006). 『지역별 산업발전 로드맵 수립 지침(안)』, 10월 2일.

Arthur, W. B. (1989). Competing technologies, increasing returns, and 'lock-in' by historical events. *Economic Journal*, 99: 116-131.

Arthur, W. B. (1994). *Increasing Returns and Path Dependence in the Economy*. Michigan: Michigan University Press.

Arthur, W. B. (1996). Increasing returns and the new world of business. *Harvard Press Review*, July/Aug. [기술과 진화의 경제학 연구회 역. 1999. 『지식자본주의 혁명』. 21세기북스. 161-184].

Arthur, W. B., Y. M. Ermoliev, and Y. M. Kaniovski. (1987). Path dependent processes and the emergence of macrostructure. *European Journal of Operational Research*, 30: 294-303.

David, P. A. (1985). Clio and the economics of QWERTY. *American Economic Review*, 75: 332-337.

David, P. A. (2005). Path dependence in economic processes: implications for policy analysis in dynamical systems contexts. In K. Dopfer (ed.) *The*

Evolutionary Foundations of Economics. Cambridge: Cambridge University Press. 151-194.

Forida, R. (2002). *The Rise of the Creative Class*. New York: Basic Books.

Garud, R. and P. Karnoe. (2001). Path creation as a process of mindful deviation. In R. Garud and P. Karnoe (eds.) *Path Dependence and Creation*. London: Lawrence Erlbaum: 1-38.

George, A. C. and A. Bennett. (2005). *Case Studies and Theory Development in the Social Sciences*. Cambridge, MA: MIT Press.

Grabher, G. (1993). The weakness of strong ties: the 'lock-in' of regional development in the Ruhr area. In G. Grabher (ed.) *The Embedded Firm: On the Socio-Economics of Industrial Networks*. London: Routledge.

Greener, I. (2005). The potential of path dependence in political studies. *Politics*, 25: 62-72.

Hirsch, P. M. and J. J. Gillespie. (2001). Unpacking path dependence: differential valuations accorded history across disciplines. In R. Garud and P. Karnoe (eds.) *Path Dependence and Creation*. London: Lawrence Erlbaum. 69-90.

Kenney, M. and U. von Burg. (2001). Paths and regions: the creation and growth of Silicon Valley. In R. Garud and P. Karnoe (eds.) *Path Dependence and Creation*. London: Lawrence Erlbaum. 127-148.

Krugman, P. (1991). *Geography and Trade*. Leuven and Cambridge, MA: Leuven University Press and MIT Press.

Krugman, P. (2001). History and industry location: the case of manufacturing belt. *American Economic Review*, 81: 80-83.

Lawson, T. (1997). Economics and Reality. London: Routledge.

Lester, R. K. (2006). *Universities, innovation, and the competitiveness of local and national economies*. Centre for Business Research 10-year Anniversary Summit on Innovation and Governance, University of Cambridge, UK, 26 March.

Liebowitz, S. J. and S. E. Margolis. (1994). Network Externality: An Uncommon Tragedy. *Journal of Economic Perspectives*, 8: 133-150.

Liebowitz, S. J. and S. E. Margolis. (1995). Path dependence, 'lock-in' and history. *Journal of Law, Economics and Organization*, 11: 205-225.

Magnusson, L. and J. Ottosson. (1997). *Evolutionary Economics and Path Dependence*. Cheltenham: Edward Elgar.

Martin, R. and P. Sunley. (2006). Path dependence and regional economic evolution. *Journal of Economic Geography*, 6: 395-437.

Menger, C. (1883). *Investigation into the Method of the Social Sciences*. New York: New York University Press.

North, D. C. (1990). *Institutions, Institutional Change and Economic Performance*. Cambridge: Cambridge University Press.

Scott, A. J. (2006). *Geography and Economy*. Oxford: Oxford University Press.

Setterfield, M. (1997). *Rapid Growth and Relative Decline: Modelling Macroeconomic Dynamics with Hysteresis*. London: Macmillan.

Setterfield, M. (2001). Cumulative causation, interrelatedness and the theory of economic growth: a reply to Argyrous and Toner. *Cambridge Journal of Economics*, 25: 107-112.

Storper, M. (1995). The resurgence of regional economies ten years later: the region as a nexus of untraded interdependencies. *European Urban and Regional Studies*, 2: 191-221.

Storper, M. and R. Walker. (1989). *The Capitalist Imperative: Territory, Technology and Industrial Growth*. Oxford: Blackwell.

Veblen, T. (1898). Why is economics not an evolutionary science? *Quarterly Review of Economics*, 12: 373-397.

Walker, R. (2001). The geography of production. In E. Sheppard and T. Barnes (eds.) *A Companion to Economic Geography*. Oxford: Blackwell. 113-132.

Zook, M. (2005). *The Geography of the Internet Industry*. Oxford: Blackwell.

제2부

지식도시와 산업경쟁력

제4장_지방정부 기업지원의 전략적 실행모형

제5장_도시문화산업의 경쟁력

제6장_사회적 자본과 도시경쟁력

제4장 · 지방정부 기업지원의 전략적 실행모형

세계가 점점 지식기반경제로 이행하는 추세에 접어들면서 우리는 격화되는 글로벌 경쟁 국면에서 개인 또는 기업 그리고 국가가 생존하기 위해서는 끊임없이 경쟁력을 제고하지 않을 수 없는 상황에 직면해 있다. 국가경제를 구성하는 지역경제가 계속적으로 발전하기 위해서는, 그 지역에 입지하고 있거나 또는 입지하게 될 기업이 지속적으로 성장하여 고용을 증대시키면서 경제를 확대재생산해 나가야만 한다. 기업의 성장은 기업의 생산성 증대에서 비롯된다고 보면 이를 뒷받침하는 것은 혁신을 통한 기술개발 또는 프로세스 개선이기 때문에, 그것이 가능하도록 환경을 조성하는 것은 매우 중요한 과제가 아닐 수 없다. 이러한 문제에 적극적으로 대응하기 위하여 지역혁신체계 구축 전략이 강조되고 있다. 동일한 맥락에서 기업의 글로벌 경쟁력 강화와 정부의 기업지원 효율성의 문제가 아울러 부각되고 있다.

지식기반경제에서 기업 경쟁력의 원천은 경쟁력 있는 제품과 서비스의 창출인데, 이것은 혁신에서 비롯되며 그 혁신의 바탕은 지식의 창출과 확산 그리고 활용의 순환 구조를 잘 구축함으로써 가능해진다. 지역혁신체계는 지역성을 바탕으로 지식과 기술의 발전과 확산에 이바지하는 물리적·제도적 집합체로서 산업의 지식집약화와 과학기술의 산업화에 기여한다. 특히 우리나라의 경우 인적·물적 자원을 비롯하여 정치, 사회, 문화, 교육 등의 수도권 집중 현상으로 수도권과 지방의 격차가 지나치게 커지면서, 지역발전의 불균형을 완화하기 위한 정책의 일환으로 지역혁신체계 전략이 주목받고 있다.

이에 따라 다양한 형태로 지방의 기업을 지원하는 기관이 설립되어 지원사업이 시행되고 있다. 그러나 다양한 기관과 지원프로그램에도 불구하고 사업의 효율성이라는 측면에서 볼 때 다음과 같은 사유로 가시적인 기대가 두드러지지 못하고 있는 것으로 보인다(박종화·Han Sun Sheng, 2001; 박종화·김창수, 2001; 산업연구원, 2009). 첫째, 지역혁신체계에서 중요한 산·학·연·관 실질적 네트워크의 부족으로 시너지 효과가 미흡하다. 지역전략산업을 중심으로 형식상 네트워크는 구축되어 있으나 기업의 프로젝트를 중심으로 한 실질적 접근에는 한계를 보이고 있기 때문이다. 둘째, 기업지원기관의 프로그램이 공급자 중심으로 되어 있어 수요자의 니즈(needs)에 부합하지 못하고 있다. 이는 지원기관이 불특정 다수의 잠재적 수요자를 겨냥하여 프로그램을 시행함에 따라 수요자인 기업으로서는 필요한 때에 필요한 내용의 지원을 받기 어렵기 때문으로 보인다. 셋째, 지원이 불특정 다수를 대상으로 산발적으로 이루어지면서 '선택과 집중'을 할 수 없어 기업에게 실질적으로 도움을 주기에는 한계를 가질 수밖에 없다. 넷째, 그 중요성이 강조되고 있는 연구개발(R&D)에 대한 지원에 있어서도 사업성 또는 비즈니스 개념이 결여되어 있어 사업의 최종적 성과를 높이는 데 어려움이 있다.

결과적으로, 글로벌 경제와 지식기반경제로의 이행추세 속에 지역경쟁력 제고와 지방기업의 역할이 지속적으로 강조되어 왔지만 그 가시적인 성과가 두드러지지 못하고 있다. 따라서 여기서는 지역혁신체계의 핵심적 역할주체로서의 지방정부와 기업 간의 관계를 살펴보고자 한다. 특히 지방정부의 기업지원의 전략적 실행모형을 모색하고, 그 특성 및 제약점, 그리고 관련 정책적 시사점까지 검토해 보고자 한다.

이론적 배경 및 분석모형

지방정부 기업지원은 최근 지역경제정책의 대안으로 모색되고 있는 산업지구이론, 산업클러스터이론, 지역혁신환경이론, 그리고 지역혁신체계론 등의 맥락에서 검토할 수 있다. 관련 이론들은 학술적 차원에서 그 연원과 개념 정의에 차이가 나는 것이 사실이지만, 기본적으로 지역단위에서의 혁신역량 제고와 혁신역할주체들 간의 네트워킹을 강조하고 있는 것은 동일하다. 여기서는 지역단위에서의 기업지원의 전략적 실행모형을 모색하고자 한다. 따라서 지역성과 지역혁신역할주체들 간의 네트워킹을 통한 혁신역량제고를 보다 강조하는 지역혁신체계론을 관련 이론적 토대로 검토한다. 그리고 기업지원 실행모형을 탐색하기 위하여, 관련 연구기관에서 동일한 목적으로 기(旣) 개발한 모형들을 실제에 맞게 부분 변형하여 검토한다. 실제 사례와 모형들의 적합성을 검토함으로써, 적용성 있는 모형개발뿐만 아니라 관련 정책적 시사점을 도출할 수 있을 것으로 판단된다.

1. 지역혁신체계와 기업지원 관련 선행연구

J. A. Shumpeter는 기업가의 혁신행위가 경제발전의 요체라는 점을 지적하면서 혁신(innovation)이란 “새로운 재화의 생산, 새로운 생산방법의 도입, 새로운 판로의 개척, 원료 혹은 반제품의 새로운 공급원의 획득, 새로운 조직의 실현”으로 보았다(김영철 역, 2001: 414). 지역혁신은 혁신활동에 지역이

라는 공간적 차원이 부가된 것이다. 이때 지역은 Czamanski(1973)가 규정한 '구조에 있어서 포괄적이고 독자적으로 기능을 할 수 있는 국가경제 내의 영역'으로 볼 수 있다(박종화 외, 2004: 196).

글로벌 경제로의 진전 속에서 역설적으로 지역적 혁신역량 내지 지역적 차원의 경쟁력의 중요성이 강조되고 있다(Porter, 1998, 2000). 따라서 지역이 혁신성을 갖고자 하는 것과 혁신이 지역성에 토대하고 있는 것은 불가분의 관계에 있다. 다만, 그 지역성과 혁신성의 불가분성이 실효성을 갖기 위해서는 체계적인 관계형성이 필요하게 된다(박종화 외, 2004: 204). 지역혁신체계(Regional Innovation System: RIS)는 지역혁신이란 발전목표를 달성하기 위하여 다양한 지역혁신역할주체들이 상호 유기적인 연계를 맺고 협력 및 학습관계를 유지해 가는 것이다. 지역혁신역할주체들로는 지역기업, 연구소, 대학, 지방자치단체, 그리고 기타 혁신지원기관 등을 들 수 있다. 지역혁신체계가 지역기업 및 산업만을 대상으로 하는 것은 아니지만 흔히 지역산업체계·지역과학기술체계·지역인력양성체계·지역기반시설체계 등을 효율적으로 연계시키고 발전시키는 제반 활동을 수행하게 된다. 또한 지역혁신체계는 관련 중앙정부와의 연계, 다른 지역혁신체계와의 연계, 세계화의 흐름에 반응 등 외부적인 환경변수와 지속적인 교호작용을 하는 개방체계를 전제한다(박종화 외, 2004: 200).

지역혁신체계에 관한 이론적·경험적 연구는 국내외적으로 활발하게 이루어지고 있다. 혁신체계의 개념은 List(1905)와 Schumpeter(1934)에서도 나타나고 있다. 특히 1980년대 중반 이후 Freeman(1987), Lundvall(1992), Nelson(1993) 등의 국가혁신체계(National Innovation System: NIS) 논의와 지역단위에서의 상호연계 및 사회적 학습, 그리고 공통전략형성을 강조하는 Cooke & Morgan(1993)의 연구 등으로 지역혁신체계(RIS) 개념이 주목받고 있다. 지역혁신체계 관련 연구들(Asheim & Cooke, 1999; Edquist, 1997; De La Mothe & Paquet, 1998)은 공통적으로 지리적 근접성과 지역단위의 기업기술혁신, 관련 역할 주체들의 상호연계성과 협력, 그리고 공통학습의 중요성을 강조하고 있다.

지역혁신체계에 관한 최근 국내 연구 중 주요한 것은 다음과 같다. 김선배(2001)는 지역혁신체계 구축을 위한 산업정책 모형을 제시하면서, 지역혁신체계의 구성요소로서 시스템 연계기관, 지역플랫폼, 지역발전기구(RDA)를 제시하고 있다. 이철우(2004)는 지역혁신체계 구축의 의미 및 특성을 지역경제발전 측면에서 밝히고, 그 과정에서 필요한 지방정부의 과제를 제시하고 있다. 김미나(2006)는 사회적 네트워크 이론 측면에서 지방정부 주도형 지역협력연구센터(RRC)의 구조와 성과를 분석하고 있다. 홍형득(2006)은 과학기술정보 및 지식의 생산과 흐름을 행위자와의 관계 형태로 분석했다. 이성근 외(2006)는 지역경제발전 및 지역전략산업 육성과정에서 지역혁신체계의 필요성과 구축방안을 검토한 바 있다. 기업지원과 관련한 의미 있는 연구로는 성준호 · 김선배(2002)와 김종일(2006)의 연구가 있다. 특히 지역혁신체계와 기업지원을 연계한 연구로는 강병주(2004)와 박종화(2006)의 연구가 있다.

성준호 · 김선배(2002)는 기업지원서비스를 유형화하고 이러한 유형화를 토대로 우리나라 기업지원서비스의 현황을 파악하고자 했으며, 지역차이와 산업특성에 따른 기업지원서비스의 수요와 공급패턴을 분석했다. 서울 소프트웨어산업 집적지, 대전의 ICT산업 집적지, 그리고 구미의 전자산업 집적지에 대한 설문지와 기업사례 조사를 바탕으로, 기업지원서비스의 수요와 공급이 산업특성, 지역의 성격, 그리고 기업의 성장단계에 따라 차별화된다는 것을 밝혀내었다. 그리고 정책적인 시사점으로 기업지원의 효율성을 높이기 위해서는 분산적이고 공급자 중심적인 서비스 제공 방식을 통합적이고 수요자 중심적으로 전환해야 함을 강조한다. 이를 위한 기본적 기업지원 서비스 정책으로 다양화(diversification) · 전문화(professionalization) · 차별화(differentiation)를 제시한다. 김종일(2006)은 한국 경제성장의 과거와 미래라는 틀 속에서 중소기업 문제의 현황과 원인, 해결방안을 거시적으로 조명한다. 우리나라 중소기업 문제의 원인을 혁신역량을 가진 중소기업의 비중이 과소하고 생존을 위한 사업조정 능력이 없다는 데서 찾는다. 중소기업 클러스터의 경쟁력을 높이는 것이 국내 대기업의 생산 활동 국내유지와 함께 해외 다국적기업의 국내유치에도 필수불가결하다고 보고 있다. 중소기업문제를 해결하기 위한 정책은 일자리 창출과 성장의 동력으로써 중소기업의 경쟁력을 배양하는 데 집중해야 하고, 시장의 유연성과 네트워크 강화에 치중하며, 미래의 기업을 위한 미래지향적 정책이어야 한다. 현재의 '소액' · '다수' · '당면문제해결' 중심의 지원정책에서 산업구조의 장기적인 비전 아래에서 업종별로 가능성 있는 혁신과제를 발굴하여 전략적 접근을 해야 할 필요가 있는데 이것은 중소기업 정책에서의 선택과 집중이다.

강병주(2004)는 현재 중앙 및 지방에서 제공되고 있는 기업지원 사업 및 지원기관들의 업무를 분석하고 이를 기초로 우리나라에 적합한 기업지원기관 네트워크를 구축하고자 '지역혁신 네트워크 구축방안'을 제시한다. 중앙정부 차원의 기업지원기관은 지원 내용이 중복되고 기업이 필요로 하는 지원이 제대로 제공되지 않는 것은 기업지원기관들의 상호 연결 네트워크가 제대로 구축되어 있지 못하기 때문에 발생하는 문제라고 보고 있다. 기업지원기관 네트워크 구축에서 가장 핵심적 네트워크를, 연관시스템이 접합된 산업클러스터 부문의 하부체계를 이루고 있는 '과학기술 - 산업생산 연계기관 네트워크', '산업생산 - 기업지원 연계기관 네트워크', '지역플랫폼 - 하부시스템으로 연계되는 수직적 네트워크' 등 세 가지로 나누어 구축한다. 박종화(2006)

는 지역혁신체계에 대한 이론적 검토를 통해 우리의 지역적 여건과 산업적 여건에 적합한 지역혁신체계 구축의 관점에서 지역중개모형의 적실성과 실천적 경험사례를 제시하였다. 지역혁신주체들의 단순한 존재 자체나 지리적 근접성만으로는 지역혁신과정에서 필요한 역할주체들 간 상호작용과 학습이 제대로 이루어질 수 있다는 보장이 없다. 지역중개모형은 그와 같은 과정을 촉매하고, 조정하며, 선도할 수 있는 중개기능이 필요하다고 판단하여 제시한 모형이다.

지역혁신체계와 관련하여 기업지원에 관한 선행연구가 지적한 내용을 보면, 혁신주체들의 상호연계성 강화 필요성, 수요자중심의 기업지원서비스 제공, 기업지원 서비스의 다양화·전문화·차별화, 중소기업정책의 선택과 집중전략 필요성, 기업지원기관의 네트워크 구축, 지역혁신체계상 지역중개모형의 적용가능성 등으로 요약된다. 선행연구들은 지역혁신체계상에서 지방정부가 지방의 기업을 지원·육성하고자 할 때 전략적으로 고려해야 할 요소들을 함축적으로 제시하거나 방향을 제시했다는 점에서 그 의의가 적지 않다고 본다. 그럼에도 불구하고, 특히 지역혁신체계와 기업지원을 연계한 측면에서 살펴본 선행연구의 특징과 한계는 다음과 같다. 첫째, 기업지원을 중심으로 한 연구(성준호·김선배, 2002; 김종일, 2006)는 종합적인 문제점 적시와 대안모색이기는 하나 원론적 수준에 그치고 있으며 중요한 접근수단인 지역혁신체계를 간과하고 있다. 둘째, 지역혁신체계와 기업지원을 연계한 연구에서는 지역혁신 네트워크의 중요성을 인식하고(강병주, 2004) 경험적 사례를 통한 지역중개모형의 적실성을 분석한 바(박종화, 2006) 있으나, 양자의 통합적 실행전략으로서의 접근에는 이어지지 못하고 있다. 셋째, '지역혁신 네트워크의 구축'에 관한 연구(강병주, 2004)는 '과학기술 - 산업생산 - 기업지원' 연계기관을 비롯하여 '플랫폼 - 하부시스템' 연계 네트워크 구축방안에 관한 이론적 모형으로서는 의미가 있으나 구체적 실행방안으로서는 한계를 지니고 있다.

요컨대, 구체적으로 '어떻게' 할 것인지에 대한 실행적 측면의 대안들이 제대로 제시되어 있지 않은 한계를 가지고 있다. 지역경제발전을 좌우하는 실질적인 중심이 기업이라는 것을 전제한다면, 지역혁신체계 속의 한 역할주체로서의 기업을 효율적으로 지원하는 전략적 실행모형의 정립이 필요할 것임을 알 수 있다. 즉 이론과 실제를 접목하는 것은 정책의 실효성 차원에서 매우 중요하며, 그것은 이론적인 것을 바탕으로 실제 적용할 수 있는 전략적 실행방법이 강구되어야 함을 의미한다. 실행모형은 실제적인 적용을 통해 보완되는 것으로 시행착오가 전제된다. 하지만 모형의 완성도가 높아질수록 정책비용은 감소될 것으로 보인다.

2. 분석모형

본 논의의 주된 목적은 지역단위에서의 기업지원의 전략적 실행모형을 모색하는 것이다. 이때 실행모형은 이론적 토대를 갖춤으로써 합리성과 정당성을 확보할 수 있기 때문에 관련문헌 연구와 선행연구의 분석이 필요하다.

선행연구의 특징과 한계는 이론적 모형의 현실 적용가능성이라는 측면에서 보면, 경험적 연구의 결여에 의한 모형의 한계라고도 볼 수 있다. 이러한 한계를 극복하기 위해 모형의 현실적용 사례분석과 함께 관계자들의 현장경험 사례가 모형의 적실성 판단에 긴요하며, '인터뷰 또는 자유서술형 설문조사'는 하나의 중요한 보완적 접근방법이 될 수 있다. 여기서는 '대구광역시의 스타기업 육성 프로젝트'를 분석사례로 이용하고, 지역혁신체계와 기업지원 연계에서 중요한 주체들(산·학·연·관)의 구체적 지원과정 정황을 파악하기 위해 인터뷰 방식을 이용하였다. 인터뷰 대상자는 역할주체와 대표성을 감안하여 관계 공무원 5명(대구광역시 4명, 대구경북중소기업청 1명), 기업 실무자 5명(과장급 2명, 차장급 2명, 부장급 1명), 그리고 지원기관의 스타기업 PM(프로젝트 매니저) 5명(연구원 4명, 교수 1명) 등을 선정하였다. 인터뷰는 네트워크 관계, 지원형태·내용·방식 차이, 상호만족도 결정요인, 모형의 적실성 등을 중심으로 반구조화된 문항을 이용하되 자유롭게 응답하는 방식으로 2010년 10월에서 11월 초에 걸쳐 실시되었다.

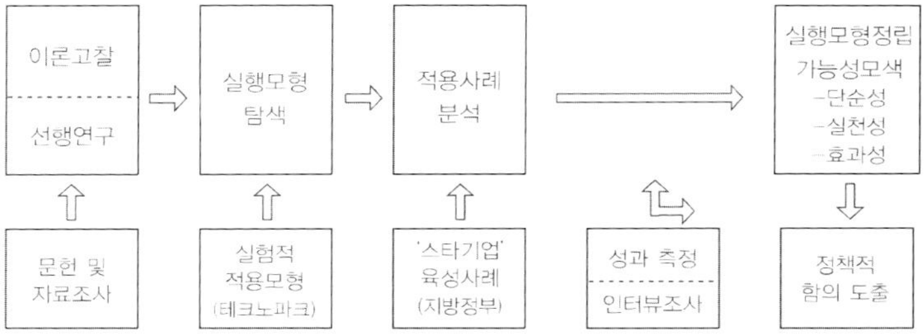

〈그림 5〉 분석 모형도

지역단위에서의 기업지원의 전략적 실행모형을 모색하기 위한 분석 모형은 문헌조사를 통해 이론적 배경을 고찰한 다음, 선행연구를 분석하여 기존의 접근방법이 가지고 있는 문제점을 도출하고, 이론적 분석을 바탕으로 기존 문제점 지적 및 기업지원의 효율성을 담보할 수 있는 실행모형을 탐색한다. 이때 탐색한 모형은 기업지원기관에서 실험적으로 적용한 모형을 활용한다. 탐색한 모형을 실제 적용한 지방정부의 프로젝트를 사례로 선정하여 실행모형으로서의 정립가능성을 분석하고 정책적 함의를 도출한다. 여기서 실행모형의 적용가능성을 평가하기 위한 기준으로서 세 가지 측면을 고려하기로 한다. 첫째, 단순성(simplicity) 측면으로서, 모형을 시책으로 적용했을 경우 적용상 이해하기 쉬울 뿐만 아니라 수용가능성이 높아야 한다는 점이다. 둘째, 실천성(practicability) 측면으로서, 모형을 시책에 적용할 경우 필요한 인적 및 물적 자원이 부담할 수 있는 범위 내여야 할 뿐만 아니라 제도상의 걸림돌이 적어야 한다는 점이다. 셋째, 효과성(effectiveness) 측면으로서, 모형을 시책으로 적용했을 경우 자원의 투입 대비 성과가 좋을 뿐만 아니라 시책이 의도하는 정책목표를 충실히 달성할 수 있어야 한다는 점이다. 이때 모형의 적실성을 파악하기 위해 적용사례의 성과에 관한 통계 자료와 인터뷰 자료를 활용함으로써 객관성을 높이고자 한다.

기업지원 실행모형 탐색

기업지원에 있어 기업의 원천적인 경쟁력을 좌우하는 요소로 기술개발(R&D)이 강조되고 있다. 글로벌 경쟁과정에서 기술개발을 통한 혁신 없이는 기업성장이 근본적인 한계에 직면하기 때문이다. R&BD(Research&Business Development)는 연구개발(R&D)이 마케팅 등 상업화 과정과 융합된 형태로 진행되는 진전된 R&D 모델로서, R&D 과제선정 단계에서부터 시장(고객) 수요를 반영하는 기업의 새로운 생존전략이다. 선진산업사회에서는 기술기획과 상품기획·마케팅·투자·기술이전 등 기술상업화가 R&D와 동시에 이루어진다. 또 프로젝트 사이클이 1년 내외로 짧고 집중적으로 진행되며 성공률이 매우 높다. 따라서 국내 IT분야 대기업이나 선도 벤처기업은 실질적으로 R&BD 경영을 통해 글로벌 경쟁력을 확보하고 있다고 보여진다. 기업에 대한 지원은 국가 또는 지방의 발전 전략적 측면에서 본다면 모든 기업에게 적용되는 단순한 경영안정 차원의 지원을 벗어나 R&D 연계, 나아가 R&BD 형태의 접근이 되어야 한다. 여기서 기업의 지원·육성의 대상은 주로 중소기업임을 전제로 한다. 다만 경우에 따라 대기업과 연계된 중소기업의 프로젝트일 수는 있을 것이다.

여기서는 지역차원에서 절실한 중소기업 R&BD 지원 실행모형의 예로서, 구조(틀), 과정, 그리고 결합형태를 중시하는 모형들로서 'R&BD형 혁신지원기관 연계 거버넌스 모형', 'R&BD형 프로세스 모형', 그리고 '밀착형 공동 R&BD 모형' 등을 각각 검토한다.

1. R&BD형 혁신지원기관 연계 거버넌스 모형

R&BD형 혁신지원기관 연계 거버넌스 모형은 일종의 혁신지원기관의 유기적 네트워크라고 할 수 있다. 이것은 연구개발(R&D)을 중심으로 하여 산·학·연·관이 유기적으로 연결망을 형성하되 기관 간 거버넌스 형태를 취한다. 다만, 연구개발의 특성상 수평적인 거버넌스의 형태를 취하되 그 전반적인 조정 역할은 중앙 또는 지방 정부가 맡게 된다. 지역혁신체계상에서 본다면 지방정부의 역할이 더 중요하다. 그런데 실제적인 운영상의 흐름으로 본다면 테크노파크와 같은 기관이 실질적 조정역할을 할 수 있다(박종화·Han Sun Sheng, 2001).

수도권 집중화 경향으로 인하여, 지방의 경우 대략 2000년 이후 벤처캐피탈 및 기술경영서비스 관련 기관 및 기업의 본·지점의 폐쇄 등 도시 경쟁력에 필요한 비즈니스의 공백이 빈번하게 발생하게 된다. 따라서 민간부문의 지식서비스산업 기반이 취약한 지역에서 중견 또는 창업 초기 신기술기업은 결국 공공부문의 지원서비스에 의존할 수밖에 없다. 따라서 공공부문 주도로 민간서비스기업과 연계해 종합적 지원을 제공하는 네트워크형 R&BD지원체제 운영이 지역 산업수요에 대한 부응과 지역혁신체계의 정책 효과성 제고를 위해 중요한 지역적 대안으로 부상하게 된다. 유망기술의 조기 산업화, 즉 매출과 고용창출로 이어지는 시장 중심의 기업 R&BD 프로젝트 활성화가 혁신실행시스템의 요체가 된다고 볼 때 관련 지식서비스의 제공은 매우 중요한 요소이기 때문이다.

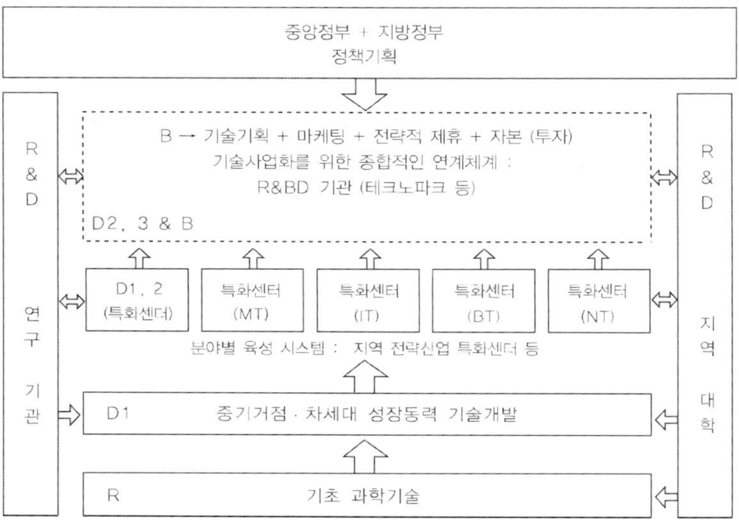

〈그림 6〉 R&BD형 혁신지원기관 연계 거버넌스 모형

주: B	Business	기술 기반 상품기획, 마케팅전략 및 전략적 제휴 등
D3	Development Phase 3	상용화 개발 3단계
D2	Development Phase 2	상용화 개발 2단계
D1	Development Phase 1	상용화 개발 1단계
R	Research	기초과학기술 연구

자료: (재)대구테크노파크(2005) 내부자료 수정

〈그림 6〉에서 기술사업화를 위한 종합적인 연계체계의 토대를 이루는 것이 R&BD 기관이다. 여기서 R&BD 기관은 지원기관 네트워크의 사실상

중심에 서서 기업의 R&BD 성공을 위한 파트너로서 역할을 하게 된다. 신기술이나 유망기업을 발굴하는 역할뿐만 아니라 혁신주체들의 핵심역량을 R&BD 프로젝트에 투입하는 통합 조정자로서의 역할을 수행하고 있음을 알 수 있다. 따라서 R&BD 기관은 기업의 종합적 비즈니스 파트너로서 대응성과 경쟁력을 갖출 필요가 있다.

2. R&BD형 프로세스 모형

R&BD형 프로세스 모형은 재원의 재분류와 R&BD 작업을 거쳐 프로젝트별 투입에 이르는 프로세스에 초점을 두고 있는 것이다. 각 지원기관별 프로그램의 서비스 믹스와 프로젝트별 산·학·연·관 전문가의 협력적 핵심역량 집중투입을 중시한다.

R&BD형 프로세스 모형의 프로젝트 진행 과정은, 〈그림 7〉에서 분명하게 제시되어 있듯이, 각 지원기관별로 추진 중인 정책 사업을 가상의 R&BD 공통재원(pool)으로 상정하여, 그 재원을 다시 핵심지원내용(기술확보, 맨파워 확보, 마케팅, 생산, 네트워킹 등)으로 재분류하게 된다. 그리고 R&BD화 작업(프로젝트 선정·발굴, 서비스 믹스, PM 지정·운영 등)을 거쳐 구체적인 프로젝트별로 투입하게 된다. 이때 프로젝트별 지원을 보면, 지원의 내용은 서비스 믹스(service mix)를 통해 프로젝트에 따라 과업(task)의 조합(combination)이 다르게 구성된다. 이와 동시에 프로젝트별로 문제해결을 위주로 한 네트워크 형태의 실무컨소시엄이 구성된다.

본 모형은 기업에 대한 지원의 중심을 수요자인 기업에 두자는 데서 출발한다. 급속한 기술진화와 시장변화의 속도에 부응하지 않는 공공지원기관의 R&D와 마케팅을 별개로 접근하는 공급자 중심 지원시스템으로는 지원사업

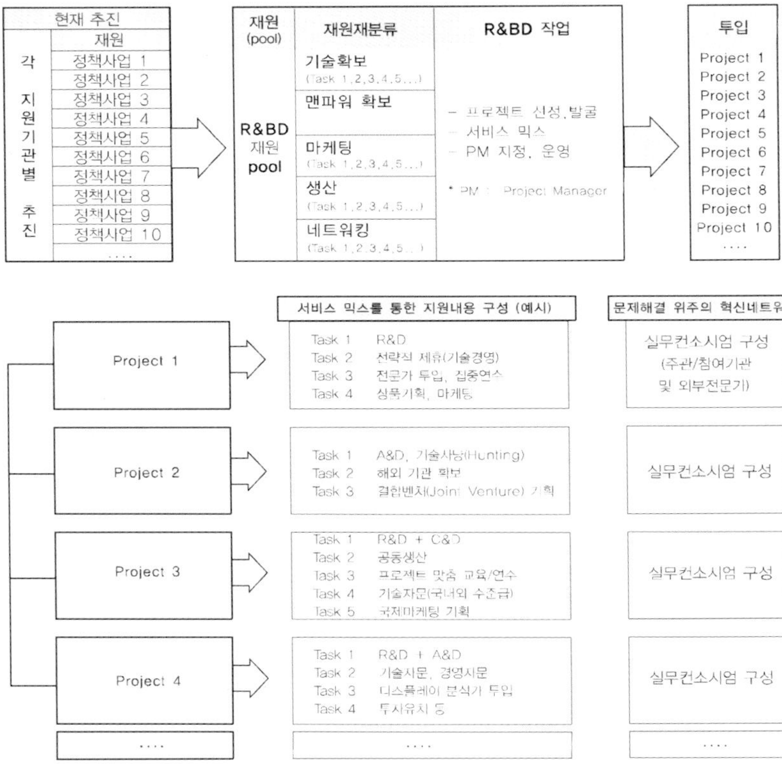

〈그림 7〉 R&BD형 프로세스 모형

주: A&D(Acquisition & Development): 상장 또는 등록된 업체를 인수해 성장업체로 바꾸는 기업 인수 방식

C&D(Connect & Development): 자사의 지식재산과 타인의 지식재산을 연결하여 제품을 개발하는 개방형 기술혁신 체제

자료: (재)대구테크노파크(2005) 내부자료 수정

의 실효성과 정책의 효과성을 기대하기 어렵기 때문이다. 따라서 지원시스템을 바꾸어 유망 신기술을 보유한 기업을 조기에 집중육성하기 위해서 기업의 핵심사업 부문(R&D과제)을 R&BD 기관(테크노파크 등)과의 공동 프로젝트로 설정할 필요가 있다. 이렇게 되면, 기업의 혁신지원기관은 단순한 지원기관

에서 나아가 기업의 전략적 파트너로서 실시간으로 기술, 인력, 마케팅 등의 혁신역량을 유관 혁신주체와 공동으로 집중 투입할 수 있기 때문이다. 이를 통해 지역 기업의 R&BD를 보완·지원하는 것이다.

3. 밀착형 공동 R&BD 모형

밀착형 공동 R&BD모형은 중소기업지원 실행모형에서 구조적인 측면과 과정적인 측면을 결합한 한 형태로서 실질적인 산·학·연·관 밀착성을 중시한다. 기존에 산재하고 있던 지역혁신역할주체들을 통합기관과 실무 컨소시엄 형태로 결합하고, 공동프로젝트 추진과정에서 기업과의 실제적인 연계성 제고를 강조한다.

기업과 지원기관 컨소시엄이 어떤 프로젝트를 공동 R&BD 프로젝트로 하여 추진하는 형태로서, 〈그림 8〉에서 예시한 프로젝트는 9개 핵심 과제(예산 + 전문서비스)로 구성되어 있다고 가정한 것이다. 여기서 4개는 혁신지원기관이 주체가 되어 해결 및 완성에 주도적 역할을 한다. 그리고 5개는 기업이 자체역량으로 중점 추진한다. 이러한 추진은 프로젝트 일정에 따라 실시간으로 진행되는 특징을 가진다.

이때 통합 기관(테크노파크 등) 및 실무컨소시엄과 기업은 실행시간을 일치시키도록 함께 노력하게 된다. 또한 지역혁신체계(RIS)를 통한 혁신사업추진에 있어 핵심과제인 '실시간으로, 패키지(package)화한 지원'이 실제로 동시에 구현됨으로써 지원효과의 극대화가 가능하다. 그리고 혁신지원기관 주체별, 핵심역량(전문분야)별로 과제(task)를 맡음으로써 효율적으로 임무를 수행할 수 있게 된다. 아울러 혁신지원기관 주체별로 차별화된 핵심역량이 하나의 프로젝트에 투입되어 시너지 효과가 나올 수 있는 구체적인 사업모형

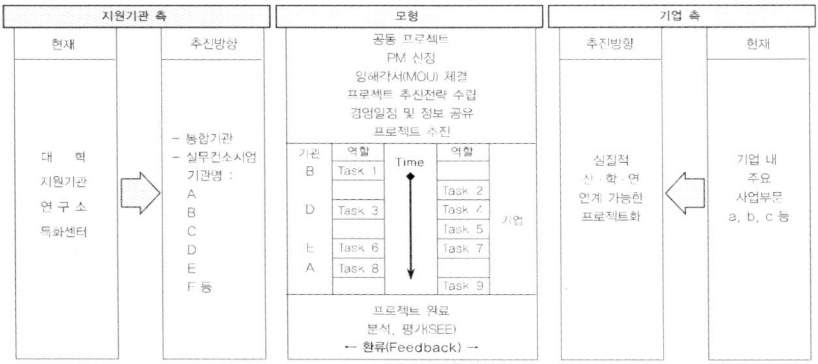

〈그림 8〉 밀착형 공동 R&BD 모형

자료: (재)대구테크노파크(2005) 내부자료 수정

이 된다.

또한 R&BD 프로젝트와 관련한 시장분석, 마케팅, 전략적 제휴, 투자유치 등 폭넓은 서비스를 실시간으로 패키지화하여 집중 지원하는 형태이다. 기존의 R&D지원이 공정성과 기술력 위주로 평가하여 기업에 R&D 자금을 공급하는 과정인 데 비해, R&BD 지원체계는 시장성과 효과성을 위주로 하여 프로젝트를 선정·발굴하고 R&D 전후를 포함한 전 주기에 걸쳐 지속적으로 시장상황을 반영하며, 시장성에 따라 일몰(sunset)방식으로 지원을 결정한다. PM을 지정하여 총괄 코디네이터 역할을 수행하며, 문제해결 위주의 네트워킹으로 산·학·연·관의 핵심역량을 집중적으로 투입하며, 혁신주체별 핵심역량을 극대화함으로써 혁신지원기관의 차별화, 전문화, 자립화 등을 유도한다. 이때 PM은 '지역중개모형'의 실질적 중개자로서 기능하게 되는 것이다(박종화, 2006).

대구 스타기업 육성 사례

대구의 스타기업 육성 경험은 그렇게 오래지 않다. 하지만 일단 스타기업 육성사업의 1단계 사업기간(2007-2009년)이 이미 종료되었고, 매출액 및 고용증가, 중앙정부 R&D 자금유치, 외부투자 유치, 기업 상장 및 등록, 그리고 공동기술개발실적 등의 측면에서 긍정적인 것으로 보인다. 현재 대전광역시, 경상북도, 성남시 등에서 스타기업 성공사례를 벤치마킹하고, 지방행정연수원 '기업지원 우수사례' 교육자료(2009)로 활용하고 있는 현실을 감안하면 대구스타기업 육성 프로젝트는 기업지원 전략적 실행모형의 좋은 분석사례로 판단된다. 따라서 여기서는 우선 지역여건과 스타기업 육성프로젝트를 개괄적으로 검토한다. 이어서 스타기업 육성전략 및 프로세스 특징분석을 통하여 관련사례의 특성과 분석모형과의 연계성을 탐구한다. 그리고 스타기업 육성 프로젝트의 추진성과를 검토한다.

1. 지역여건과 스타기업 육성 프로젝트

오늘날 지식기반경제에서 차별화된 기술력을 통한 경쟁력 확보가 지역의 발전을 좌우하는 핵심요소가 되고 있다. 과학기술을 통한 혁신역량의 중요성이 커짐에 따라 연구개발 환경과 기반을 조성하기 위해 지역별로 R&D 관련 사업과 투자를 증가시켜 오고 있다. 그러나 지역산업 경쟁력을 높이고 새로운 성장 동력을 창출하기에는 크게 미흡한 것으로 알려져 있다. 대구 지역의 연구개발 조직 및 인력, 연구개발비 투자에 대한 일반현황을 교육과학기술부와 한국과학기술기획평가원의 『2008 과학기술연구개발활동보고서』를 토대로 살펴보면, 연구개발조직은 수적으로 전국에서 차지하는 비율이 3.61%, 연구원 수는 전국대비 2.18%, 그리고 연구개발비는 전국대비 1.60%에 불과하다. 수도권의 경우 동일한 측면들이 전국대비 각각 56.13%, 61.20%, 58.94%임을 감안하면 인구의 차이를 감안하더라도 그 차이가 적지 않음을 짐작할 수 있다.

또한, 지역의 전반적 경제여건을 나타내는 지역총생산(GRDP) 측면에서 볼 때 대구지역이 매우 뒤떨어져 있음은 지역의 열악한 혁신역량과 무관하지 않을 것이다. 따라서 지역경제의 발전전략은 지역혁신역량의 강화를 통한 산업과 기업의 경쟁력 제고와 이에 바탕을 둔 생산성 제고에서 해결의 실마리를 찾아야 할 것으로 보인다.

스타기업 육성시책은 민선 4기(2006. 7. – 2010. 6.) 대구광역시장 핵심 공약사항의 하나인 '스타기업 100개 육성'에 따라 시발된 것이다. 지역경제 활성화를 위해 기술력과 성장가능성이 높은 지역 내 정예 유망기업을 스타기업으로 발굴하여 집중 지원함으로써 지역산업을 이끌어갈 수 있는 '선도기업군'을 육성하는 프로젝트이다. 여기서 스타기업이란 기술경쟁력과 학습능력을 갖추어 상당수준의 고용과 매출을 달성하면서 지역산업에 활력을 불어넣고 성장을 주도해 나갈, 작지만 강한 세계적 기업을 일컫는다. 이 프로젝트는 중소기업 위주의 취약한 지역산업구조혁신과 지역경제 활력회복의 전기마련을 위하여 지역 내 성장가능성이 높은 기업을 중심으로 선택과 집중을 통한 기업지원 시스템의 구축이 필요한 상황에서 대두된 것이다.

육성대상 산업은 특정 산업만을 대상으로 하지는 않았고 2007년 3월 처음 24개 업체를 선정한 이후 2010년 9월 말 현재 총 85개(이 중 1개 제외) 업체를 선정하고 있다. 선정 절차는 공모, 추천, 재무건전성 및 실사평가, 선정위원회 개최·선정, MOU 체결, 사업계획 수립 및 컨설팅 위원회 개최 순으로 이루어진다. 스타기업 선정을 위한 조사와 평가는 2년 이상 대구광역시에 소재한 연 매출액이 15억 원 이상인 기업을 대상으로 1단계에서 경영평가(35%), 기술 및 생산성(45%), 수출 유망성(20%) 등을 평가하고, 2단계에서 미래성장가능성(40%), 경영평가(30%), 고용창출효과(10%), 수출비중 및 수입대체효과(10%), 전후방연관효과 및 기타 기여도(10%) 등을 평가하여 최종 선정하게 된다.

2. 스타기업 육성 전략 및 프로세스 특징

스타기업 육성전략 및 프로세스의 특징은 추진체계, 지원전략, 지원내용, 그리고 전략적 프로세스 순으로 나누어 볼 수 있다.

스타기업 육성 추진체계를 보면 스타기업육성협의회, 육성전담기관장협의회, 실무소위원회, 육성전담 프로젝트 매니저(Project Manager: PM) 등으로 구성되어 있다(그림 9).

〈그림 9〉 스타기업 육성지원 추진체계
자료: 대구광역시 내부자료(2010)

'스타기업육성협의회'는 위원장(정무부 시장)을 포함하여 대구광역시, 시의회, 스타기업육성전담기관, 기업지원 유관기관 대표 등 30인 내외로 구성되어 있다. 그 기능은 지역 기업지원기관 간 총체적 협력을 통한 스타기업 육성 협의 및 각종 정보교류를 통한 역외 스타기업 유치방안 등의 모색이다. '육성전담기관장협의회'는 11개 기업지원 혁신기관장으로 구성되어 있으며, 스타기업 육성 진행상황을 점검하고 실행방안을 논의하는 기구이다. '스타기업육성실무소위원회'는 다양한 기업의 지원 수요에 대응하여 신속한 해결방안 모색과 사업비 집행에 대한 원활한 의사결정을 위한 기구로서 시, 사무국, 외부전문가로 구성된다. 위원장 포함 10인 이내로 구성하여 실시간으로 발생되는 기업의 애로사항을 심의·의결하는 기구이다. '육성전담 프로젝트 매니저(Project Manager: PM)'는 스타기업 육성전담기관의 역량 있는 직원으로 선정되어 있고, 스타기업과 혁신지원기관 사이에서 문제해결 중개자 역할을 한다. PM의 역할은 기업별 다양한 니즈(needs)의 정확한 도출, 니즈에 대응한 해결방안의 다각적 모색, 니즈에 부응한 지원범위의 일차적 판단, 외부 컨설팅 결과를 바탕으로 한 스타기업 육성로드맵 수립, 매월 스타기업의 동향 파악 등을 수행하는 것이다. '미니커뮤니티'는 육성전담기관별 PM과 실무자 모임으로서 스타기업 PM과 실무자의 원활한 정보교류, 네트워킹, 기업애로사항 해결방안 공동모색을 위한 것이다. 지원업무 추진의 효율성을 제고하기 위해 (재)대구테크노파크를 업무 간사기관으로 지정하여 사무국을 두어 운영하고 있다.

이러한 추진체계는 지역혁신체계상의 네트워크형 거버넌스 및 중개기능 활용을 강조하는 특징을 보여 주고 있다. 그리고 전술한 실행모형 중 'R&BD형 혁신지원기관 연계 거버넌스 모형'을 원용하여 구성한 것으로 볼 수 있다. 혁신지원기관 간 연계 거버넌스와 네트워크를 통한 협력 그리고 PM을 활용한 중개기능 등은 인터뷰 조사에서와 같이 지방정부·지원기관·기업의 실제 현장에서 비교적 명료하게 나타나고 있다.

> 스타기업 지원내용 중에서 네트워킹을 활용한 신기술 개발 및 사업화의 효과가 가장 높게 나타났으며, 구체적인 사례를 보면 '(주)보광'과 '섬유개발연구원' 간 수요예측, 기술개발, 마케팅까지 지원된 사례를 비롯하여 '(주)아바코'(H/W개발)와 '(주)쓰리비시스템'(S/W개발)을 '대구테크노파크'에서 연결한 신기술 개발 사례 등 다수가 있습니다. (S 과장, 대구광역시청)

> 스타기업 시책을 계기로 한국섬유개발연구원은 염색기술연구소와 상호 연계 협력하여 '슈퍼소재 융합제품 산업화 사업', '스트림 간 연계협력사업' 등을 추진하고 있으며, 또한 기술보증보험과 양해각서(MOU)를 체결하여 기술평가와 기술자문 부분을 상호협력하고 있습니다.
>
> (S 팀장, 한국섬유개발연구원)

> 기업지원 내용 중에서 당사에 가장 요긴했던 것은 직접적인 기술개발 자금 지원보다는 마케팅 및 네트워킹과 관련된 정책적인 지원이었습니다. 기업의 입장에서 보면 스타기업 지원 내용 중 기술개발 지원은 한정된 예산을 감안할 때 많이 부족할 수밖에 없는 부분이지만, 현실적인 대안으로 기업에 마케팅 지원 및 네트워킹 구축을 통한 지원은 다양한 기회를 제공받을 수 있어 매우 유용했습니다. 마케팅 지원 사업인 전시회 참가 지원은 당사의 기술력과 주력 제품을 소개할 수 있는 기회를 제공해 주었고, 특히 네트워킹의 경우 기업의 직접적인 접근이 어려운 분야에 대해 스타기업 담당 PM을 통한 간접적인 정보 및 경로 파악으로 기업이 보유하고 있는 기술의 적용

가능성을 확인할 수 있는 기회를 지속적으로 제공해 주었습니다[아바코(H/W개발)와 (주)쓰리비시스템(S/W개발)이 협력하여 신기술 개발].

(K 차장, (주)아바코)

스타기업 육성을 위한 전반적인 지원시스템은, 혁신지원기관들이 네트워크형 거버넌스 체제로 스타기업의 수요에 부응하여 지원내용을 패키지화하여 즉시 지원하되 지원기관 개별 프로그램을 연계 프로그램으로 활용하는 특징을 지닌다. 이것은 실질적으로 전술한 실행모형의 압축적 성격을 지닌 '밀착형 공동 R&BD 모형'을 활용한 것이라고 할 수 있다. 이러한 특징은 다른 정부기관·지원기관·기업의 인터뷰에서도 나타난다.

스타기업 시책의 전후를 비교할 때 크게 달라진 것 중 하나는 공무원들의 업무자세가 스타기업 시책 후 더욱 기업에 다가가는 업무방식으로 변화된 것입니다. 즉, 기업지원관련 업무를 유관기관에 위임하는 기존 방식에서 탈피하여 직접 기업현장에 가 보고 현장의 목소리를 들으려고 하는 변화된 모습이 인상적이었습니다. (J 주무관, 대구경북중소기업청)

육성전담기관의 지원업무에서 최우선으로 스타기업을 지원하고, 일반적으로 공문 통지보다 PM이 직접 찾아가서 사업설명을 하고 이해를 구하는 방식으로 바뀌었으며, 정부의 각종 R&D 지원사업에 대하여 육성전담기관이 우선 스타기업과 연계하여 사업을 추진하고 있습니다.

(S 팀장, 한국섬유개발연구원)

육성전담기관의 PM 및 스타기업사무국을 통해 적극적인 지원을 받았으며,

> 시청 관련 업무나 정보 활용 시에도 위탁지원이나 담당업무부처와의 협의가 필요할 때 그전과는 달리 사전협의가 가능했습니다. 육성전담기관인 대구기계부품연구원의 시험평가 및 기술지원 시 우선 지원업체로 선정되어 실행기간 단축 및 경비지원을 받았지요. PM은 스타기업을 전방위로 담당하는 컨설턴트 역할을 해 주었습니다. 기술지원면에서 설계 및 시험평가 지원을 받았으며, 직접 지원이 안 될 경우 지원 가능한 연구기관이나 대학을 소개받아 기계부품연구원, 계명대, 경북대 연계시스템이 구축되었습니다. 우리기업에 애로가 있을 때 시청 및 유관업체 등으로부터 필요한 정보를 제공받거나 공동으로 해결책을 모색하였는데, 예를 들면 성서5차산업단지에 신사업 부지를 마련할 수 있었지요. 또한 기업기술, 품질, 시스템 교육 필요시 교육 강사 및 공간을 지원받았으며, 워크샵을 위한 장비, 공간, 비용등도 지원받았습니다. 기업의 신제품개발을 위한 정부과제 수탁 시 위탁기관으로 참여하여 기술 및 사업에 대해 지원받았습니다.
>
> (J 차장, (주)진양오일씰)

스타기업을 지원하는 전략은 지금까지의 기업지원기관이 지원하는 방식과는 전혀 다른 방식을 취한다. 〈그림 10〉과 같이 기존 기업지원모형은 기업지원기관 A가 가용 가능한 예산과 다양한 지원프로그램 a, b, c, d를 이용하여 지역의 다양한 기업을 지원하게 된다. 이 경우 기업지원기관의 역량이나 상황에 따라 지역기업이 지원을 일방적으로 받게 됨으로써 지역기업 수요의 내용, 시기, 정도 등에서 제대로 부응하기가 어렵다. 하지만 스타기업 지원 전략모형은 기업의 R&BD 프로젝트 A에 초점을 맞추어 혁신지원기관들이 지원기능을 수행함으로써 지역기업의 수요의 내용, 시기, 정도 측면에서 부응성이 높게 나타날 수 있다.

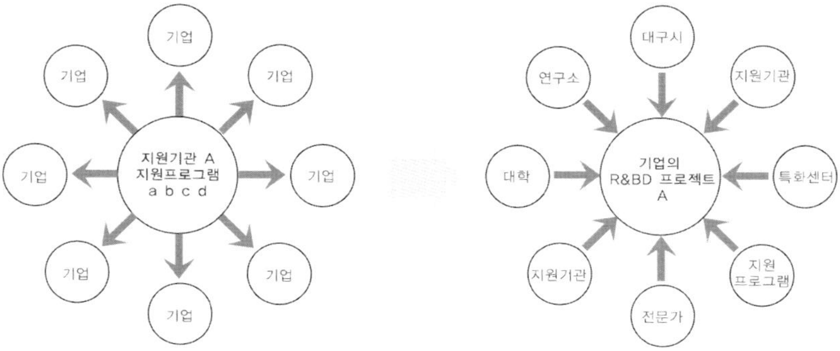

〈그림 10〉 기존 기업지원모형 대비 스타기업 지원전략 모형
자료: 대구광역시 내부자료(2006)

기존의 지원기관별 지원프로그램을 통한 독자적·자율적 지원방식은 지원의 중복성, 지원의 적실성 상실 내지 지원효과의 미약이라는 문제점을 드러내기 쉽다. 따라서 지원의 효과성을 극대화하기 위해서는 선택과 집중이라는 전략을 이용해 네트워크를 통한 구체적 프로젝트 중심으로 기업의 니즈에 맞추어 동시다발적으로 지원할 필요가 있다. 기업별로 PM을 지정하여 총괄 코디네이터 역할을 수행하고, 문제해결 위주의 네트워킹으로 산·학·연·관의 핵심역량을 집중적으로 투입하며, 혁신주체별 핵심역량을 극대화함으로써 혁신지원기관의 차별화, 전문화, 자립화 등을 유도하고자 하는 것이다. 이러한 지원방식의 유효성은 지방정부 및 기업 관계자들의 경험에서도 잘 나타난다.

> 스타기업 지원에서 가장 효과적인 접근은 공급자 중심의 기업지원기관별 칸막이식 지원방식에서 수요자 중심의 혁신주체별 핵심 역량을 기업에 실시간 패키지로 투입하는 방식으로 전환했다는 점을 들 수 있습니다. 특히 PM을 통하여 육성전담기관과 스타기업 간에 밀접한 관계를 구축할 수 있었으며 이것이 지원의 효율성을 높였다고 봅니다. 또한, PM과 기업 파트

너의 열정과 역량에 따른 R&D자금, 마케팅 등의 자금 수혜의 혜택이 매우 클 정도(A스타기업의 경우 50억 원 정도의 지원을 받음)로 그 관계성의 정도는 매우 중요하다고 봅니다. (K 주무관, 대구광역시청)

스타기업이 됨으로써 전담 PM을 통하여 기업에서 가장 필요로 하는 부분들에 대해 도움을 받을 수 있게 되어 효율적인 업무 진행을 할 수 있었고, 그로 인하여 다양한 사업으로 진출할 수 있게 되어 회사의 매출 증가로 이어졌으며, 다양한 지원 사업을 통하여 회사가 성장할 수 있는 발판을 마련할 수 있었습니다. PM은 기업을 가장 잘 도울 수 있는 핵심적인 중개자 및 기업의 동반자라고 생각합니다. 기업에 대해 가장 잘 알고 있는 전담기관 및 PM이 존재함으로써, 기업이 가장 필요로 하는 핵심 포인트를 찾아 기업이 필요로 하는 것을 상호협의를 통해 지원받을 수 있어서 효율적으로 성과를 올리는 데 큰 도움을 준다고 생각합니다. 당사의 경우, 2009년 '유해동물기피제' 제품 개발에 많은 부분 도움을 받았으며, 제품디자인 제작에 있어 경제적 부담을 미리 알고 전담기관 지원 사업에 관한 정보를 제공해주어 적은 비용으로 상품개발을 할 수 있었습니다. 또한 신제품(유해동물기피제) 출시에 스타기업 홍보지원을 받아 신규제품에 대해 많은 홍보를 할 수 있었으며, 스타기업 지원 사업을 통하여 해외 주요 국가에 PCT출원을 할 수 있게 되어 현지 바이어와 제품상담, 실질적인 판매 및 현지 홍보에 많은 도움이 되었습니다. (L 과장, (주)전진바이오팜)

스타기업에 대한 지원전략은 선택과 집중을 원칙으로 기업의 니즈에 맞춘 문제해결 위주의 네트워킹과, PM의 중개적 기능을 통한 산·학·연·관 핵심역량을 집중 투입하는 특성을 지니고 있는 것으로 판단된다. 이러한 전략은 전술한 실행모형 중 'R&BD형 프로세스 모형'이 상당부분 원용된 것으로 보인다.

스타기업에 대한 지원내용의 특징은 기술의 확보와 상용화를 중심으로 맨파워 확보, 생산, 마케팅 그리고 네트워킹을 강조하되 연계프로그램을 최대한 활용한다는 특징을 가지고 있다. 이러한 특징은 전술한 실행모형 중 'R&BD형 프로세스 모형'이 가지고 있는 특성을 포함하고 있다. 스타기업에 대하여 지원하는 내용은 크게 2가지로 나누어지는데, 하나는 스타기업 육성사업 자체 프로그램을 통한 지원이고, 다른 하나는 기존 기업지원프로그램의 연계지원이다. 여기서 중요한 것은 지방정부가 투입할 수 있는 재원의 한계 때문에 최소한의 자체재원을 투입하면서 효과를 극대화할 수 있는 방안의 강구인데, 그것은 중앙정부 차원에서 운영 중인 기존의 각종 기업지원 프로그램을 최대한 활용하는 것이다. 즉, 중앙정부를 포함한 각급 행정기관, 기업지원기관, R&D지원기관의 지원프로그램을 최대한 활용하고, 스타기업 육성사업비는 경쟁력 향상 등 효율성 있는 사업에 집중 지원하는 방식을 전략적으로 선택하는 것이다. 이러한 지원방식은 지방정부·지원기관·기업의 입장에서 모두 그 유효성을 인정받고 있다.

> 스타기업 지원방식이 가진 장점은 선택과 집중을 통해 강소기업을 육성하는 것으로써, 찾아가는 기업서비스와 기업지원기관의 네트워크를 활용하는 것입니다. 찾아가는 서비스를 전개하여 정부지원 사업을 적극 활용하게 됨으로써 기업의 욕구를 충족시키고 있습니다. (S 과장, 대구광역시청)

> 스타기업 육성사업의 예산액('07~'09년 13억 원, '10년 20억 원)으로 볼 때 연간 1개 스타기업에 지원되는 예산은 2~3천만 원 정도로, 지원보조금만

으로는 획기적인 기술개발이나 환경개선 등의 기업수요에 부응하기는 어렵다고 봅니다. 그러나 자치단체의 인증, 사업홍보에 따른 기업이미지 제고, 바이어에 대한 상대적 자신감 등 부수적 효과와 함께, 대외 신인도 제고에 따른 투자유치와 정부 R&D사업 유치 등 연계적 지원에 의한 상대적인 만족도가 큰 것으로 알고 있습니다. (J 사무관, 대구광역시청)

스타기업들은 대부분 R&D 연계협력부분을 많이 희망하고 있으며, 기술개발에 있어 육성전담기관이 보유하고 있는 인적인프라와 첨단설비인프라를 활용한 차별화 제품개발에 대한 지원을 바라고 있습니다. 그 예로 섬유개발연구원이 보유한 첨단방사설비를 활용한 Nylon 10데니아 수준의 세섬사를 방사하여 (주)보광에 공급하는데 (주)보광이 이 소재를 활용하여 바람막이, 다운재킷 등 아웃도어 제품의 초경량 고기능화를 실현, 제품경쟁력이 향상되고 있습니다. (S 팀장, 한국섬유개발연구원)

PM이 대구시와 스타기업 간의 교량역할을 헌신적으로 수행하여 큰 도움이 되었으며, 기업이 각종 지원을 받을 수 있도록 적극적인 업무 추진과 신제품의 신규시장 정보를 제공해 줌으로써 신제품의 매출증대에 기여했습니다.
(H 부장, (주)한국OSG)

스타기업을 육성하기 위하여 기업을 지원하는 전략적 프로세스는 혁신지원기관에 대한 육성책임 부여와 기업에 대한 연차별 평가를 통해 지원의 효과를 점검하는 환류기능이 강조된다. 혁신지원기관 중에 직접적으로 기업지원 기능을 수행하는 기관을 육성전담기관으로 지정하고 육성전담기관의 기관별 육성책임 목표를 부과한다. 또한 평가와 환류 기능을 도입하여 기업별 연차평가를 실시, 향후 지원방향에 반영하며 육성전담기관과 PM에 인센티브를 제공한다. 이러한 전반적인 과정을 도식화한 것이 〈그림 11〉이다.

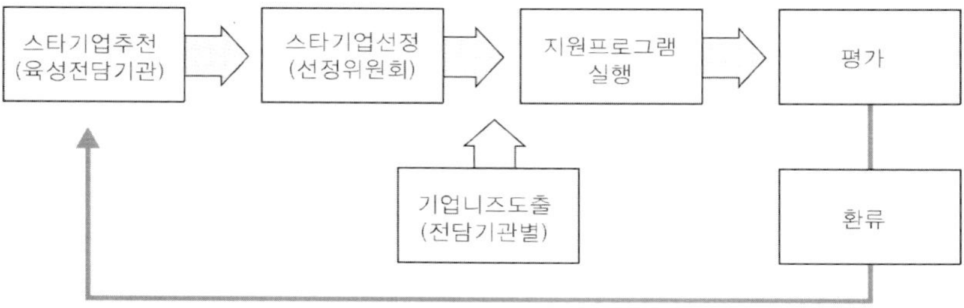

〈그림 11〉 스타기업 육성 프로세스
자료: 대구광역시 내부자료(2006)

3. 스타기업 육성 프로젝트 추진 성과

스타기업에 대한 프로젝트 추진의 성과는 정성적 성과와 정량적 성과로 나누어 파악할 수 있으나, 개별 기업의 상황과 여건이 매우 다양하고 복잡하기 때문에 성과가 나타나기까지 진행된 과정과 영향의 정도를 파악하기란 쉽지 않은 것이 사실이다. 다만 여기서는 스타기업에 대한 지원내용(input)을 바탕으로 생산의 프로세스에 끼친 영향을 추론하고, 정량적 성과평가는 짧은 경과기간과 직접적 영향 분석의 한계로 다른 기업의 성과와 비교해 본 상대적인 성과(output)로써 판단할 수밖에 없는 한계를 내포하고 있다. 이러한 점을 염두에 두면서, 성과에 영향을 미친 지원내용을 살펴보고 통계상에 나타난 스타기업의 매출과 고용을 중심으로 한 성장률을 살펴보기로 한다. 구체적인 과정은 사례로 제시된 인터뷰 자료에서 어느 정도 감지할 수 있을 것으로 판단된다.

〈표 8〉 스타기업 지원내용

구 분		지원내용	건수
자체 사업 추진 (2007 ~ 2009)	기술사업화	네일아트용 네일푸셔(Nail-Pusher)개발, 멀티미디어 인터넷 기기 디자인 개발 등	47건
	마케팅지원	2009 F/W제품 마케팅을 위한 매거진 광고 지원, 한의헬스케어 신사업 시장창출 방안 등	70건
	기업환경개선	경영 및 생산의 효율적 관리를 위한 컨설팅 지원, 'PCT/KR2008/002936'의 해외 각국 진입 등	33건
	인력양성지원	2009년 스타기업 실무자 및 PM 워크숍, 기업지원우수기관 및 시스템 교육 연수 등	32건
	홍보사업 및 네트워킹강화	스타기업 육성협의회 및 실무소위원회 추진, 수첩 및 브로슈어 제작, CEO 조찬 포럼 등	91건
	기타 지원	정부지원 사업 및 지원시책 안내, 스타기업 애로사항 해결 등	212건
	소 계		485건
연계 사업 추진 (2007 ~ 2009)	자금지원	대구시 특별경영안정자금, 중소기업진흥공단 시설자금 등	66건
	기술지원	맞춤형사업화연계지원사업, 차세대선도산업기술개발사업 등	296건
	홍보 및 마케팅지원	국제부품소재 산업전, 지역투자박람회, 대한민국 의료복지기기 전시회 지원 등	273건
	네트워킹지원	LCD TV납품 협력 추진, 신규아이템 개발, 기업정보 등 자료제공 등	93건
	컨설팅 및 교육지원	기술경영(MOT)전문가양성 교육, 기업부설 경영혁신 교육(TPS일본연수) 등	231건
	기타지원	CCC, TUV, NET 등 해외인증, 번역지원, ERP시스템 구축 등	260건
	소 계		1,219건
합 계			1,704건

자료: 대구광역시 내부자료(2010)

〈표 8〉에 제시되어 있는 바와 같이, 지원내용은 기술 확보 및 개발, 기술사업화, 마케팅, 기업 환경 개선, 인력양성, 홍보, 네트워킹, 자금, 컨설팅, 교육 등으로 구성되어 있다. 이것은 크게 자체사업과 연계사업으로 이루어져 있다.

정성적 성과로서 스타기업에 대한 직·간접적 지원을 통한 기업의 경영개선과 효율적 지원시스템 확보, 스타기업의 인지도 향상으로 스타기업 이미지

구축, PM을 통한 육성전담기관과 스타기업 간의 밀접한 관계 구축, 육성협의회를 비롯한 육성전담기관 · PM · 스타기업 CEO · 카운터파트너 · 컨설팅 및 평가기관 등의 네트워크 구축, 관련 네트워크 구축을 통한 스타기업 간 활발한 교류로 나타난 맞춤형 연계사업에 의한 시너지 효과 제고(예를 들면, 아바코와 쓰리비시스템) 등으로 나타났다(산업연구원, 2009). 이러한 성과의 파급효과로서 울산광역시, 경상북도, 성남시, 대전광역시 등 전국 주요 지방자치단체의 벤치마킹 대상이 되고 있다. 정성적인 성과를 좀 더 구체적으로 파악하기 위하여 '대구테크노파크 스타기업추진사무국'의 관계자와 인터뷰한 내용은 다음과 같다.

> 스타기업 프로젝트를 계기로 혁신지원기관을 포함한 지역의 기업지원 유관기관에 나타난 가장 큰 변화는 '소통'입니다. 그전에는 관련기관장들이 한자리에 모여 기업육성이라는 공동의 관심사를 가지고 이처럼 자주 깊이 있게 논의를 한 적이 없었습니다. 혁신지원기관 사이에 서로 관심이 없었을 뿐만 아니라 심지어 상호 간에 반목하는 갈등관계에 있기까지 했으니 상호협력은 엄두도 내기 어려운 상황이었지요. 특히 시장님을 비롯한 기관장님들이 스타기업 프로젝트에 깊이 관심을 가지게 되자 구성원들도 자연스럽게 적극적인 자세로 접근하게 되었고, 기관 간 네트워크도 자연스럽게 형성되어 갔습니다. 그중에서 'PM'제도는 탁월한 메커니즘을 만든 촉매역할을 했다고 봅니다. PM은 지원기관과 기업 사이를 친밀한 관계로 만든 핵심적 매개자라고 생각합니다. (B 팀장, 대구테크노파크 스타기업추진사무국)

정량적 성과(대구광역시 내부자료, 2010)면에서 괄목할 만한 것을 보면, 매출신장 2배 이상인 스타기업은 8개사(2007년 대비) — 아바코(480%), 전진

바이오팜(350%), 진양오일씰(296%), 덴티스(243%), 유지인트(215%), 캐프(146%), 세신정밀(119%), 에스제이이노테크(118%) — 로 나타났다. 또한, 중앙정부 R&D자금 유치가 43개사 220억 원에 이른다. 투자유치는 7개사 765억 원에 이르고, 기업상장 및 등록은 6개사(코스피 2개사, 코스닥 4개사)의 성과를 냈다. 특히, 스타기업 상호 간 공동기술개발 실적이 5건인 점은 주목할 만하다.

정량적 성과로서 스타기업 육성사업의 시작연도가 2007년이었음을 감안할 때 스타기업의 경영성과가 동 사업에 의한 것인지 다른 요인에 의한 것인지 분별하는 데는 기본적인 한계가 있으나, 1차(2007년) 선정 23개사, 2차(2008년) 선정 22개사, 3차(2009년) 선정 22개사 등 총 67개사의 매출액과 고용에서 나타난 성과를 보면, 2009년의 매출액은 2007년 대비 23.8%, 고용은 8.6% 증가한 것으로 추정되고 있다(〈표 9〉, 대구광역시, 2010).

〈표 9〉 스타기업 매출액 및 고용 현황

구분	2007년	2008년	2009년(예상)	증감(2007년 대비)
매출액	15,733	18,180	19,484(억 원)	23.8%
고용	7,086	7,272	7,693(명)	8.6%

자료: 대구광역시 내부자료(2010)

이 중에서 1차(2007년) 선정기업은 23개사(당초 24개사에서 1개 제외)로서, 전년 대비 2007년도에 매출액 -0.9%, 고용 0.3%, 2008년도에 매출액 9.6%, 고용 -2.2%, 2009년도에 매출액 5.2%, 고용 0.7% 증가한 것으로 추정된다. 2차(2008년) 선정기업은 22개사로서, 전년 대비 2007년도에 매출액 7.5%, 고용 -4.5%, 2008년도에 매출액 15.0%, 고용 8.6%, 2009년도에 매출액 9.7%, 고용 8.7% 증가한 것으로 추정된다. 3차(2009년) 선정기업은

22개사로서, 전년 대비 2007년도에 매출액 0.9%, 고용 7.4%, 2008년도에 매출액 29.6%, 고용 7.0%, 2009년도에 매출액 8.5%, 고용 13.3% 증가한 것으로 추정된다.

〈표 10〉은 산업연구원(2009)이 한국신용평가정보에서 제공하는 자료를 재정리한 것으로 제조업(KSIC-9 기준 15-33) 상장기업들의 성과이며, 2007년에 비해 2008년 대구의 상장기업들이 전국평균과 비교할 때 상대적으로 기업의 성과가 좋은 것으로 나타났다. 스타기업들은 대부분 기업공개를 하지 않은 비교적 소규모 기업들이지만, 대구시의 동종 산업 상장기업들의 성과와 비교하여도 상당한 수준으로 근접하고 있다. 특히 2008년 선정된 스타기업들의 고용 증가폭(8.6%)은 오히려 상장기업들의 고용 증가폭(5.5%)보다 크며, 앞으로 스타기업들이 잘 육성된다면 대구의 경제 활성화에도 커다란 기여를 할 것으로 평가된다. 그런데 이러한 정량적 평가는 향후 어느 정도 시간이 지난 시점에서야 각 분야별 평균에 비해 어느 정도의 수준인지, 그리고 기업들의 성과에 대한 스타기업 육성시책의 직접적인 영향이 어떠한지에 대한 분석자료로 보다 유용할 것이다(산업연구원, 2009).

〈표 10〉 상장기업 성과(성장률)

전 국	2007년	2008년	대 구	2007년	2008년
매 출 액	13.4%	27.6%	매 출 액	7.7%	31.5%
영업이익	21.4%	29.2%	영업이익	1.3%	145.3%
고용	2.2%	1.1%	고용	-1.2%	5.5%

자료: 산업연구원(2010), 대구시 스타기업 육성사업 효율화를 위한 발전방안, p. 32.

4. 스타기업 육성 프로젝트의 특징

‘대구 스타기업 육성 프로젝트’는 앞에서 탐색한 세 가지 유형의 기업지원 실행모형을 통합적으로 적용하여 지방정부 차원에서 처음으로 수립한 전략적 시책으로서 그 효과성이 인정되어 다른 지방정부로 전파 중에 있기 때문에 직접적인 비교대상은 없는 실정이다. 따라서 산업연구원(2009년)의 평가를 중심으로 그 특징을 살펴보면 다음과 같다.

첫째, 기존 기업지원 사업과 차별화되고 효율성을 가진 사업이다. 스타기업 육성사업은 PM이 기업의 수요에 적극적으로 대응하면서 정부지원시책, 각종 연구기관, 민간투자까지도 연계 지원하고 사후 관리까지 하는 새로운 기업지원시스템이다. 둘째, 기업지원 연계프로그램을 활용하여 소액의 지방정부 예산으로 기업지원효과를 극대화한 사업(13억 원 예산→180억 원 효과)이다. 셋째, 국비 반영으로 사업을 전국적으로 파급할 필요성이 인정되는 사업이다.

모형적용성과 정책적 시사점

사례분석결과 대구스타기업 육성 프로젝트는 가시적인 성과가 상당부분 나타나고 있는 것으로 보인다. 하지만 특정 기업육성프로젝트가 개별 사례로 한정되지 않고 여타 지역에도 활용되기 위해서는 모형적용성이 중요하다. 따라서 여기서는 몇 가지 기본적인 기준들을 적용하여 모형 적용성을 검토하고, 관련 정책적 시사점도 함께 도출한다.

1. 기업지원 실행모형의 적용성

'스타기업 육성시책'의 틀은 전반적으로 기업지원 실행모형으로서 R&BD형 혁신지원기관 연계 거버넌스 모형, R&BD형 프로세스 모형, 그리고 밀착형 공동 R&BD 모형 등을 포괄적으로 적용하였음을 알 수 있다. 실행모형이 수요자에게 쉽게 받아들여지고, 실천되며, 목표달성에 기여하기 위해서는 모형의 단순성(simplicity), 실천성(practicability), 그리고 효과성(effectiveness)이 입증될 필요가 있다. 물론 이 세 가지 지향가치가 완전히 따로따로 별개로 존재하는 것은 아니다.

'R&BD형 혁신지원기관 연계 거버넌스 모형'에서 두드러지듯이, 지역에서 기관들이 흩어진 상태에서 독자적으로 기업지원을 하던 것이 스타기업육성시책의 틀 안에서 공동의 목표를 지향하면서 비교적 용이하게 거버넌스를 형성할 수 있었다는 것을 알 수 있다. 거버넌스의 중심에는 지방정부가 있지만 사업추진과 관련해서는 전담기관별 독자성과 연계성이 나타나고 있다. 실행모형상의 R&BD 기관으로서의 총괄적 기능은 R&D를 바탕으로 기업지원의 종합적 기능을 수행하는 기관이 적합하며 테크노파크 같은 조직체가 그 대안이 될 수 있을 것으로 보인다.

R&BD형 혁신지원기관 연계 거버넌스 모형은 기업지원 또는 기업육성 프로젝트를 추진할 때 추진 시스템을 네트워크형 거버넌스 방식으로 접근하기 때문에 지원기관 간 협력유도가 비교적 용이하고, 결과적으로 시책의 효과성(매출증대 및 고용창출) 제고에 유용할 것으로 판단된다. 그리고 R&BD형 혁신지원기관 연계 거버넌스 모형은 현재의 기관별 지원방식을 네트워크 형태로 엮어 가는 것이기 때문에 그다지 난해한 접근이 아니다. 다만 네트워크 거버넌스 형성과정에서 지방정부의 역할이 중요하므로 지방정부의 리더십

확보는 필요할 것이다. 리더십의 중요성은 다음의 실제 경험에서도 잘 드러나 있다.

> 스타기업 육성시책 전에는 '기업지원기관협의회' 등과 같이 10여 개 기관(대구시, 중기청, 신용보증기금, 대구은행, 한국은행, 무역협회 등)의 담당자들이 모여 각 기관의 지원시책 소개 및 지원업무를 공유하기는 했으나, 지원범위와 기관의 성격상 지원정보에 대한 공유 및 협조가 신속하고 원활하게 진행되지 못하는 단점이 있었고, 협력 사업에 대한 예산부족으로 모임이 잘 이루어지질 않았습니다. 그러나 스타기업 육성시책을 계기로 대구시의 강력한 의지(시장님 공약사항)와 시의회의 지원을 받아 육성전담기관협의회 등을 구성하여 현재는 스타기업육성에 각 기관들의 협조 등이 잘 이루어지고 있습니다. (B 과장, 대구테크노파크 기업지원단)

'R&BD형 프로세스 모형'을 적용한 결과, 선정된 스타기업에 대하여 육성전담기관의 PM이 중심이 되어 서비스 믹스를 통해 지원내용이 구성되고 문제해결 위주의 혁신네트워크가 형성되어 지원이 이루어진 것은 기본적으로 이러한 모형의 높은 적용성을 보여 주는 것으로 보인다. 문제해결 위주의 접근과 네트워크를 바탕으로 R&BD의 활성화 및 혁신네트워크를 지향하고 있는 것이다. R&BD형 프로세스 모형은 한정된 자원의 '서비스 믹스'를 통해 필요한 자원의 효율적 투입을 강조하는 접근방식이므로 효과성이 높게 나타날 수 있다. 또한, R&BD형 프로세스 모형과 '밀착형 공동 R&BD 모형'의 경우 복잡한 형식을 취하는 것처럼 보이나 'PM'이 중심이 되므로 매우 단순한 접근방식이기도 하다. 그리고 PM을 이용한 수요자 입장 반영 및 소통의 원활화, 그리고 기존 조직의 인력과 지원프로그램의 활용 등으로 실천성이 높게 나타날 수 있다. 다만 PM의 역할비중 확대로 양질의 PM 인적자원 확보와 훈련은 과제로 남아 있게 된다. PM을 이용함으로써 수요기업의 니즈에 부응하는 자원이용의 효율화가 훨씬 용이해짐은 기업지원기관의 입장에서도 분명하게 느끼고 있음을 알 수 있다.

> 스타기업 육성 시책은 육성전담기관과 기업이 파트너십 관계를 맺고 기업의 문제해결을 위한 육성전담기관별 담당 PM제도를 도입하여 추진하는 특징을 가지고 있습니다. 스타기업 PM은 기업의 다양한 니즈를 정확히 도출하여 이에 따른 해결 방안을 모색하고 있습니다. 사업의 성과 및 목표달성을 위한 첫걸음은 육성전담기관(PM 포함)과 스타기업의 눈높이를 맞추는 소통을 위한 라인(line) 구축이라고 생각되며, 우선 기업의 니즈를 분석하고 전담기관의 역할을 정확히 전달할 수 있는 소통이 중요하다고 봅니다. 정부예산이나 전담기관의 물적 및 인적 자원을 통한 직접적 지원보다는 PM제도를 적극 활용하여 국내 다양한 기업지원기관의 지원혜택을 받을 수 있도록 하는 것이 더 큰 성과를 거둘 수 있다고 봅니다. 따라서 전담기관 및 PM의 인센티브 제도를 확대하여 활발한 사업추진을 할 수 있도록 보장해 주는 것이 중요하다고 생각합니다. (C 팀장, (재)대구기계부품연구원)

'밀착형 공동 R&BD 모형'을 적용한 결과, PM을 중개자로 하여 기업의 니즈(needs)가 파악될 뿐만 아니라 곧바로 지원시스템이 작동되고 문제해결을 위한 수단들이 집중적으로 투입될 수 있다. 따라서 모형의 효과성이 높을 것으로 보인다. PM에 대한 기업들의 반응이 대체로 만족하는 것으로 나타난 것을 보면 기업의 니즈에 대응하는 지원내용이 대체로 충실하고 신속한 것으로 판단된다. 특히, 스타기업육성 시책이 본질적으로 선택과 집중 방식을 적용함으로써 지원효과의 극대화를 가져온 것으로 보인다. 본 모형은 기업의 현장 니즈에 따른 자원의 '선택과 집중' 투입으로서 니즈에 즉시 대응하는 실시간적 접근이므로 그 효과성은 더 높아질 수 있는 것이다. 그리고 본 모형은 'PM'이 일차적으로 니즈 파악과 대응책을 강구하므로 모든 사람이 프로세스를 이해할 필요는 적으며, 따라서 접근방식이 비교적 단순하다. 아울러 본 모형은 기존 제도적 틀을 벗어나지 않고 다만 접근방법에서 기업 현장에서 문제점을 파악하고 대응해야 하는 것이기 때문에, 지원제도에 대한 종합적 이해와 식견을 가진 PM의 확보가 필요하지만 실천성은 비교적 높게 나타날 수 있다. PM을 통해서 기업과의 소통과 밀착형 교류 그리고 성과향상에 기여할 뿐만 아니라 지원기관의 역량제고에도 도움이 됨을 알 수 있다.

> 스타기업의 실무자 및 육성전담기관 PM 간의 원활한 네트워킹을 위한 정기적인 커뮤니티 행사가 개최됨으로써 상호 정보교환 및 소통이 원활하게 이루어지고 있습니다. 일부 육성전담기관 PM들은 기관의 중요한 프로젝트로 인해 타 기관 방문에 어려움이 있었으나, 정기적인 커뮤니티 모임 등을 통하여 지원정보 공유 및 타 기관 담당자와의 친교관계를 맺고 있습니다.
>
> (B 과장, 대구테크노파크 기업지원단)

> 전담기관 입장에서 스타기업 시책으로 인해 업무 내용 및 방식에서 달라진 점이라면, 다양한 기업지원 방식에 대한 노하우의 습득을 통하여 기업지원 활동에 실질적으로 많은 도움이 되고 있다는 사실을 들 수 있습니다.
>
> (J 팀장, 한국염색기술연구소)

2. 정책적 시사점

본 논의의 목적은 기업지원의 전략적 실행모형 모색이다. 따라서 단순성, 실천성, 효과성 측면에서 모형 적용성을 검토해 보았다. 모형적용성은 기본적으로 연계 거버넌스 네트워크 구조형성, PM 활용을 통한 탄력성과 적시성 그리고 대응성 형태의 중개역할 활성화, 그리고 한정된 인적·물적 자원의 집약적 활용을 위한 전략적 선택역량제고를 통해 구체화되고 있다. 따라서 여기서는 정책적 시사점으로 네트워크 구조 측면, 중개형 매체 측면, 그리고 전략적 선택 측면을 검토한다.

(1) 네트워크 구조

기업육성 시책에 지방정부가 적극적 조정자로서의 역할을 통해 혁신지원기관들과 네트워크형 거버넌스를 구축하는 것은 정책의 실효성 담보 차원에서 매우 중요하다. R&BD형 혁신지원기관 연계 거버넌스 모형을 원용한 스타기업 육성추진체계를 보면, 시책에 참가하는 주체는 지역에 소재하는 산·학·연·관 혁신지원기관과 기업지원 관련 기관·단체를 대부분 포함하고 있다. 다만 이러한 다수의 독립적 주체들이 어떻게 공동의 목표를 설정하고 동기를 유발시키면서 조직적으로 참여하도록 메커니즘을 확립할 것인가 하는 것이 과제이다. 스타기업 육성 프로젝트는 혁신지원기관에 예산을 투입하는 주체의 하나인 지방정부가 주도적으로 중재와 조정자로서의 역할을 함과 동시에, 탄력적이고 유연한 추진을 위해 '대구테크노파크'를 간사기관으로 지정하여 추진상의 각종 애로점을 최소화하면서 거버넌스 구축을 무리 없이 확보할 수 있었던 것으로 보인다.

또한 실질적인 협력의 바탕에는 기업지원 주체들 간의 네트워크가 자리하고 있다. 지역전략산업을 중심으로 형성된 다양한 혁신지원기관들을 동일한 목표 아래 협력할 수 있도록 네트워크를 구축함으로써 혁신 주체들 간의 정보와 노하우를 공유하는 것이 가능하다. 특히 네트워크 구조 형성과정 초기에는 지역의 중심적 기관인 지방정부가 네트워크의 형성에 있어 주도적인 역할을 하게 될 것으로 보인다(박종화·Han Sun Sheng, 2001: 7-8). 이것은 독립성이 강한 각종 지원기관들이 중앙정부의 정책과 예산의 중개자로서 역할을 수행하도록 하고, 지방정부가 지역혁신의 최종적인 책임자이자 행동역량을 갖춘 실체로서 네트워크를 구축하는 이점을 잘 활용한 것으로 매우 유용한 접근으로 보여진다. 이 점은 기업지원기관의 경험에도 잘 드러나 있다.

> 스타기업 육성 시책 시행 전과 비교할 때 기업지원기관 간 네트워크가 잘 이루어진 것은 스타기업 육성협의회가 대구광역시청 및 시의회, 중소기업청 등 대구시 기업지원기관 30여 개의 대표로 구성되어 있어 스타기업 시책을 공유하고 전담기관의 스타기업 지원을 원활히 할 수 있도록 네트워크 형태로 구성했으며, 이러한 스타기업 육성협의회 구성을 통하여 스타기업 시책을 공감토록 하고 실행에 옮기도록 했기 때문이라 봅니다. 예를 들면, 대구기계부품연구원은 연구개발 및 시험평가 지원을 주로 지원하지만 스타기업에서 제품의 디자인 지원을 원하면 디자인센터와 연결하여 지원을 받을 수 있도록 하고 있습니다. (C 팀장, (재)대구기계부품연구원)

(2) 중개형 매체

R&BD형 프로세스 모형과 밀착형 공공 R&BD 모형을 적용한, 스타기업 육성시책의 성패를 좌우할 정도의 핵심적 역할을 하는 실질적 중개자로 프로젝트매니저(PM)를 들 수 있다. 따라서 기업지원 시책의 추진 시초부터 PM의

중요성을 깊이 인식할 필요가 있다. 스타기업 육성 시책에서는 PM은 육성전담기관에서 분담하여 선발하되 스타기업의 업종과 가장 관련이 깊은 혁신지원기관의 역량 있는 실무자로 선정하는 것을 원칙으로 하고 있다. 하지만 대개 인적자원의 한계 때문에 애로에 봉착할 수 있는 부분으로 보여진다. 육성전담기관은 PM 활동을 통하여 최일선에서 기업의 애로사항을 파악하여 대처하게 된다. 이와 같은 관계는 PM 자신의 역량을 증대시킬 뿐만 아니라 혁신지원기관인 육성전담기관의 역량을 확대시킬 수 있는 계기가 되기 때문에 상호 도움이 될 수 있다. PM 제도의 유효성은 지원기관의 실제 경험에서도 잘 나타나고 있다.

> 육성전담기관은 스타기업에 대한 육성 및 발전을 우선순위에 두고 사업을 진행하고 있어 기업의 실무담당자와 PM의 소통이 원활히 이루어질 수 있는 분위기를 만들었습니다. PM은 육성전담기관 실무담당자로서 소속기관 본연의 업무를 맡아 진행하면서 별도의 추가적 PM업무를 맡는 것으로 시작하여 어려움이 있었으나, 일정기간이 지난 후에는 스타기업에 대한 현황파악은 물론 관련 산업의 현황파악도 가능하여 다른 지원 사업을 추진하는 데도 많은 도움이 되고 있습니다. 또한, 스타기업에서 요청하는 지원내용 및 육성을 위한 방안 연구를 통하여 지역뿐만 아니라 정부의 R&D 지원 사업 연계도 할 수 있게 됨으로써 PM들의 개인적 역량강화에도 크게 도움이 되고 있습니다. (B 과장, 대구테크노파크 기업지원단)

(3) 전략적 선택

한정된 인적·물적 자원의 제약성은 거의 모든 지원정책에서 보편적으로 나타나는 현상이다. 이와 같은 자원의 제약성은 선택과 집중이라는 자원의 집약적 활용을 통해서 극복될 수 있다. 밀착형 공동 R&BD 모형에서 분명하게 드러나는 것처럼, 관련 예산의 적절한 선택·조정과 시의적절한 집행을 통한 재원의 효율적 배분을 추구하는 것이 가능하다. 스타기업 육성시책에서는 투입할 재원의 한계를 극복하기 위하여 다른 기업지원 프로그램을 효율적으로 접목시키고 있다. 따라서 비교적 적은 기본 예산으로 실질적으로 투입되는 예산은 증가시키는 투입예산의 '선택과 확장형 집중'을 기할 수 있어, 예산의 분산적 지원에 따른 문제점을 해결할 수 있는 가능성을 찾을 수 있다. 이러한 점은 지원기관 관계자가 현장에서 경험하고 있는 바에서도 잘 나타나고 있다.

> 육성전담기관의 지원자원은 한계성을 가지고 있으나, PM들이 지역의 모든 육성전담기관뿐만 아니라 중앙정부의 지원시책 및 전문가 등과 연계하여 지원함으로써 스타기업으로 선정된 기업들은 이전과는 다르게 빠른 지원정보 확보, 자료작성 및 전문가 연계 등으로 각종 필요한 지원을 받아 사업을 확장시키고 있습니다. (B 과장, 대구테크노파크 기업지원단)

국토균형발전과 지역경쟁력 강화 전략 중의 하나가 지역혁신체계를 활용한 내생적 균형발전 전략이다. 지역혁신체계의 핵심은 혁신주체들의 네트워크를 통해 혁신 시너지를 극대화시킴으로써 지역혁신역량을 배양하여 지역발전을 도모하는 것이다. 따라서 지역혁신체계에서 가장 비중을 두고 다루어지는 것은 산·학·연·관의 협력체계를 통해 기술의 혁신과 이를 바탕으로 한 기업의 글로벌 경쟁력 제고로 지역경제의 발전을 기하는 것이다.

그동안 기업지원의 방식에서 나타난 문제점에 대한 대책으로는 혁신주체들의 상호연계성 강화 필요성, 수요자 중심의 기업지원서비스 제공, 기업지원

서비스의 다양화·전문화·차별화, 중소기업정책의 선택과 집중 전략 필요성, 기업지원기관 네트워크 구축, 지역혁신체계상 지역중개모형의 적용가능성 등이 제시되었다. 그러나 이러한 대책들은 대체로 규범적이고 개괄적인 수준에 머물러 있는 한계를 보이고 있어서 구체적인 실행모형의 개발이 필요하다.

본 논의는 지역혁신체계상의 실행모형을 탐색한 다음 이러한 모형을 실제로 적용한 사례와 인터뷰 조사를 바탕으로 'R&BD형 혁신지원기관 연계 거버넌스 모형', 'R&BD형 프로세스 모형', 그리고 '밀착형 공동 R&BD 모형' 등의 실행모형으로서의 정립가능성을 모색하였다. 분석의 결과 본 기업지원 실행모형을 적용하여 실행한 '스타기업육성 시책'은 매출액 및 고용증가, 중앙정부 R&D 자금유치, 외부투자 유치, 기업상장 및 등록, 그리고 공동기술개발 실적 등의 측면에서 상당한 성과를 거둔 것으로 잠정적 평가를 할 수 있었다.

또한 본 실행모형의 적용성과 확산가능성에 대해 단순성, 실천성, 그리고 효과성 등의 측면에서의 사례분석 결과 상당부분 적실성이 있는 것으로 나타났다. 그리고 분석사례에서의 모형적용성은 네트워크 구조형성, PM 활용을 통한 중개역할 활성화, 그리고 한정된 자원의 전략적 선택 형태로 구체화되고 있다. 따라서 관련 사안에 대한 정책적 노력을 통해 본 모형을 확대하여 적용할 수 있는 가능성을 발견한 것으로 판단된다.

| 참고문헌 |

강병주. (2004). 「기업지원기관을 위한 지역혁신체제(RIS) 구축에 관한 연구」. 『국토계획』, 39(7): 193-210.

권영섭. (2001). 「기업의 혁신 행태를 통해 본 지역혁신체제 실증분석 - 대구 섬유산업과 구미 전자산업을 중심으로」. 『지역연구』, 17(1): 69-90.

김미나. (2006). 「지방정부 주도적 연구개발지원 산업의 구조와 성과: Y 지방의 지역 협력연구센터(RRC) 사례를 중심으로」. 『행정논총』, 44(1): 305-327.

김선배. (2001). 「지역혁신체제 구축을 위한 산업정책 모형」. 『지역연구』, 17(2): 79-97.

김영철 역. (2001). 『경영학 100년의 사상』. 서울: 일빛.

김종일. (2006). 『한국경제의 구조변화와 중소기업』. 서울: 중소기업연구원.

대구광역시. (2009). 『시정백서』.

박삼옥·남기범. (2000). 「중소기업 육성을 위한 지역혁신체계 및 산업지구 개발방향」. 『국토계획』, 35(3): 121-140.

박종화·Han Sun Sheng. (2001a). 「테크노파크 활성화 과정에서 지방정부의 역할과 한계」. 『한국행정논집』, 13(1): 179-202.

박종화·김창수. (2001b). 「지역경제활성화 과정에서 산-학-관 협력의 쟁점」. 『한국행정논집』, 13(4): 977-997.

박종화. (2003). 지식기반산업의 입지. 『한국행정논집』, 15(3): 709-728.

박종화·윤대식·이종열. (2004). 『지역개발론』. 서울: 박영사.

산업연구원. (2009). 「대구시 스타기업 육성사업 효율화를 위한 발전방안」.

성준호·김선배. (2002). 「우리나라 기업지원서비스의 유형과 활성화 방안」. 『대한지리학지』, 37(5): 465-479.

이성근·박상철·이관률. (2006). 「지역전략산업의 육성과 지역혁신체제의 구축」. 『한국행정논집』, 18(1): 205-231.

이철우. (2004). 「신산업환경과 지역혁신체계. 윤대식(엮음)」, 『지역발전과 지역혁신』, 186-202. 경산: 영남대학교 출판부.

한세억. (2004). 「지식기반 지역혁신시스템의 탐색과 실천」. 『한국행정연구』, 13(2): 210-241.

홍형득. (2006). 「과학기술정보 및 지식의 생산과 흐름분석을 위한 네트워크 분석: 바이오 안전성 관련정보의 하이퍼링크를 중심으로」. 『한국행정학보』, 40(1): 199-223.

Asheim, B. and P. Cooke. (1999). Local learning and interactive innovation networks in a global economy. In E. Malecki and P. Oinas (eds.) *Making Connections: Technological Learning and Regional Economic Change*.

Aldershot: Ashgate.

Cooke, P. and K. Morgan. (1993). The Network Paradigm: new departures in corporate and regional development. *Environment and Planning D: Society and Space*, 11: 543-64.

Czamanski, S. (1973). *Regional and Interregional Local Accounting*. Lexington, Mass.: Lexington Book.

De La Mothe, J. and G. Paquet. (1998). *Local and Regional Systems of Innovation*. London: Kluwer Academic Publishers.

Edquist, C. (1997). *Systems of Innovation: Technologies, Institutions, and Organizations*. London: Pinter.

Freeman, C. (1987). *Technology Policy and Economic Performance: Lessons from Japan*. London: Pinter.

List, F. (1905). *The National System of Political Economy*. (English Edition). London: Longman.

Lundvall, B. (1992). *National Systems of Innovation: Towards a Theory of Innovation and Interactive Learning*. London: Pinter.

Nelson, R. R. (1993). *National Innovation Systems: A Comparative Analysis*. Oxford: Oxford University Press.

Porter, M. E. (1998). Clusters and the New Economics of Competition. *Harvard Business Review*, Nov-Dec: 77-90.

Porter, M. E. (2000). Location, Competition, and Economic Development: Local Clusters in Global Economy. *Economic Development Quarterly*, 14(1): 15-34.

제5장 · 도시문화산업의 경쟁력

문화는 주로 정신적인 가치를 창조하는 활동으로 여겨졌기 때문에 전통적인 산업의 영역에서는 배제되어 있었다. 그러나 최근 소득수준의 증가와 더불어 삶의 질을 중시하는 소비패턴으로 인하여 문화에 대한 관심이나 수요가 증가하면서, 문화를 소비하는 계층이 증가하고 또한 그 수준이 높아짐에 따라 문화가 산업의 한 영역으로 부각되고 있다. 한편 세계경제의 패러다임은 대량생산과 대량소비로 특징되던 포디즘(Fordism)에서 유연적인 생산방식이 강조되는 지식기반경제로 이행하고 있다. 이러한 지식기반경제 하에서는 인간의 지식이나 창의성이 무엇보다 중요한 부가가치 창출의 요소로 인식되며, 특히 문화예술은 지식이나 창의성의 원천이 되는 것으로 알려져 있다.

문화산업은 인간의 지식이나 창의성을 바탕으로 하여 소비자의 수요변화에 민감하게 반응해야 하는 전형적인 유연생산형태의 산업이다. 문화산업은 세계경제의 환경변화에 민감하게 반응하는 산업인 동시에 국가나 도시의 이미지 제고 및 도시개발, 그리고 도시경제 활성화 등에 중요한 기여를 할 수 있다는 인식이 확산되고 있다.

문화는 사회구성원의 규범이나 생활양식이 총체적으로 표출되는 것이기 때문에 주로 많은 사람들이 밀집해 있는 도시를 중심으로 발달하게 된다. 따라서 도시문화는 한편으로는 도시의 삶의 질로 나타날 수 있고, 또 다른 한편으로는 해당 도시의 경쟁력으로 나타날 수 있다. 산업의 지속적인 성장여부는 그 산업의 경쟁력에 의존하게 되는데 도시문화산업의 경우에도 예외가 될 수 없다. 따라서 도시문화산업의 경쟁력이 어떤 요인에 의해서 결정되는가 하는 논의는 중요하다. 특히 도시문화산업은 전통적인 산업과는 다른 특성들을 가지고 있기 때문에 그 자체의 경쟁력 결정요인이 더욱더 의미가 있다고 볼 수 있다.

따라서 여기서는 도시문화산업의 경쟁력 결정요인을 분석하기 위하여 관련 문헌연구 및 전문가 설문조사 방식을 택한다. 관련 문헌연구를 통하여 분석항목을 도출하고, 분석적 계층화(AHP: Analytic Hierarchy Process) 기법을 적용하여 결정요인들의 상대적 중요성을 평가한다. 그리고 도시문화산업의 경쟁력 결정요인에 관한 분석결과를 바탕으로 향후 도시문화산업발전에 대한 정책적 함의를 도출한다.

도시문화산업에 대한 국가적·지역적 관심이 증가하면서 최근 관련 연구가 활발하게 이루어지고 있다. 한국문화콘텐츠진흥원(2004)은 한·중·일 문화콘텐츠산업의 경쟁력을 인적자원을 강조한 9-factor 모델을 이용하여 분석한 후 문화산업의 발전전략을 제안하고 있다. 유재윤 등(2000)은 도시문화산업이 지역 간 불균형 해소의 계기가 된다는 전제 아래 도시문화산업에 대한 장소적 접근은 도시 마케팅적 접근방법을 필요로 하며, 도시문화산업의 육성방안으로 상품성의 발굴 및 특화, 추진체계의 구축, 상품화, 그리고 마케팅 등을 들고 있다. 권오혁·김홍석(2000)의 연구에서는 문화산업에 대한 논의 및 관련이론과 외국의 사례분석을 통해 문화산업 육성을 위한 문화산업지구의 필요성을 언급하고 있다.

또한 윤용중 등(2001)은 지방 첨단문화산업단지 조성정책을 중심으로 하여 입지측면, 정책 및 제도적 측면, 경제적 측면에서 지역별 문화산업 육성정책을 비교연구하고 있다. 임학순(2004)은 지역문화산업 클러스터의 효과적인 조성을 위해 평가지표체계의 개발을 시도하고 있다. 구문모(2000; 2001)는 문화산업의 구분 및 가치사슬 단계별 발전방안 제시, 그리고 문화산업 클러스터 조성에 관한 정부의 역할 정립 및 지방차원의 정책개선 방안을 제시하고 있다. 임경수(2002)는 수도권 도시들의 문화산업에 대한 육성 방안을 안양시를 사례로 들어 검토하고 문제점 및 대응방안을 제시하고 있다.

국외연구로서 Hesmondhalgh(2002)와 Wynne(1992)은 문화산업에 대한 개괄적인 분석을 통해 문화산업의 특성 및 발전방향을 제시하고 있다. Santagata(2002)는 문화산업지구의 재산권적 측면과 지역의 경제성장 과정에서의 중요성을 지적하고 있다. Scott(2000; 2004)와 Throsby(2001)는 경제적인 측면에서 문화와 문화산업을 분석하고 문화산업의 중요성을 강조하고 있다. 그 외 Liberman and Esgate(2002)는 문화산업에서 마케팅 요소의 중요성을 지적하고 있고, Pilon and DeBresson(2003)은 지역혁신네트워크 측면에서 지역문화의 의미와 그 역할을 분석하고 있다.

문화산업을 비롯한 도시문화산업에 대한 선행연구는 대체로 문화산업의 발전방안 내지 도시발전에 대한 그 잠재력 분석에 관한 내용이 대부분이다. 그런데 정작 보다 기본적인 도시문화산업의 경쟁력이 어떤 요인에 의해 결정되는가에 관한 실증적인 연구는 제한되어 있는 것으로 보인다. 어떤 산업이든지 간에 그 산업의 경쟁력을 결정하는 요인에 관한 분석이 제대로 이루어져야 실천성이 있는 산업의 발전방안이 도출될 수 있을 것이다. 그러므로 여기서는 도시문화산업의 경쟁력을 결정하는 요인을 실증적으로 분석하고자 한다. 나아가 분석적 계층화(AHP) 기법을 이용하여 도시문화산업의 경쟁력 결정요인에 대한 상대적 중요도를 파악하고자 한다. 결과적으로 이와 같은 실증적 분석을 통해 국가나 지방자치단체의 도시문화산업 관련 정책수립이나 집행에 있어 실천성 있는 시사점을 제시하고자 한다.

도시문화산업의 의의와 경쟁력 결정요인

1. 도시문화산업의 의의

'문화산업'이라는 용어는 독일 프랑크푸르트학파의 M. Horkheimer와 T. W. Adorno가 『계몽의 변증법(1947)』이라는 책에서 사용한 것이 최초이다. 그러나 이들이 사용한 문화산업이라는 용어는 문화가 대량생산되어 대량소비되는 문화의 대중화 현상에 대한 부정적인 측면을 다룬 것이며 산업적 측면에서 다루고 있는 것은 아니다(김문환, 1997: 229).[23)]

Wynne(1992)은 문화산업을 전통적인 개념에서의 예술 및 대중문화와 관련된 모든 형태의 활동으로 폭넓게 규정하고 있으며, 김문환(1997: 223)은 삶의 질을 지탱하고 향상시키는 재화와 용역을 산출해 내는 산업으로 정의하고 있다. 이러한 문화산업에 대한 정의는 문화를 넓게 해석한 것에 기인한다. 그러나 문화를 너무 넓게 해석하면 여타 산업과 문화산업의 구분이 어렵게 되며, 분석적 접근이 용이하지 않게 되는 문제가 있다(유재윤 등, 2000: 17). 최근에는 산업적 측면에서 구체적이고 전문화된 개념화가 시도되고 있다. 조동성(2000: 20)은 문화산업을 문화적 자원을 활용하여 기업 이윤을 발생시키는 산업 혹은 문화를 핵심역량으로 하여 부가가치를 창출하는 산업이라고 정의내리고 있다.

---

23) 영국의 인류학자 Edward Tylor는 그의 저서 『원시문화론(Primitive Culture, 1871)』에서 "문화란 지식, 믿음, 도덕, 법, 관습을 포함하여 사회성원으로서 사람이 습득하는 모든 능력과 습관의 총체"라고 정의하고 있으며 문화에 관한 가장 포괄적인 정의로서 널리 인용되고 있다(강형기, 2001). 또한 UNESCO에서는 "문화를 사회구성원들이 집단적으로 공유하며 오랜 역사를 통하여 학습에 의해 이루어 놓은 행동양식, 지식, 가치, 신념, 예술, 도덕, 법, 관습 등을 포함한 하나의 사회생활양식 전체"라고 정의하고 있다(UNESCO; 유재윤 등, 2000에서 재인용). 이러한 정의들에서 문화가 사회 구성원들의 생활양식과 밀접하게 관련되어 있다는 것을 알 수 있다.

결국 산업이라는 용어를 실제 예술과 문화에 적용시킨다는 것은 문화상품 및 서비스가 만들어져 시장에 출하되어 분배되며, 소비자에 팔리는 경제적 과정에 관심이 집중된다는 사실을 인정하고 있다는 것이다(Throsby, 2001: 111).

Santagata(2002)는 문화상품(cultural products)이 이동하느냐 이동하지 않느냐에 따라 고정상품(products immobile)과 유동상품(products mobile)으로 구분하고 있다. 고정상품은 문화관광산업의 중심 시설로서 리조트단지, 도심문화지역, 일시적이고 주기적인 문화활동 등 세 가지로 다시 나누고 있다. 이에 반해 유동상품은 소비자 지향적인 공예나 장인산업, 전문화된 디자인 서비스, 미디어 관련 산업 등을 들 수 있다(Scott, 2004: 470-471; 이정훈, 2004: 260-261). 한편 유재윤 등(2000) 또한 W. Santagata의 경우와 동일하게 문화산업을 문화상품의 유동성에 따라 분류하고 있다. 즉 문화상품의 유동성을 기준으로 할 경우 제조업형 도시문화산업과 서비스형 도시문화산업으로 분류가 가능하다는 것이다. 제조업형 도시문화산업은 특정한 장소에서 생산하여 문화상품의 이동에 의해 불특정한 다수의 지역에서 소비되는 형태의 문화산업을 말하며, 서비스형 도시문화산업은 문화상품의 생산과 소비가 동일한 지역에서 이루어지기 때문에 소비자가 이동하여 소비해야 하는 문화산업을 말한다. 이 밖에 Throsby(2001: 112-113)는 창조적 예술성의 정도에 따라 문화산업을 구분하고 있다. 결과적으로 문화산업은 다양하게 정의할 수 있으나 기본적으로 창조적인 예술문화를 토대로 제작된 문화상품이 고정적이든 유동적이든 유통·소비되는 산업이라고 정의할 수 있다.[24)]

---

24) 그런데 상품이 유통·소비되는 산업이라고 해서 문화산업을 여타 다른 산업과 동일시하는 것은 아니다. 왜냐하면 문화산업은 첫째, 창작자의 의식이나 예술적 가치 등을 내재하고 있고, 둘째, 사적재와 공공재의 양면성을 띠며, 셋째, 높은 초기생산비용과 낮은 재생산비용이라는 특성을 가지고 있기 때문이다(권오혁·김홍석, 2000; Throsby, 2001; Hesmondhalgh, 2002).

여기서 예술문화라는 문화적 요소가 상품화되기 위해서는 먼저 기업이 존재해야 할 것이고, 또한 상품생산을 위한 노동력이 필수적으로 요구된다. 도시는 인구·물리적 측면, 사회·경제·문화적 측면, 그리고 기능적 측면으로 나누어 규정하는 것이 일반적이다. 첫째, 인구·물리적인 측면에서 도시는 비교적 좁은 장소에 밀집하여 거주하며 인구밀도가 비교적 높은 지역이다. 둘째, 사회·경제·문화적 측면에서는 1차 산업보다는 2차 또는 3차 산업의 비율이 높으며, 다양한 서비스와 재화가 집중되는 곳이다. 셋째, 기능적 측면에서 도시는 행정·경제·문화의 중심지 기능을 담당하며 독특한 문화와 새로운 문명을 개척하는 삶의 터전으로 정의내릴 수 있다(대한국토·도시계획학회편, 2001: 35-38).

도시에 관한 정의에서도 알 수 있듯이, 도시는 문화상품의 생산을 위한 주요 요건을 충족하고 있다. 그리고 역사적으로 볼 때 도시는 인간 활동의 중심지로 다양성과 접근성이 뛰어나, 문화는 주로 도시를 중심으로 발달하였다. 따라서 문화산업에서 도시라는 공간이 중요하다는 것을 알 수 있다. 그러므로 본 연구에서의 도시의 개념은 학문적인 개념보다는 산업에 필요한 요소를 가진 공간의 의미라 할 것이며, 따라서 도시문화산업은 도시 내 존재하는 유·무형의 문화적 요소를 바탕으로 제작된 문화상품이 유통되고 소비되는 산업으로 정의를 내릴 수 있다.

이렇게 되면 도시문화산업은 문화산업의 정의에서 지리적 공간이 도시로 축소되는 것 이외에는 특이한 점은 없을지도 모른다. 그럼에도 불구하고 도시문화산업이 중요한 이유로는 다음과 같은 것들을 들 수 있다. 첫째, 도시문화산업은 도시의 역사성이나 장소성이라는 도시의 특성이 상품화된다. 둘째, 문화상품을 창작·제작·유통·소비하는 것은 대체로 도시를 중심으로 이루어지기 때문에 문화산업정책차원에서는 중앙정부보다 도시정부의 역할이 주도적이다(유재윤 등, 2000: 16).

2. 도시문화산업의 경쟁력 결정요인

산업경쟁력은 특정산업이 일정수준 이상의 수익을 획득하고 지속적인 성장을 도모함으로써 경쟁상대보다 우월한 시장지위를 유지할 수 있는 능력으로 정의할 수 있다(최봉 등, 2002: 34). 산업경쟁력과 관련해서는 M. E. Porter의 다이아몬드 모델이 흔히 사용되고 있다. Porter(1990; 2000)는 국가 및 지역경쟁력이 생산요소가 아니라 생산성에 의해 결정된다고 보고 있다. 그리고 특정산업에서 특정기업이 지속적으로 경쟁우위를 창출하고 유지함으로써 세계적 경쟁에서 성공하는 것은 그러한 산업이나 기업이 위치한 국가 내지 지역에서 제공해 주는 독특한 요인 때문이다. 이러한 요인으로 요소조건(factor conditions), 수요조건(demand conditions), 기업전략·구조·경쟁관계(firm strategy, structure and rivalry), 연관 및 지원산업(related and supporting industries)을 들고 있다. 즉 네 가지 요인이 국가 및 지역경쟁력을 결정하는 요인인 것이다. 그리고 M. E. Porter는 네 가지 요인 이외에 국가 및 지역경쟁력에 간접적으로 영향을 미치는 외적요인으로 정부(government)와 기회(chance)를 들면서 국가 및 지역경쟁우위를 소위 다이아몬드 모델로 설명하고 있다.

M. E. Porter의 다이아몬드 모델은 원래 국가경쟁력에 관한 모델이기는 하나 도시경쟁력, 산업경쟁력 등 여러 영역에서 강조가 되고 있다. 또한 개별기업의 경쟁력이 모여 산업경쟁력이 되며, 산업경쟁력이 모여 도시경쟁력 및 국가경쟁력을 이룬다고 볼 수 있으므로 도시문화산업의 경쟁력에 관한 모델로 M. E. Porter의 다이아몬드 모델을 사용하는 것이 가능할 것이다. 실제로 산업경쟁력을 비롯한 도시경쟁력이나 국가경쟁력의 결정요인은 연구의 대상이나 공간영역에서의 차이를 제외하면 그 내용상 서로 상당부분 중첩

될 수밖에 없을 것이다(한국개발연구원, 2003). 동일한 맥락에서 문화산업의 경쟁력 분석이나 지역문화산업 클러스터 평가 시 흔히 M. E. Porter의 다이아몬드 모델이 이용되고 있다(구문모, 2001; 윤용중 등, 2001; 임학순, 2004).

그러므로 M. E. Porter의 다이아몬드 모델을 기초로 도시문화산업의 경쟁력 모델을 살펴보면 투입요인, 수요요인, 산업여건, 경쟁여건이라는 네 가지 요인의 상호작용 관계로 파악할 수 있다.

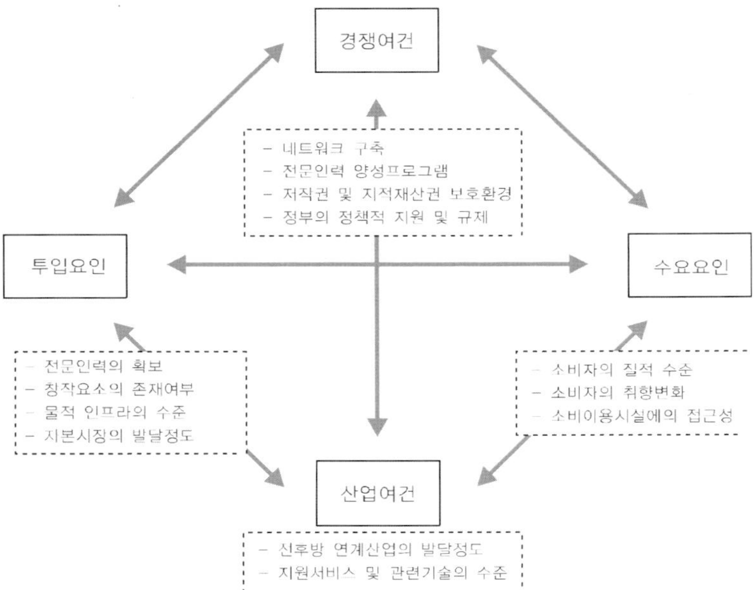

〈그림 12〉 도시문화산업의 경쟁우위 결정요인
자료: Porter(2000)의 입지경쟁우위에 대한 다이아몬드 모델을 참조하여 재작성

첫째, 투입요인은 전문 인력의 확보, 창작요소의 존재여부, 물적 인프라의 수준, 자본시장의 발달정도 등 도시문화산업의 제작에 필요한 투입요소를 말한다. 둘째, 수요요인은 도시문화산업이 창출하는 문화상품을 높은 수준의

경쟁차원으로 옮길 수 있는 소비자의 특성과 관련되는 요인이다. 따라서 문화상품을 소비하는 소비자의 질적 수준, 소비자의 취향이나 기호변화, 그리고 소비이용시설에의 접근성 등과 관련이 있는 요인이다. 셋째, 산업여건은 도시문화산업과 관련하여 경쟁력 있는 관련 및 연계산업의 발달정도나 도시문화산업을 지원하는 서비스 및 관련기술의 수준 등에 관한 요인이다. 넷째, 경쟁여건은 도시문화산업의 경쟁을 촉진 또는 지속시킬 수 있는 요인을 말하며 구성주체 간의 네트워크, 전문인력 양성프로그램, 저작권 및 지적재산권 보호환경, 정부의 정책적 지원 및 규제 등을 포함한다.

3. 가치사슬 단계별 결정요인

문화산업을 비롯한 콘텐츠산업의 분석 시, 분석도구로서 가치사슬(value chain)의 개념이 흔히 사용된다(Koivunen and Kotro, 1998; 구문모, 2001: 10에서 재인용). 가치사슬은 산업경쟁력 분석을 위해 개발한 것으로 산업이 창출하는 경제활동을 단계별로 나누어 분석하는 것으로 알려져 있다(한국개발연구원, 2003: 42). 따라서 생산 및 유통이 흔히 다단계로 이루어지는 도시문화산업의 경쟁력 결정요인 분석에서 가치사슬의 개념은 유용할 것이며, 충분히 이용가능한 것으로 보인다. 즉 하나의 문화상품은 창작된 후 제작 및 유통의 과정을 거쳐 소비자에게 전달된다. 따라서 도시문화산업을 가치사슬 단계로 구분하면 창작단계·생산 및 제작단계·유통단계·소비단계라는 4단계로 구분할 수 있다(구문모 등, 2000; 윤용중 등, 2001).

첫째, 창작단계는 창작자가 창의적인 아이디어를 이용하여 문화상품을 창작하는 단계이다. 둘째, 생산 및 제작단계는 창의적 아이디어를 바탕으로 도시문화산업과 관련된 전문 인력들이 문화상품을 생산 및 제작하는 단계이다.

셋째, 유통단계는 생산 및 제작된 문화상품을 텔레비전·영화·인터넷 등의 매체수단을 사용하여 소비자에게 유통시키는 단계이다. 넷째, 소비단계는 창작과 제작과정을 거쳐 유통된 문화상품을 소비자가 소비공간에서 구매하는 단계이다.

(1) 창작단계

Liberman and Esgate(2002: 3-18)에 따르면 문화상품은 인간생활에 있어서 필수품이라기보다는 기호품이며, 소비자의 선호에 따라 빠르게 변화한다. 따라서 소비자가 원하는 시점에 문화상품이 제공되기 위해서는 수많은 전문 인력이 필요하다. 즉 도시문화산업에서 창의성이나 아이디어를 가진 전문 인력이 매우 중요하다고 볼 수 있다. 창작자의 아이디어는 선천적으로 타고날 수도 있겠지만 전문적인 교육에 의해서 발달되는 경우가 대부분일 것이다. 그러므로 전문 인력을 양성하고 이를 교육시키는 대학이나 연구기관의 중요성이 간과되어서는 안 될 것이다.

그리고 창의적 아이디어를 상품화하기 위해서는 창의적인 환경이 뒷받침되어야 한다(Scott, 2000). 쉐필드 문화산업단지(Sheffield Cultural Industries Quarter) 보고서를 비롯한 도시문화산업 사례에서도 창의적인 환경을 중요한 요인으로 들고 있다(박동 등, 2004). 또한 문화산업에 종사하는 전문 인력도 이러한 창의적인 환경을 매우 중요하게 인식하고 있는 것으로 알려져 있다(구문모, 2001: 20). 창의적인 환경이란 결국 경쟁력 있는 창작역량을 고취시키기 위한 것으로 창작요소와 물적 인프라로 나누어 볼 수 있다. 창작요소는 아이디어의 소재로 활용가능한 유·무형의 문화예술자원이나 문화 공간 등을 들 수 있으며, 물적 인프라는 전문 인력들이 작업에 몰두할 수 있는 작업공간과 대학이나 연구기관과 같은 전문 인력양성기관 등을 들 수 있다.

한편 창작단계에서는 창의적인 아이디어를 법적으로 보호받을 수 있는 저작권 및 지적재산권 등의 보호환경도 잘 정비되어 있어야 한다(Liberman and Esgate, 2002: 3-18). 저작권이나 지적재산권은 창작자의 아이디어에 대해 정당한 대가를 지불받도록 함으로써 창작자를 보호하고 나아가 창작열의를 높일 수 있는 계기가 되기 때문에 중요하게 고려되어야 한다.

(2) 생산 및 제작단계

문화상품의 제작방식이 프로젝트 형태를 띤다는 점은 다른 산업의 생산에서는 찾아보기 어려운 특이한 점이라고 할 수 있다(구문모, 2001: 17). 바로 여기에 도시문화산업의 제작자 간 네트워킹의 중요성이 존재한다. 제작자들의 공식적 혹은 비공식적인 접촉은 제작상의 위험 및 불확실성과 거래비용을 낮출 수 있을 뿐만 아니라 노하우의 습득으로 새로운 문화상품을 제작하는 과정에서 소요되는 시간을 단축시킬 수 있는 장점도 있다. 특히 문화상품 생산은 축적된 지식이나 기술을 필요로 하기 때문에 오랜 기간 동안의 교육이나 훈련을 통한 인적자본에 대한 투자가 요구된다(김미나, 2000: 16).

한편 도시문화산업은 그 특성상 높은 수익을 올릴 수도 있지만, 반대로 위험과 불확실성을 내포하고 있으므로 제작자들이 안심하고 제작에 참여할 수 있도록 위험을 감수하는 벤처 캐피탈 및 자금의 원활한 공급 또한 필수적이다. 또한 자본의 회수기간이 제조업에 비해 길고 투자로부터 예상되는 위험이 높기 때문에 투자자금을 유치하기 위한 공공부문의 역할이 필요한 것으로 지적되고 있다(윤용중 등, 2001: 68). 특히 지역축제와 같은 도시문화산업의 경우 지방자치단체 등 공공부문이 주도적인 역할을 하게 되는 경우가 많으므로 지방자치단체의 정책적 지원도 감안될 필요가 있다.

최근 들어 생산 및 제작단계는 디지털 제작 및 유통기술의 발달에 힘입어 대량 주문 생산과 글로벌 시장의 확보가 더욱 용이하게 됨으로써 그 역량을 배양시키는 인프라의 중요성이 더욱 부각되고 있다(윤용중 등, 2001: 11). 따라서 도시문화산업 관련 산업이나 기술, 그리고 지원서비스가 잘 발달해 있어야 도시문화산업의 경쟁력을 확보할 수 있을 것임을 알 수 있다.

(3) 유통단계

유통단계에서는 완성된 문화상품을 어떻게 하면 많은 소비자에게 효율적으로 전달할 것인가 하는 것이 중요하다. 따라서 유통이라는 개념은 마케팅을 포함하고 있으며, 최근에는 문화상품이 만들어지기 전이나 혹은 시작할 때부터 마케팅을 통한 소비자의 수요와 욕구창출이 강조되고 있다(Liberman and Esgate, 2002: 3-18). 그러므로 유통단계에서 소비자의 취향변화와 같은 요인의 중요성이 주목받고 있다. 예전에는 책·잡지·비디오 등의 매체를 통해 문화상품이 유통되었으나 요즘에는 인터넷이나 모바일 등이 강조되고 있다. 이는 문화상품을 전달할 수 있는 채널이 다양하게 변화하고 있다는 뜻이다.

또한 문화상품의 마케팅을 위한 정보통신기술이나 유통물류시스템 등 관련 산업여건이 발달해 있어야 한다. 특히 공연예술과 같은 도시문화산업의 경우 예전에는 실제로 공연장에서만 볼 수 있었지만 현재에는 디지털 기술의 발달로 인해, 인터넷이나 텔레비전, DVD 등을 통해서 접할 수 있게 되었다. 즉 완성된 문화상품과 관련기술의 융합으로 인해 유통채널이 다변화되고 있다.

(4) 소비단계

도시문화산업 가치사슬의 최종단계인 소비단계에서는 소비자들이 창작과 제작을 거쳐 전달된 상품이나 서비스를 구입하여 감상하거나 읽거나 창작

또는 오락의 대상으로 삼게 된다(윤용중 등, 2001: 12). 만약 전문 인력들이 창의적인 아이디어를 바탕으로 양질의 문화상품을 제작하였다 하더라도 이를 소비할 수 있는 소비자가 없다면 무용지물이 되어 버릴 것이다. 즉 문화산업에는 소비자의 참여가 있어야 한다. 이는 다른 상품의 생산과정에서도 발생하는 일반적인 특징이기는 하지만 특히 문화상품의 경우 적극적인 소비자의 참여가 필요하다는 것이다(김미나, 2000: 17).

그런데 도시문화산업에 있어 소비자가 참여한다는 것은 소비와 관련한 시설이나 소비공간은 필수적인 요소임을 의미하며, 더불어 소비이용시설에의 접근을 용이하게 할 수 있는 교통편의시설이 요구된다. 특히 문화상품의 소비는 인간의 직접적인 접촉과 감상이 전제된 행위이기 때문에 공간적 근접성이 요구된다(남기범 등, 2001: 169-170). 그러므로 소비이용시설이나 소비공간에의 접근성 또한 도시문화산업의 경쟁력을 결정하는 요인으로 볼 수 있다.

이러한 소비와 관련한 시설이 잘 조성이 되어 있고, 그 접근이 용이하게 되면 소비자가 문화생활을 향유하는 데 있어서 그 기반이 형성된다. 이는 다시 소비자들이 수준 높은 문화생활을 누릴 가능성을 높게 하며, 문화수준이 높게 되면 다양하고 수준 높은 문화상품의 생산가능성 또한 높게 된다. 그러므로 소비자는 문화상품의 소비를 통하여 문화에 대한 안목을 넓혀 주고 새로운 소재를 개발하기 위한 길을 제시하는 기능을 담당하게 된다(구문모 등, 2000: 136). 까다롭고 다양한 소비자의 존재로 인해 이를 만족시키기 위한 제작자의 차별화되고 양질의 문화상품 생산이 뒤따르게 될 것이다.

여기서 도시문화산업의 경쟁력 결정요인 네 가지(투입요인, 수요요인, 산업여건, 경쟁여건)와 가치사슬의 네 단계(창작단계, 생산 및 제작단계, 유통단계, 소비단계)를 관련 내용별로 정리하면 〈표 11〉과 같다.

〈표 11〉 도시문화산업의 가치사슬 단계별 경쟁력 결정요인

구분＼단계	창작단계	생산 및 제작단계	유통단계	소비단계
투입 요인	· 전문인력 · 창작요소 · 작업공간	· 전문인력 · 창작요소 · 자본시장의 발달	· 전문인력	· 소비이용시설 · 창작요소
수요 요인	· 소비자의 취향변화 · 소비자의 질적수준	· 소비자의 취향변화	· 소비자의 취향변화	· 소비자의 취향변화 · 소비자의 질적수준 · 소비이용시설에의 접근성
산업 여건	· 지원서비스	· 관련기술 · 연계산업의 발달정도	· 연계산업의 발달정도 · 마케팅 채널	
경쟁 여건	· 창작주체 간 네트워크 · 전문인력양성 프로그램 · 저작권 보호환경	· 제작자 간 네트워크 · 전문인력양성 프로그램	· 저작권 보호환경	

도시문화산업 경쟁력 결정요인에 관한 실증분석

1. 분석모형

도시문화산업의 경쟁력을 결정하는 요인을 분석하기 위하여 앞서 살펴본 이론적 논의를 바탕으로 두 가지 측면에서 접근하고자 한다. 첫째, 도시문화산업을 문화상품의 이동성 유무에 따라 제조업형 도시문화산업과 서비스형 도시문화산업으로 구분하여 경쟁력 결정요인을 살펴보기로 한다. 이는 도시문화산업의 특성에 따라 경쟁력을 결정하는 요인이 다를 수 있기 때문이다.

둘째, 도시문화산업의 경쟁력에 관한 이론으로 M. E. Porter의 다이아몬드 모델을 이용한 도시문화산업의 경쟁력 모델은 특정 시점에서의 경쟁력 결정요인임에 반하여 도시문화산업의 가치사슬 단계는 제작과정상 경쟁력 결정요인으로 볼 수 있으므로 지속가능한 성장을 전제로 한다는 점에서 두 가지를 모두 고려하고자 한다. 또한 가치사슬 단계별 도시문화산업의 경쟁력 결정요인과 세부결정요인이 경쟁력에 미치는 영향은 다를 것이므로 분석적 계층화(AHP) 기법을 통하여 상대적 중요도를 살펴보기로 한다.

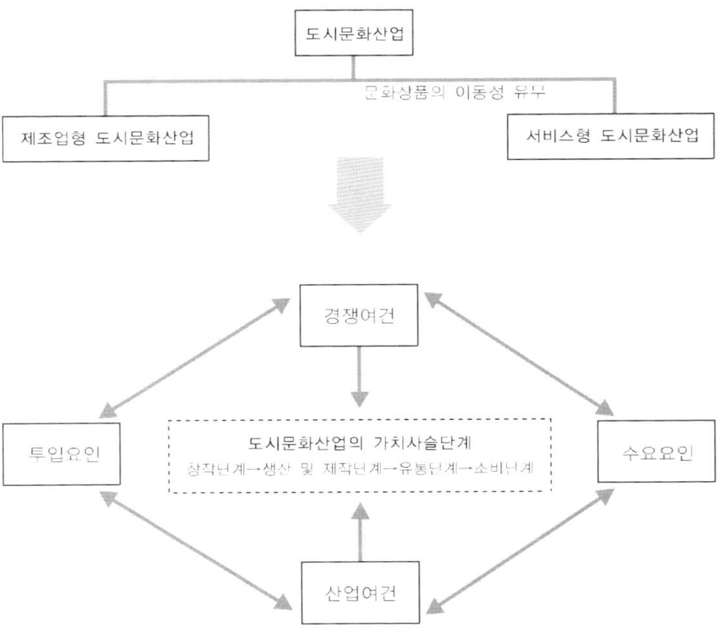

〈그림 13〉 본 연구에서의 분석모형

T. L. Saaty에 의해서 1970년대 초반에 개발된 분석적 계층화(AHP) 기법은 의사결정과정을 단순화시킴으로써 복잡한 문제에 대하여 효과적인 의사결

정을 할 수 있도록 해 준다(Saaty, 1999: 51). 분석적 계층화(AHP) 기법은 다수의 기준 하에서 평가되는 대안들의 우선순위를 선정하는 문제를 다루고 있으며, 의사결정의 계층구조를 구성하고 있는 요소 간의 쌍대비교(pairwise comparison)에 의한 판단을 통하여 평가자의 지식, 경험 및 직관을 포착하고자 하는 의사결정방법론이다(조근태 등, 2003: 3).

도시문화산업 경쟁력 결정요인의 분석을 위해 문화산업과 관련된 연구논문이나 보고서를 작성해 본 경험이 있는 전문가 38명을 대상으로 설문조사를 하였으며, 이 중 13명이 응답하였다. 구체적으로는 대학교수가 8명, 민간 및 공공기관 연구원이 5명이었다. 설문의 수집은 2005년 3월 17일부터 4월 20일까지의 기간 동안 우편조사와 전자우편조사(e-mail)의 방법으로 실시하였다. 그리고 전문가는 대학교수나 연구원으로 한정하였다. 분석적 계층화(AHP) 기법에 의한 전문가 설문조사의 경우 전문가 몇 명을 대상으로 실시해야 된다는 것에 관한 일반적인 기준은 없는 것으로 알려져 있다(최영출, 2004: 36).

도시문화산업의 경쟁력 결정요인을 분석하기 위하여 앞서 살펴본 내용을 바탕으로 가치사슬단계와 각 단계별 결정요인으로 구분한 계층구조는 〈그림 14〉와 같다.

한편 도시문화산업의 경쟁력 결정요인에 대한 쌍대비교는 9점 척도를 사용하여 평가하였다. 그리고 분석적 계층화(AHP) 기법 설문조사의 응답자가 다수인 경우 각 문항별로 개별 설문지의 자료를 종합하는 방법으로 흔히 이용되고 있는 기하평균법을 여기서도 이용하였다(조근태 등, 2003: 89-94).

다만 분석적 계층화(AHP) 기법은 의사결정자가 실시한 판단의 일관성이 조사결과의 신뢰도에 핵심이기 때문에 일관성을 검증할 필요가 있다. 이러한 문제를 해결하기 위하여 일관성 지수(CI: consistency index)와 일관성 비율

〈그림 14〉 도시문화산업의 경쟁력 결정요인 계층

(CR: consistency ratio)의 개념이 사용되고 있다. 일반적으로 일관성 비율이 10% 이내이면 쌍대비교는 일관성을 갖는 것으로 판단하고, 20% 이내일 경우는 용납할 수 있는 것으로 보고 있다(이창효, 2000: 256-257). 본 연구에서는 도시문화산업의 경쟁력 결정요인 분석의 정확성을 기하기 위하여 일관성 비율이 10% 이내인 것만 사용하였다.

2. 분석결과

(1) 가치사슬 단계별

가치사슬 단계의 상대적 중요도에 관한 분석결과, 제조업형 도시문화산업의 경우 창작단계가 0.526으로 압도적으로 높으며, 다음으로 유통단계는 0.192, 생산 및 제작단계가 0.189이며, 소비단계는 0.093으로 아주 낮게 나타났다. 이에 반해 서비스형 도시문화산업의 경우에는 유통단계가 0.385로 가장 높으며 소비단계, 창작단계, 생산 및 제작단계의 순으로 각각 0.237, 0.189, 0.188인 것으로 나타났다.

〈표 12〉 가치사슬 단계의 상대적 중요도 및 순위

구분 단계	제조업형 도시문화산업		서비스형 도시문화산업	
	중요도	순위	중요도	순위
창작단계	0.526	1	0.189	3
생산 및 제작단계	0.189	3	0.188	4
유통단계	0.192	2	0.385	1
소비단계	0.093	4	0.237	2

제조업형 도시문화산업은 주로 제작된 문화상품을 소비하는 형태이므로 소비자의 수요를 충족할 만한 창의성이 있어야만 다음 단계인 생산 및 제작단계로 넘어갈 수 있다는 것을 의미하는 것으로 보인다. 반면 서비스형 도시문화산업은 소비자가 직접 찾아오는 형태이므로 얼마나 많은 소비자들에게 알리는가 하는 유통단계가 가장 중요한 단계라고 생각할 수 있다. 다만 특이한 점은 소비단계의 경우 제조업형 도시문화산업과 서비스형 도시문화산업 간의 상대적 중요도가 많은 차이를 보이고 있는데, 서비스형 도시문화산업이 제조업형 도시문화산업보다 더 적극적인 소비자의 참여가 요구되는 형태이기 때문인 것으로 보인다. 결국 도시문화산업의 가치사슬 단계에서는 제조업형 도시문화산업의 경우 창작단계에서, 서비스형 도시문화산업은 유통단계에서 경쟁력이 결정되는 것으로 판단된다.

(2) 각 단계별 경쟁력 결정요인

가. 창작단계

창작단계에서는 제조업형 도시문화산업과 서비스형 도시문화산업 모두 투입요인이 각각 0.353과 0.397로서 상대적 중요도가 가장 높게 나타났다.

〈표 13〉 창작단계에서의 상대적 중요도 및 순위

요인 \ 구분	제조업형 도시문화산업		서비스형 도시문화산업	
	중요도	순위	중요도	순위
투입요인	0.353	1	0.397	1
수요요인	0.201	3	0.148	4
산업여건	0.188	4	0.180	3
경쟁여건	0.258	2	0.275	2

이는 도시문화산업이 여타 다른 산업보다도 인간의 창의성을 필수적인 요소로 하기 때문일 것이다. 그리고 전문 인력들의 창작활동과 관련한 정보의 교류나 저작권 등의 보호환경이 조성될 때 도시문화산업의 경쟁력이 유지 또는 지속가능하기 때문에 경쟁여건은 투입요인 다음으로 중요한 요인으로 볼 수 있다.

나. 생산 및 제작단계

생산 및 제작단계에서의 각 요인에 대한 상대적 중요도 분석결과 제조업형 도시문화산업에서는 산업여건이 0.276으로 가장 높고, 수요요인이 0.255, 투입요인이 0.247, 경쟁여건이 0.222로 나타났다. 반면 서비스형 도시문화산업의 경우에는 산업여건이 0.337로서 가장 높으며, 경쟁여건이 0.254, 투입요인이 0.225, 수요요인이 0.183으로 나타났다.

〈표 14〉 생산 및 제작단계에서의 상대적 중요도 및 순위

구분 요인	제조업형 도시문화산업		서비스형 도시문화산업	
	중요도	순위	중요도	순위
투입요인	0.247	3	0.225	3
수요요인	0.255	2	0.183	4
산업여건	0.276	1	0.337	1
경쟁여건	0.222	4	0.254	2

제조업형 도시문화산업과 서비스형 도시문화산업 모두 산업여건의 상대적 중요도 및 순위가 가장 높다. 이는 도시문화산업은 관련 산업이나 지원서비스, 그리고 관련 기술의 발달수준에 따라 경쟁력을 가지게 된다는 것을 의미한다. 그리고 각 결정요인의 상대적 중요도에 대한 편차가 제조업형 도시문화산업의 경우는 특히 적은 편이다. 이는 생산 및 제작단계에서 제조업형 도시문화산업의 경쟁력은 특정 요인에 의해서 좌우되는 것이 아니라 각 요인이 고르게 영향을 미친다는 것을 시사하고 있는 것이다.

다. 유통단계

유통단계에서 제조업형 도시문화산업과 서비스형 도시문화산업 모두 수요요인, 경쟁여건, 산업여건, 투입요인의 순서로 나타났다. 다만 상대적 중요도는 제조업형 도시문화산업이 각각 0.407, 0.325, 0.151, 0.117, 서비스형 도시문화산업이 각각 0.449, 0.246, 0.222, 0.084로 나타났다.

제조업형 도시문화산업과 서비스형 도시문화산업 모두 유통단계에서는 수요요인이 가장 중요한 요인으로 분석되었으며, 투입요인의 중요도는 상대적으로 낮게 나타났다. 도시문화산업은 소비자의 소비를 전제로 하는 산업이

〈표 15〉 유통단계에서의 상대적 중요도 및 순위

요인 \ 구분	제조업형 도시문화산업		서비스형 도시문화산업	
	중요도	순위	중요도	순위
투입요인	0.117	4	0.084	4
수요요인	0.407	1	0.449	1
산업여건	0.151	3	0.222	3
경쟁여건	0.325	2	0.246	2

기 때문에 문화상품이 제작되었다 하더라도 현재 소비자의 욕구를 만족시켜 줄 수 없다면 당연히 유통이 될 수 없다.

한편 수요요인 다음으로 중요한 요인이 경쟁여건인데, 특히 제조업형 도시문화산업의 경우 서비스형 도시문화산업보다 경쟁여건에 대한 중요도가 높게 나타나고 있다.

라. 소비단계

소비단계에서는 제조업형 도시문화산업과 서비스형 도시문화산업 모두 수요요인이 각각 0.549와 0.566으로 다른 요인에 비해 압도적으로 높게 나타났다. 그리고 제조업형 도시문화산업의 경우 수요요인 다음으로 경쟁여건, 산업여건, 투입요인의 순이며, 상대적 중요도는 각각 0.224, 0.128, 0.099로 나타났다. 또한 서비스형 도시문화산업도 마찬가지로 중요도의 순위는 같으며, 상대적 중요도는 각각 0.203, 0.155, 0.076이다.

소비단계는 제작 및 유통단계를 거친 문화상품을 소비자가 소비하는 단계이므로 다른 어떤 요인보다도 수요요인이 중요한 것으로 보인다. 특히 제조업형 도시문화산업이든 서비스형 도시문화산업이든지 간에 도시문화산업은 소

〈표 16〉 소비단계에서의 상대적 중요도 및 순위

구분 요인	제조업형 도시문화산업		서비스형 도시문화산업	
	중요도	순위	중요도	순위
투입요인	0.099	4	0.076	4
수요요인	0.549	1	0.566	1
산업여건	0.128	3	0.155	3
경쟁여건	0.224	2	0.203	2

비자의 소비를 전제로 하게 된다. 그리고 사전 예측과 마찬가지로 투입요인이 소비단계에서 미치는 요인은 극히 낮은 것으로 나타났다.

(3) 세부 결정요인

가. 투입요인

제조업형 도시문화산업의 경우에는 전문 인력의 확보가 0.393으로 가장 높으며, 다음으로 창작요소의 존재여부가 0.216, 물적 인프라의 수준이 0.210, 자본시장의 발달정도가 0.181인 것으로 나타났다. 이에 반해 서비스형 도시문화산업의 경우 창작요소의 존재여부가 0.301로 가장 높게 나타났으며 전문 인력의 확보, 자본시장의 발달정도, 물적 인프라의 수준이 각각 0.299, 0.244, 0.156으로 나타났다.

도시문화산업은 전문 인력이 문화상품의 창작부터 제작 및 유통을 담당하게 되어 전문성을 가진 인력의 활용이 가장 중요하다고 볼 수 있다. 그러므로 제조업형 도시문화산업과 서비스형 도시문화산업 모두 투입요인 중에서 전문 인력의 확보를 중요한 요인으로 보고 있다. 다만 서비스형 도시문화산업의 경우에는 도시 내 문화예술자원이나 유·무형의 문화유산을 바탕으로 제작된

〈표 17〉 투입요인에서의 상대적 중요도 및 순위

요인 \ 구분	제조업형 도시문화산업		서비스형 도시문화산업	
	중요도	순위	중요도	순위
전문인력의 확보	0.393	1	0.299	2
창작요소의 존재	0.216	2	0.301	1
물적 인프라의 수준	0.210	3	0.156	4
자본시장의 발달정도	0.181	4	0.244	3

문화상품을 소비자가 해당 도시로 이동하여 소비하는 형태이기 때문에, 문화상품의 소재가 되는 창작요소 존재의 상대적 중요도가 높은 것으로 나타났다.

나. 수요요인

수요요인에 관한 상대적 중요도 분석결과, 소비자의 취향변화는 제조업형 도시문화산업의 경우 0.537, 서비스형 도시문화산업은 0.480으로 다른 요인에 비해 압도적으로 높게 나타났다. 도시문화산업은 다른 어떤 산업보다도 소비자의 취향이나 기호의 변화에 민감한 산업이기 때문으로 보인다. 소비자의 변화에 부응하지 못하는 도시문화산업은 경쟁력을 가지지 못한다는 것을 시사해 주고 있다.

제조업형 도시문화산업의 경우 소비자의 취향변화에 이어서 소비자의 질적 수준이 0.303, 소비이용시설에의 접근성이 0.160인 것에 반해, 서비스형 도시문화산업은 소비이용시설에의 접근성이 0.334이고, 소비자의 질적 수준이 0.186으로 나타났다. 이는 제조업형 도시문화산업은 창작 및 제작단계에서부터 소비자의 수준에 영향을 받게 됨을 알 수 있다. 그리고 인터넷 등 정보통신기술의 발달로 극장이나 서점 등에 직접 가지 않아도 문화상품의 소비가

〈표 18〉 수요요인에서의 상대적 중요도 및 순위

요인 \ 구분	제조업형 도시문화산업		서비스형 도시문화산업	
	중요도	순위	중요도	순위
소비자의 질적 수준	0.303	2	0.186	3
소비자의 취향변화	0.537	1	0.480	1
소비이용시설에의 접근성	0.160	3	0.334	2

가능해짐에 따라 소비이용시설에의 접근성은 상대적으로 낮게 나타난 것으로 보인다.

그런데 서비스형 도시문화산업은 소비자가 문화상품을 소비하기 위해서는 이동해야 하기 때문에 제조업형 도시문화산업에 비해 소비이용시설에의 접근성이 상대적으로 높게 나타난 것으로 판단된다.

다. 산업여건

제조업형 도시문화산업과 서비스형 도시문화산업의 경우 전후방 연계산업의 발달정도가 각각 0.611과 0.609로서 지원서비스 및 관련기술의 수준보다 상대적으로 중요한 것으로 나타났다.

〈표 19〉 산업여건에서의 상대적 중요도 및 순위

요인 \ 구분	제조업형 도시문화산업		서비스형 도시문화산업	
	중요도	순위	중요도	순위
전후방 연계산업의 발달정도	0.611	1	0.609	1
지원서비스 및 관련기술의 수준	0.389	2	0.391	2

각 요인의 순위가 동일한 뿐만 아니라 상대적 중요도도 거의 비슷한 수준이다. 도시문화산업은 관련 산업이 잘 발달되어 있어야 경쟁력을 가질 수 있는 토양이 형성되기 때문으로 판단된다.

라. 경쟁여건

제조업형 도시문화산업과 서비스형 도시문화산업 모두 전문인력 양성프로그램이 각각 0.436과 0.371로서 상대적 중요도가 가장 높은 것으로 나타났다. 이는 투입요인 중 전문 인력의 확보가 중요하다는 점과 일맥상통하는 것으로 보인다. 즉 투입요인에서 전문 인력의 확보가 중요하기 때문에 이러한 전문 인력을 양성하는 프로그램이 경쟁여건에서 역시 중요하다고 답한 것으로 볼 수 있다. 전문 인력을 양성하는 프로그램이 다양하고 그 질적 수준이 높을수록 양질의 전문 인력을 배출할 수 있고, 이는 결국 도시문화산업의 경쟁력을 지속시킬 수 있는 요인으로 작용하게 될 것이다.

〈표 20〉 경쟁여건에서의 상대적 중요도 및 순위

구분 / 요인	제조업형 도시문화산업		서비스형 도시문화산업	
	중요도	순위	중요도	순위
네트워크 구축	0.239	2	0.335	2
전문인력양성프로그램	0.436	1	0.371	1
저작권 및 지적재산권 보호환경	0.190	3	0.189	3
정부의 정책적 지원 및 규제	0.135	4	0.105	4

그런데 제조업형 도시문화산업과 서비스형 도시문화산업 모두 정부의 정

책적 지원 및 규제요인의 상대적 중요도가 가장 낮게 나타난 것이 이채롭다. 도시문화산업이 그 특성상 준공공재의 성격을 가지고 있어서 여타 다른 산업보다 정부의 개입이 더 필요하다고 생각할 수 있다. 그렇지만 도시문화산업의 경쟁력이 유지되고 지속되는 요인은 주로 산업내적인 요인과 네트워킹의 문제이고 정부의 정책적 지원 및 규제 등의 영향은 미약한 것임을 알 수 있다.

정책적 시사점

글로벌 경제와 지식기반경제로의 이행흐름과 함께 문화와 문화산업에 대한 관심이 증가하면서 문화산업이 산업의 중심으로 부상하고 있다. 문화산업은 높은 부가가치를 가지는 등의 특성으로 인하여 국가나 도시의 경쟁력 확보에 기여하는 바가 큰 것으로 인식되고 있다. 문화산업은 특히 도시라는 공간을 필수적으로 요구하게 됨으로 도시문화산업의 중요성은 그 어느 때보다 높다. 산업의 지속적인 성장은 그 산업의 경쟁력에 의존하기 때문에 도시문화산업의 경쟁력이 어떤 요인에 의해서 결정이 되는가 하는 것은 매우 중요하다.

여기서는 이론적 논의를 바탕으로 분석적 계층화(AHP) 기법을 이용하여 도시문화산업의 경쟁력 결정요인에 관한 상대적 중요도를 몇 단계로 분석하였다. 그 분석결과를 바탕으로 도시문화산업에 대한 정책의 수립이나 집행에 시사하는 바를 정리하면 다음과 같다.

첫째, 도시문화산업의 각 특성별로, 그리고 단계별로 정책의 수립이나 집행은 달라져야 한다. 제조업형 도시문화산업과 서비스형 도시문화산업은 가치사슬 단계별로 경쟁력 결정요인에 대한 상대적 중요성에서 상당부분 차이가 있다. 제조업형 도시문화산업의 경우 창작단계, 서비스형 도시문화산업의 경우에는 유통단계의 상대적 중요도가 가장 높게 나타났다. 또한 가치사슬 단계별로 분석한 경쟁력 결정요인 역시 그 결과를 일반화하기 어려울 만큼 다양하게 나타나고 있다. 이러한 분석결과는 도시문화산업의 특성을 구분하지 않은 채 수립 또는 집행하는 일률적인 정책은 그 정책적 실천성이 떨어질 수 있다는 것을 시사하고 있는 것이다. 따라서 국가나 지방자치단체는 도시문화산업의 특성이나 가치사슬 단계별로 적절한 정책의 수립이나 집행에 유의할 필요가 있다.

둘째, 도시문화산업의 경우 사적재와 공공재의 성격을 동시에 가진 준공공재적 성격을 띠게 되어 국가나 지방자치단체의 개입이 불가피한 것으로 알려져 있다. 그러나 여기에서 중요한 것은 국가나 지방자치단체의 개입은 최소화해야 한다는 것이다. 도시문화산업의 경쟁력 결정요인에 대한 실증분석 결과, 경쟁여건부문에서 정부의 정책적 지원 및 규제의 상대적 중요도는 다른 요인에 비해 낮은 것으로 나타났다. 이는 도시문화산업에 대한 국가나 지방자치단체의 직접적인 지원은 도시문화산업의 경쟁력을 유지시키는 데 기여도가 미약할 수 있다는 것을 시사하고 있는 것이다. 하지만 국가나 지방자치단체의 기본적인 역할이라고 할 수 있는 인프라 조성이나 문화산업 내 기업들 간 원활한 네트워크가 가능하도록 여건을 조성하는 것은 의미 있는 것으로 나타났다.

셋째, 분석적 계층화(AHP) 기법을 이용한 분석결과 문화산업 전문가들은 투입요인부문에서의 전문 인력의 확보를 제조업형 도시문화산업은 1순위, 서비스형 도시문화산업은 2순위로 꼽아 중요한 요인으로 인식하고 있었다. 그리고 경쟁여건부문에서는 제조업형 도시문화산업과 서비스형 도시문화산업 모두 전문인력 양성프로그램의 중요성이 가장 높게 나타났다. 이러한 결과는 도시문화산업에서 창의적인 아이디어를 가진 전문 인력이 다른 요인보다 중요함을 나타내는 것이다. 따라서 국가나 지방자치단체는 도시문화산업과 관련한 전문 인력의 확보를 위해 대학이나 연구기관 등에 대한 지원을 고려할 필요가 있을 것으로 판단된다. 시시각각 변하는 소비자의 욕구를 충족시키기 위하여 전문 인력의 재교육을 위한 다양한 프로그램을 마련하는 것 역시 보다 적극적으로 고려할 필요가 있다.

| 참고문헌 |

강형기. (2001). 『향부론』. 비봉출판사.

구문모 등. (2000). 『문화산업의 발전방안』. 을유문화사.

구문모. (2001). 『문화산업과 클러스터정책』. 산업연구원.

권오혁 · 김홍석. (2000). 『지방문화산업 육성방안』. 한국지방행정연구원.

김문환. (1997). 『문화경제론』. 서울대학교출판부.

김미나. (2000). 「문화산업의 시장경쟁력과 혁신시스템에 관한 연구」. 고려대학교 대학원 박사학위논문.

남기범 등. (2001). 『도시의 사회적 자본과 문화산업』. 삼우사.

대한국토 · 도시계획학회편. (2001). 『도시계획론』. 보성각.

박동 등. (2004). 『세계의 지역혁신체계』. 한울아카데미.

유재윤 등. (2000). 『도시문화산업의 육성방안』. 국토연구원.

이정훈. (2004). 「중소도시 지역개발 수단으로서 제3의 문화전략: 관광과 문화산업의 사회 · 공간적 결합」. 『관광경영학연구』, 8(3): 257-292.

이창효. (2000). 『집단의사결정론』. 세종출판사.

임경수. (2002). 「지역발전전략으로서의 지방문화산업 육성방안: 안양시를 사례로」. 『한국지역개발학회지』, 14(1): 69-90.

임학순. (2004). 「지역문화산업 클러스터조성사업의 사전평가 모델 개발에 관한 연구」. 『한국사회와 행정연구』, 15(2): 305-324.

윤용중 등. (2001). 『지역별 문화산업 육성정책 비교연구』. 한국문화정책개발원.

조근태 등. (2003). 『계층분석적 의사결정』. 동현출판사.
조동성. (2000). 「국가경쟁력과 문화예술의 역할」. 『21세기 문화·관광정책방향 정립을 위한 세미나 자료』, 문화관광정책연구협의회.
최봉 등. (2002). 『한국 주력산업의 경쟁력 분석』. 삼성경제연구소.
최영출. (2004). 「로컬 거버넌스의 성공적 구현을 위한 정책과제: AHP 방법론의 적용」. 『지방행정연구』, 18(1): 19-51.
한국개발연구원. (2003). 『한국의 산업경쟁력 종합연구』.
한국문화콘텐츠진흥원. (2004). 『한·중·일 문화콘텐츠산업 경쟁력 비교분석』.
Hesmondhalgh, D. (2002). *The Cultural Industries*. London: SAGE Publications.
Liberman, A. and P. Esgate. (2002). *The Entertainment Marketing Revolution*. New Jersey: Financial Times Prentice Hall.
Pilon, S. and C. DeBresson. (2003). Local Culture and Regional Innovation Networks: Some Propositions. In D. Fornahl and T. Brenner (eds.) *Cooperation, Networks and Institutions in Regional Innovation Systems*. Edward Elgar.
Porter, M. E. (1990). *The Competitive Advantage of Nations*. New York: Free Press.
Porter, M. E. (2000). Location, Competition, and Economic Development: Local Clusters in a Global Economy. *Economic Development Quarterly*, 14(1): 15-34.
Santagata, W. (2002). Cultural Districts, Property Rights and Sustainable Economic Growth. *International Journal of Urban and Regional Research*, 26: 9-23.
Saaty, T. L. (1999). *Decision Making For Leaders*. Pittsburgh: RWS Publications
Scott, A. J. (2000). *The cultural economy of cities*. London: SAGE Publications.
Scott, A. J. (2004). Cultural-products industries and urban economic development. *Urban Affairs Review*, 39.
Throsby, D. (2001). *Economics and Culture*. Cambridge: Cambridge University Press.
Wynne, D. (1992). *The Culture Industry*. Athenaeum Press

제6장 · 사회적 자본과 도시경쟁력

현재까지 도시경쟁력의 분석과정에서는 도시의 경쟁력을 구성하는 평가요소를 설정하고 그에 대한 평가결과를 공개하는 방식이 흔히 이용되어 왔다. 이와 같은 구성요소 설정 및 지표활용 방식은 도시의 경쟁력 분석과 관련하여 유용한 방식이지만, 좀 더 근본적인 요소를 찾아내어 현실에 적용하는 것이 중요하다. 최근 각종 도시문제를 해결하고 도시의 지속적 성장을 위한 대응전략 중, 눈에 잘 드러나지는 않지만 보다 근본적인 요소로서 사회적 자본의 견실한 축적의 필요성이 제기되고 있다.

사회적 자본은 지위 획득, 사회적 이동, 경제적 조직에서의 경쟁적 우위, 정치적 참여, 심리적 · 물질적 복지 등의 다양한 주제들을 설명하는 데 사용되어 왔다(Lin, 1999, 2001a). 사회적 자본에 관한 연구의 특징은 개인적 · 집단적 행동이 그러한 행동들이 스며 있는 사회적 상황에 크게 의존하고 있음을 반영하고 있는 것이다(Lin and Erickson, 2008: 1). 지난 20년 동안 사회적 자본이 사회과학분야에서 가장 논란이 많은 개념 가운데 하나가 된 까닭은 그것이 다양한 "사회적 · 정치적 난제들"을 해결할 수 있을 것으로 기대되기 때문이다(Van Deth, 2008: 150). 사회적 자본의 긍정적인 결과를 기대하는 이면에는 어떤 사회가 사회적 자본을 많이 가지면 가질수록 사회적 거래가 더욱 효율적이고 더욱 생산적이 된다는 생각이 자리하고 있다. 사회적 자본은 기본적으로 사람들 사이의 사회적 관계에서 생기는 것으로서 경제적 자본처럼 그것이 많이 축적되면 될수록 우리의 삶이 풍요로워질 것으로 보아 다양한 학문분야에서 다양한 방식으로 접근되고 있다(Castiglione et al., 2008; 박희봉, 2002).

본 논의의 목적은 사회적 자본이 도시경쟁력에 미치는 영향을 분석하는 것이다. 보다 구체적으로, 도시의 경쟁력을 구성하는 요소 중에서 가장 중요한 요소 중의 하나인 경제적 수준 특히 도시민의 소득수준에 사회적 자본이 어떤 영향을 미치는가에 분석의 초점을 두고자 한다. 이러한 규명은 향후 도시의 경쟁력을 비교평가하는 데 있어 중요한 관점을 제공하고 나아가 도시의 발전전략을 수립하는 데도 유용한 기준이 될 것으로 보인다.

사회적 자본과 도시경쟁력 논의

사회적 자본과 도시경쟁력 그리고 양자 간의 관계를 이론적으로 검토한다.

1. 사회적 자본

사회적 자본에 대한 다양한 개념화는 P. Bourdieu, J. Coleman, 그리고 R. Putnam으로 거슬러 올라간다. Bourdieu(1986: 243)는 사회적 자본은 사회적 의무들로 구성되어 있는 연결 형태로 보고 세분화된 집단 혹은 범주 안에서의 개인 간 관계를 강조한다. Bourdieu(1986: 248)는 사회적 자본이란 "서로 아는 사이의 다소 제도화된 관계로서 지속적인 네트워크의 소유로 연결되어 있는 실제적 혹은 잠재적 자원의 총계"라고 정의한다. Lin(1982, 2001b)

의 주장도 Bourdieu(1986)의 경우와 유사한데, 사회적 자본은 사회적 네트워크 또는 사회적 자원에 체화된 것으로 정의하고 있다. Lin(2001b)의 정의는 "사회적 자본은 어떤 사람의 사회적 네트워크 안에 체화된 자원이고, 그 네트워크 안에서 유대를 통하여 접근되고 동원될 수 있는 자원이다."

Coleman(1990)은 사회적 자본의 기능적인 측면을 강조한다. 사회적 자본은 "단일한 실체가 아니라 다양하고 상이한 실체들이다. 그 실체들은 모두 사회적 구조의 어떤 측면으로 구성되어 있으며, 그 구조 안에 있는 개인들의 어떤 행동들을 촉진시킨다"(Coleman, 1990: 302). Putnam et al.(1993: 167)에 의하면 사회적 자본은 "신뢰(trust), 규범(norms), 네트워크(networks) 등과 같은 사회적 조직의 특징들"이며, 조율된 행동들을 촉진시킴으로써 사회의 능률을 개선시킬 수 있다. Nahapiet and Ghoshal(1998: 243)은 사회적 자본의 개념에는 협동, 신뢰 및 믿을 만함, 규범 및 제재, 그리고 의무 및 기대 등이 포함되어 있다고 하면서, 사회적 자본은 "개인 또는 사회적 단위가 소유하는 네트워크 관계 안에 체화되고, 네트워크 관계를 통해 이용할 수 있으며, 네트워크 관계로부터 나오는 실제적이고 잠재적인 자원의 총계"라고 정의한다(Han, 2008: 35).

Paxton(1999)은 P. Bourdieu와 J. Coleman의 견해를 이용하여 사회적 자본은 개인 간의 객관적 연대형태와 주관적 유대형태를 포함하고 있다고 주장한다(최영출 외, 2006: 100). Woolcock(1999)은 사회적 자본의 기본적 형태로 사회적 유대, 사회적 교량, 그리고 사회적 연결을 제시하고 있다(Han, 2008: 37). Esser(2008)는 사회적 자본을 개인적(individual) 측면과 집단적(collective) 측면으로 구분하면서 사회적 자본을 관계적 자본(relational capital)과 시스템 자본(system capital)으로 구분하고 있다.

Ahn and Ostrom(2008)은 사회적 자본의 세 가지 기본 형태로서 믿을 만함, 네트워크, 제도 등을 제시한다.[25)] 믿을 만함(trustworthiness)은 네트워크 혹은 제도적 인센티브가 없는 상황에서조차 보답하는 행동을 보이는 사람들의 선호를 말한다. 구조적인 인센티브가 협동을 촉진시키는 데 동의하면서도 개인들의 본질적 가치 관념이 협동적으로 행동하는 데 독립적인 이유가 되는 것으로 본다(Ahn and Ostrom, 2008: 88). 그리고 사회적 네트워크 안에서 신뢰 상황이 반복되거나 혹은 체화되면, 관계자는 필요 시에 보답하는 행동을 할 가능성이 더 높아진다. 즉, 네트워크(networks)에 체화되어 있는 관계자는 관계를 지속적으로 유지하기 위하여 신뢰를 부당하게 이용하지 않고 보답하는 것이 자신에게 유리하다는 것을 알게 된다. 네트워크는 다른 사람에게 정보를 믿을 만하게 전달하는 능력을 지니고 있어서 이 또한 협동적인 행동을 촉진시킨다. North(1990)는 제도(institutions)를 게임의 규칙으로 보면서, 개인들은 이를 이용하여 모든 형태의 조직에서 활동한다고 보고 있다. 상호작용을 구성하기 위하여 개인들이 사용하는 규칙들은 공식적이기도 하고 비공식적이기도 하다. 제도는 사회적 자본의 중요한 형태로서 관계자가 신뢰를 깰 큰 물질적인 유혹에 직면해서도 보답하는 행동을 하도록 충분한 정보와 억지력을 제공하게 된다. 효과적인 법과 규칙은 주어진 신뢰 상황에서 정보를 믿을 만하게 생산하거나 악용하는 것을 응징함으로써 집단적인 행동의 가능성을 높이는 메커니즘을 만들어 내기 때문이다(Calvert, 1995a, 1995b).

---

25) 이 형태들은 K. Arrow가 제시한 자본의 조건을 항상 만족시키지는 않지만 넓은 의미에서 자본이고, 경제적·정치적 과정과 산출물에 독립적인 투입요소 역할을 하게 된다. K. Arrow는 자본의 개념에 함축된 세 가지 측면으로서 (i) 시간에서의 확장성, (ii) 미래의 혜택을 위한 현재의 신중한 희생, (iii) 양도가능성 등을 제시하고 있다(Ahn and Ostrom, 2008: 93).

2. 도시경쟁력

20세기 말 세계무역기구(WTO)의 출범과 더불어 급격하게 진행된 글로벌 시대의 세계는 점점 시간적·공간적으로 좁혀지면서 국가 사이의 경쟁보다는 지역 또는 도시 사이의 경쟁이 더욱더 치열해지는 추세에 있다. 이와 같이 개방화·지방화 시대를 맞이하여 경제활동의 주역이 국가에서 지역·도시로 바뀔 것으로 예상되면서 기존의 국가를 대상으로 한 경쟁력 개념에서 지역·도시를 단위로 하는 경쟁력의 개념이 중시되고 있다. 20세기 후반부터 경제적인 측면에서 또 하나의 괄목할 만한 추세는 세계경제가 점점 지식기반경제로 옮아가고 있다는 것이다(유장희·김남두, 2001: 9).

세계화와 지식기반경제로 변화하는 추세에서 국가적 차원에서는 국가경쟁력을 제고하기 위해 각종 정책을 개발해야 하고, 도시단위에서는 생존을 위해 도시 나름대로 경쟁력을 높이기 위한 방안을 모색하지 않으면 안 되는 상황에 직면해 있다. 도시경쟁력을 바라보는 관점은 크게 두 가지이다(건설교통부, 2007). 하나의 관점은 경제 산업적 관점이고, 다른 하나는 삶의 질적 관점이다.

국가 또는 도시의 경쟁력에 대한 기존의 개념들은 대부분 경제적 측면의 경쟁력으로 설명하고 있으나 생활환경을 둘러싼 삶의 질에 대한 평가가 함께 이루어져야 한다고 보는 것이 삶의 질 위주의 경쟁력 개념이다. 도시의 생활환경 수준은 주민의 삶의 질을 규정짓는 것으로 기업의 입지조건으로서도 중요하다. 통합적 경제·사회개발체계를 위한 바람직한 정책수단의 필요에 따른 정보제공을 위해 지표개발이 시작되어 국제기구와 미국·일본·영국 등에서 사회지표가 개발되었다. 삶의 질 지표들은 도시마다 큰 차이가 있어 도시를 비교·평가할 때 평가분야 및 가중치의 선정이 중요한 문제로 남아 있다.

도시경쟁력이란 생산성 제고과정에서 도시들 간의 경쟁을 전제하여 비교우위를 평가하는 것이므로 경쟁력을 결정하는 요인이 중요하다. 경제적 측면뿐만 아니라 경제적 발전으로 인한 사회적·환경적 문제로 삶의 질에 대한 관심이 높아짐에 따라 도시를 구성하는 기업, 사람, 기반환경 등을 모두 조화시킬 수 있는 도시경쟁력 개념의 필요성이 부각되고 있다. 한국경제연구원(1995)은 지방경쟁력강화 연구에서 지방경쟁력을 "한 지역의 정부, 기업, 주민이 경제활동을 통해 가치를 창조할 수 있는 동태적 역량의 내부효율과 외연능력에 관한 상대적 비교"라고 정의하고 있다. 삼성경제연구소(1997)는 도시경쟁력의 개념을 경제적 측면, 삶의 질 개선 측면, 지속적인 인간개발 측면으로 구분하여 "도시의 경제여건을 개선하고, 주민의 삶의 질을 지속적으로 향상시키며, 인간개발로 연계시킬 수 있는 능력이 타 도시에 비하여 비교우위가 있는 정도"로 정의하고 있다. 건설교통부(2007)가 정부의 '살고 싶은 도시' 정책을 실현하는 하나의 수단으로 제안한 '살고 싶은 도시 경쟁력' 역시 기존 경제성장 위주의 도시평가뿐만 아니라 삶의 질을 포함하여 삶터, 일터, 놀터, 숨터 등으로 구성되어 있다.

그런데 이상에서 살펴본 도시경쟁력의 구성요소들은 표면에 드러나 있는 지표를 통해 도시경쟁력을 평가하는 수단으로는 가치 있는 것이지만, 도시가 그러한 표면상의 지표를 산출해 내기까지 심층적으로 진행된 과정에 대한 이해를 하는 데는 한계가 있다. 따라서 도시의 경쟁력에 대한 보다 심층적인 역학관계에 대한 이해와 접근이 필요해진다.

3. 사회적 자본과 도시경쟁력의 관계

많은 지역학자들은 도시경쟁력의 핵심요소가 기업 사이의 관계 내지는 지역사회의 신뢰관계 등 산업외적인 요인들에 있음을 지적하고 있다. 그리고 경영학자와 지역학자들이 연구한 결과는 산업경쟁력은 산업이 위치한 도시나 지역과 밀접한 관련을 맺고 있다는 것이다(김원배, 1997). 김원배(1997)는 도시의 입지적 자산에 근거하여 도시 내에서 일어나는 제반행위는 도시의 잠재력 또는 기반적 역량을 구성하고, 이러한 역량은 입지적 자산과 상호 환류과정을 거치면서 기반역량의 증대(위축) 또는 입지자산의 확충(감소)을 가져오게 된다고 설명하고 있다. 도시 간의 입지자산과 기반역량에서의 차이는 기능적 측면에서 도시 간의 특성화를 유발하게 되고 이러한 기능적 측면은 Kanter(1995)가 언급한 도시의 핵심역량을 구성하게 된다. 도시의 핵심역량은 동태적인 것으로서 그 도시가 지닌 입지자산과 기반역량과의 상호환류과정을 거치면서 증대되기도 하고 축소되기도 한다. 이러한 환류과정에서 중요한 것은 핵심역량의 장소적 내재화로 보고 있다.

복합적인 속성을 지닌 무형의 자산으로서 사회적 자본은 도시경쟁력에서 중요한 기능을 한다. 도시공동체는 기본적으로 사회적 관계로 이루어져 있어서 사회적 관계에서 발생하는 모든 문제는 직·간접적으로 사회적 자본과 관련이 되기 때문이다. 도시공동체 내에서 이루어지는 정치적·경제적·사회적·문화적 관계에서 사회적 자본은 윤활유 역할을 하면서 거래비용을 감소시키거나 갈등을 최소화시키면서 공동체를 유지하고 발전시켜 나가는 데 중요한 역할을 한다.

사회적 자본은 규칙, 관계, 지위 등으로 구성되어 있는 사회적 구조로 이루어진 사회적 시스템과 불가분의 관계를 가지면서 그 시스템의 역량에 영향을 미친다. 사회적 자본은 입지적 자산의 사회적 환경의 성격을 지니고 있다. 그것이 환류과정을 반복하면서 기반역량으로 자리 잡고 도시의 고유한 핵심역량으로 나타나게 된다. 따라서 도시경제의 장기적 발전을 가능하게 하는 혁신은 사회적 자본이 기름진 토양으로 자리 잡고 있을 때 더욱 촉진될 수 있다. 고유한 지역으로서 어떤 도시는 그 지역만의 독특한 사회적 자본의 토양에서 다른 도시와 차별되는 생산역량을 가질 수 있게 된다.

실태분석

실태분석을 위하여 분석의 범위와 방법, 변수의 구성요소 및 측정지표, 그리고 분석결과 순으로 논의한다.

1. 분석의 범위 및 방법

(1) 분석의 범위

실태분석의 공간적 범위는 한국의 지방자치단체로, 서울특별시를 포함한 7개의 광역시와 기초자치단체의 75개 시 등 모두 82개 전국의 도시를 대상으로 한다. 다만, 제주도의 제주시와 서귀포시는 2006년 7월 1일부터 제주특별자치도로 변경되면서 자치단체가 아닌 행정시로 바뀜에 따라 도시의 성격뿐만 아니라 통계자료의 일관성에도 한계가 있어 제외하였다. 또한, 도시의 성격을 지녔지만 군단위의 읍은 연구대상에서 제외하였다. 읍은 자치단체로서의 자격을 갖추지 않아 글로벌 시대의 독립적인 경쟁단위와 통계자료에서도 한계가 있기 때문이다. 분석의 시간적 범위는 2006년 말 기준시점의 횡단면적 분석을 원칙으로 했다. 그러나 통계자료수집의 한계 때문에 자료의 본질적 성격이 왜곡되지 않도록 주의하면서 2006년 기준 최근 자료도 일부 활용하였다.

(2) 분석의 방법

첫째, 사회적 자본과 도시경쟁력에 관련된 이론적 고찰 및 선행연구를 토대로 목적변수와 설명변수의 구성요소 및 측정지표를 파악한다. 둘째, 각종 통계자료를 활용하여 상관분석 및 회귀분석을 실시한다. 도시별 인구를 포함한 근간이 되는 통계자료는 행정안전부의 한국도시연감(2007)의 통계자료이다. 그리고 통계청 자료, 지역발전위원회·지식경제부 지역경제산업 종합정보서비스(http://renet.go.kr) 등 관련 자료를 활용한다. 그리고 통계분석 도구로 통계프로그램(SPSS v 12.0)을 활용한다.

2. 변수의 구성요소 및 측정지표

(1) 사회적 자본

가. 사회적 자본 측정 선행연구와 구성요소

사회적 자본의 측정과 그러한 측정이 가진 문제점에 관한 논의는 정의와 개념화로부터 시작된다. 사회적 자본을 둘러싼 많은 개념 또는 정의들은 실증적 연구단계에서는 측정의 논리적 근거가 되기 때문에 개념과 관련된 쟁점은 측정에서도 그대로 쟁점으로 이어진다. 결과적으로 사회적 자본의 조작적 단계에서는 당황스러울 정도로 많고 다양한 구성요소 내지 지표가 제시될 수 있다.

Bullen and Onyx(1997)는 호주의 다섯 개 지역사회의 사회적 자본을 측정하는 과정에서 지역사회 구성원의 상호조정과 협동과정에 주목한다. 그들은 지역사회의 참여, 사회에서의 적극적 활동력, 신뢰와 안전의 감지, 이웃관계, 가족 및 친구관계, 다양성의 포용력, 삶의 가치, 작업연계 등을 사회적 자본의 구성요소로 제시하고 있다. Paxton(1999)은 사회적 자본 측정지표로서 두 가지 차원(신뢰 및 연대)에 주목한다. 신뢰 차원은 개인에 대한 신뢰와 기관에 대한 신뢰가 있다. 개인에 대한 신뢰는 사람들이 남을 도울 수 있는지, 신뢰할 수 있는지, 공정한지 어떤지 느끼는 정도 등이 포함된다. 기관에 대한 신뢰는 종교기관, 교육기관, 행정기관, 입법기관 등에 대한 신뢰 정도가 포함된다. 그리고 이러한 개인 및 기관에 대한 신뢰 정도가 높을수록 사회적 자본 수준이 높다고 보고 있다. 연대(association) 차원에는 이웃에 있는 사람과 저녁시간을 보내는 빈도, 지역사회 밖의 친구와 저녁 시간을 보내는 빈도, 가입되어 있는 자발적 조직의 수 등의 지표가 포함된다. 이러한 지표들을 이용해 1975년부터 1993년까지 미국의 사회적 자본의 수준을 측정하고 있다(최영출 외, 2006: 100).

Krishna and Uphoff(1999)는 농부들의 협동작업을 필요로 하는 수자원 관리과정을 연구하면서, 연구대상지역의 사회적 환경을 대표하는 구조적 인자(structural factors)와 인지적 인자(cognitive factors)에 주목한다. 즉, 비공식적 네트워크, 결속력 및 상호신뢰 등을 이용하여 사회적 자본 지표를 개발하고 있다(소진광, 2004). 박희봉과 김명환(2000)은 사회적 자본의 개념을 측정하기 위해 규범, 신뢰, 네트워크 등으로 나누고, 네트워크를 집단 내 협력과 정보공유의 두 개의 변수로 분류하고 있다. 소진광(2003)은 성남시의 사회적 자본을 조사하면서 개념요소와 표현인자를 설정하고 있다. 이때 개념요소로서 신뢰기반, 네트워크, 사회적 규범, 참여기회, 이타적 성향 및 포용력을 지적하고 있다. 여기서 신뢰기반, 참여기회, 이타적 성향 및 포용력 등은 사회적 자본의 인지적 성분과 관련이 있고, 네트워크와 사회적 규범의 일부는 사회적 자본의 구조적 성분과 관련이 있다.

C. Grootaert 등은 구조적 성분과 인지적 성분 분류방식을 도입하고 있다(소진광, 2004). 구조적 성분과 관련하여, 가난한 사람들이 도움을 요청할 수 있는 집단이나 네트워크의 유형, 그리고 집단과 네트워크의 다른 구성원에

대한 기여의 성격과 범위 등을 포함하고 있다. 인지적 성분과 관련하여 영향을 미치는 사람과 중요기관 뿐만 아니라 문제해결 과정에서 호혜성과 협동의 규범에 대한 응답자의 주관적 인식을 탐색하고 있다. Rohe(2004: 158)는 지금까지의 많은 연구들이 사회적 자본에 대해 서로 다른 개념 정의를 이용한 측면과 함께 서로 다른 사회적 자본 수준을 측정했다고 보고 사회적 자본 측정지표 및 지표 간의 관계성에 관한 연구를 하고 있다(최영출 외, 2006: 103). Rohe(2004)는 사회적 자본을 상호이익을 위해 조정과 협력을 용이하게 하는 네트워크, 규범, 사회적 신뢰와 같은 것으로 정의하고 있다.

World Bank(2004)은 사회적 자본 수준을 국제적으로 비교 연구하여 제시하며 사회적 자본을 6개 차원으로 나누어 측정하고 있다(최영출 외, 2006: 105-107). 6개 차원은 집단과 네트워크, 신뢰와 단결성, 집단적 활동과 협력, 정보와 의사전달, 사회적 응집성과 포용력, 권한과 정치활동 등이다. 이를 구체화한 설문지를 통해서 각 국가별, 지역사회별 사회적 자본 수준 측정이 가능하다고 한다. 최영출 외(2006)는 사회적 자본의 지표를 신뢰 부문, 네트워크 부문, 집단적 협력 부문, 사회적 포용력 부문, 제도적 규범 부문 등의 5개 차원으로 구분하고, 각 차원별 세부지표를 구성하여 전체 24개 지표를 설정하고 측정지표 간의 가중치를 분석하고 있다. 그 결과 신뢰부문의 지표들이 상위순위를 차지하는 것으로 나타나고 있다. Putnam(2000)은 투표자 수, 지방변호사회, 파티, 헌혈, 교회에 다니는 사람들 등 광범위한 지표 세트에 의하여 사회적 자본을 측정하고 있다. 비록 사회적 자본의 조작적 정의들로서 이런 지표들이 적합한지는 분명하지 않으나 그 메시지는 명백하다. 즉, 개인들 간의 협력을 촉진하는 어떤 것도 사회적 자본으로서 개념화될 수 있다는 것이며 사회적 자본은 그 기능들에 의해 정의되고 그리하여 다른 상황에서는 매우 다른 방식으로 조사될 수 있다는 것을 뜻한다.

나. 사회적 자본 구성요소 및 측정지표 선정원칙

본 논의에서는 사회적 자본의 구성요소로 앞에서 논의한 사회적 자본의 보편적인 요소를 포함시켰다. 그것은 신뢰, 규범, 네트워크, 집단협력 등이다. 여기서 규범은 경우에 따라서 제도적 측면을 포함하고 있다. 그리고 글로벌 환경 아래에서 도시의 경제적 생산성에 장기적이고 근본적으로 영향을 미쳐 도시의 경쟁력 제고효과를 가져오는 변수로서 개방성과 지식기반 환경 요소를 추가하였다.

본 논의에서 사회적 자본의 구성요소와 측정지표를 선정하면서 고려한 사항은 다음과 같다.

첫째, 본 논의의 목적은 사회적 자본이 도시경쟁력에 미치는 영향에 관한 것이다. 따라서 우선 측정의 초점을 도시의 경쟁력과 관련된 사회적 자본의 구성요소를 선정하는 데 두고 그중에서도 경제적 경쟁력에 중점을 둔다. 좀 더 구체적으로는 경제적 생산성과 관련한 분석이기 때문에 이와 관련된 지표를 선정한다.

둘째, 도시경쟁력 분석의 수준은 국가나 개인적 분석단위가 아닌 도시단위이므로 공동체를 중심으로 한 분석범주에 속한다고 볼 수 있다. 이럴 경우 국가적 차원에서 독특하게 다루어야 할 요소나 개인적인 속성이 강한 요소는 원칙적으로 본 분석의 측정 대상에서는 제외한다.

셋째, 도시를 하나의 유기체로 본다면 공동체적 속성을 가진 요소를 찾아내는 것이 필요한데 대체로 그러한 자료는 공공기관에서 관리하는 자료가 유용하다. 그러한 대표적인 최근 자료가 정부에서 발간하는 『2007 한국도시연감』이어서 이를 주로 활용하고 그 밖에 통계청을 비롯한 정부의 도시 관련 통계자료를 활용한다.

넷째, 대표성이 강한 최소수의 핵심적 구성요소와 지표를 발견하기 위하여 총 6개 구성요소의 22개 지표에 대해 상관계수와 변수 간의 다중공선성 문제 등 다각적인 통계기법과 분석을 통해 6개 지표를 선정한다.

다. 사회적 자본 측정지표

6개 사회적 자본 구성요소를 조작적으로 측정하기 위한 대표적 측정지표로서 금융대출, 범죄발생률, 비영리민간단체의 수, 투표참가율, 외국인 수 비율 등을 각각 선정하였다.

신뢰: 금융대출(일인당 금융대출 규모)

신뢰는 사회적 자본을 구성하는 가장 보편적인 요소이며 다른 구성요소와도 밀접한 연관성이 있다. 신뢰는 인간의 내면적인 요소이기 때문에 도시공동체의 일반적 지표 중에서 적절한 대용지표를 발견하는 데 상당한 한계를 가지고 있다. '금융대출 규모'는 고도의 신뢰를 필요로 하는 것으로서 신뢰가 많이 쌓이거나 경제적 담보능력이 클수록 금융대출의 규모는 일반적으로 크다.[26] 따라서 금융대출규모를 신뢰의 지표로 사용한다.

규범: 범죄발생률(인구 십만 명당 범죄발생건수)

규범이란 마땅히 따르고 지켜야 할 본보기로서 일반적으로 수용되는 행위의 표준이다. 그것은 도덕적인 것으로부터 법으로 강제된 것에 이르기까지 매우

---

26) 한국은행 자료에 따르면, 2006년도 18개 국내 은행 대출총액 중 대출종류별 비율은 신용대출 41.5%, 보증대출 6.7%, 담보대출 51.9%이다. 이 중 인적신뢰와 연관성이 큰 것은 신용대출과 인보증 대출로서 그 비중은 대출총액의 48.2%에 이른다.

다양하다. 제도는 관습·도덕·법률 등의 규범이나 사회 구조의 체계로서 사회규범적인 성격과 사회구조적인 성격을 함께 가지고 있다. 그런데 정치제도를 포함한 경제관련 법적·사회제도는 국가단위의 비교연구에서는 매우 중요한 요소이지만 도시단위의 비교연구에서는 그 의미가 떨어진다. 본 연구에서는 규범준수를 나타내는 지표로서 형사벌적인 '범죄발생률'을 지표로 선정했다. 여기서의 '범죄발생'은 강력범(1%), 절도범(12%), 폭력범(17%), 지능범(14%), 풍속범(1%), 특별법범(51%), 기타형사범(4%) 등으로 구성되어 있다(2006년 기준).

네트워크: 비영리민간단체의 수(인구 십만 명당)

도시의 경쟁력과 관련하여 '하드 네트워크(hard network)'와 '소프트 네트워크(soft network)'가 중요하다(Malecki, 2002). 하드 네트워크에서는 인터넷이 가장 중요한 요소이므로 도시의 인터넷 보급률이 지표로서 유용성이 크나 현재 도시별 통계자료 구득에 어려움이 있다. 소프트 네트워크는 내부적 네트워크와 외부적 네트워크로 구분된다. 내부적 네트워크는 주로 조직의 내부적 일상의 커뮤니케이션과 외부적 네트워크를 통하여 얻은 정보를 공유하는 것에 초점이 두게 된다. 따라서 도시의 경쟁력과 관련해서 정보 또는 지식의 원천과의 연계가 중요하다. 그런데 그 연계성은 도시민의 각종 단체에의 가입비율로 측정하는 것이 보다 일반적이겠지만 자료구득의 한계 때문에 차선책으로 비영리민간단체의 수를 지표로 활용한다.

집단협력: 투표참가율(지방선거투표율)

도시가 발전하는 데 있어 도시민의 공동체에 대한 관심과 협력은 중요하다. 공동체의 어떤 비전과 목표에 대해 구성원들이 이를 공유하고 힘을 모아 가기 위해서는 기본적으로 시민의식이 형성되어 있는 것이 중요하기 때문이다. 이러한 시민의식을 바탕으로 참여에까지 연결되는 대표적인 것이 지역의 대표 선출에 참여하는 것이다. 이런 점에서 집단협력의 지표로 지방선거참여율을 이용한다.

개방성: 외국인수비율(인구 천명당 등록외국인 수)

글로벌 경쟁 환경에서 시민들의 의식이 글로벌 규범을 인식하고 실천하는 것은 매우 중요하다. 시민의식이 폐쇄적인 것에서 벗어나 개방성을 얻기 위해서는 외부 사람을 많이 접촉하거나 외부 정보를 많이 축적해야 한다. 이러한 개방성의 정도는 일상적으로 얼마나 자주 외국인을 접할 기회가 있는가와 관련성이 있다고 보아 한 도시에 등록되어 있는 외국인의 비율을 측정지표로 활용한다. 통계청에서는 이 지표를 '국제화'의 척도로 쓰고 있다.

지식기반환경: 독서율(시민 1인 기준 공공도서관 연간이용 책 권수)

글로벌 경제시대에 도시의 경제적 생산성을 크게 좌우하는 것은 지식기반의 축적이고 그것의 산업적 발현 형태가 지식기반산업의 발전이라고 할 수 있다. 글로벌 경쟁시대에 도시의 경제적 효율성은 지식기반환경에 얼마나 친숙하게 노출되어 있느냐와 밀접한 관계가 있다. 지식이 활발하게 창조되고 유통되며 적용될 때 부문별 혁신이 일어나 도시의 전반적 생산성이 높아져 도시의 소득수준이 향상될 수 있기 때문이다. 여기서는 이러한 지식기반환경을 조성하는 척도로서 독서하는 습관의 정도에 주목했다. 그중에서 일반 시민들이 가장 편하게 이용할 수 있는 곳은 공공도서관이라 판단하고 도서관의 도서이용 빈도를 지표로 활용한다.

(2) 도시경쟁력

도시경쟁력의 가장 중요한 부문의 하나는 도시의 경제적 측면이다. 대체로 도시의 경제가 쇠퇴하면 그 도시 자체가 활력을 잃게 되어 점점 쇠퇴의 길을 걸을 수밖에 없다. 따라서 도시경쟁력에서 경제적 측면은 어떤 경우에도 도외시될 수 없고 중요한 검토대상일 수밖에 없다. 다만 어떤 측면에 중점을 둘 것인지는 연구의 목적과 자료의 구득 가능성 측면에서 고려하게 된다. 어떤 도시의 경제적 측면의 경쟁력을 그 도시의 경제적 수준으로 판단한다면, 경제적 수준을 좌우하는 것은 그 도시의 경제적 생산수준이라 할 수 있고, 일반적으로 어떤 지역의 생산수준은 지역 내 총생산(GRDP)으로 표현된다. 지역 내 총생산은 일정한 지역 안에서 생산되는 최종생산물의 합계를 말하며, 어느 지역에 거주하는 주민에 의한 것인지에 관계없이 해당 지역에서 발생한 부가가치는 모두 계상되는 특징을 가지고 있다. 따라서 이것은 어떤 지역의 경제규모 또는 생산수준을 파악하는 데 유용한 지표로 쓰인다. 그런데 현재 공식적 통계로 발표되는 것은 광역시·도 단위이기 때문에 기초자치단체를 포함하여 공동체로서의 모든 도시를 대상으로 하는 연구에서는 자료의 구득에 한계가 있다.

일반 시(市)의 생산성을 간접적으로 나타내는 것으로 일인당 조세부담액을 고려할 수 있다. 이때 지방자치단체 단위로 용이하게 포착되는 것이 일인당 지방세부담액이다. 지방세의 구성을 보면 보통세로서 취득세, 등록세, 면허세, 주민세, 재산세, 자동차세, 주행세, 종합토지세, 담배소비세, 도축세, 지역개발세 등과 목적세로서 공동시설세, 지방교육세, 사업소세, 도시계획세 등이다. 그러나 이러한 세목은 생산과는 직접적으로 관련되지 않는 것이 많아 그 도시의 생산성을 대변하기에는 부적합하다. 따라서 개인의 생산성과 관련된 대표적인 조세로서 소득세를 고려할 수 있는데 소득세는 종합소득, 양도소득, 퇴직소득 등으로 구성되어 있다. 이 중 종합소득은 이자, 배당, 부동산임대, 사업, 근로, 연금 등으로 개인의 생산적 활동과 대체로 근접해 있다. 생산적 활동의 또 하나의 축은 법인으로서 법인세는 순자산 증가에 따른 과세를 원칙으로 사업소득과 양도소득을 합산하여 과세표준을 산출하므로 법인의 생산적 활동과 깊이 연관되어 있다. 그러나 생산과 지역의 일치성이라는 관점에서 보면 법인세보다는 소득세가 더 유용하다고 판단되어 본 논의에서는 도시의 일인당 소득세를 도시의 생산성을 측정하는 대용지표로 활용하고자 한다.

이상의 논의사항을 정리하면 〈표 21〉과 같다.

〈표 21〉 변수의 구성요소 및 측정지표

변수구분	성격	구성요소	지표성격	지표	자료출처
종속(목적)변수(Y)	도시 경쟁력(y)	경제적 생산성(소득수준)(y1)	소득수준	일인당 소득세(2006)(원)	2007 한국도시연감(행정안전부)
독립(설명)변수(X)	사회적 자본(x)	신뢰(x1)	대출규모	일인당금융대출(2006)(원)	2007 한국도시연감(행정안전부)
		규범(x2)	범죄발생률	범죄발생건수(십만 명당)(2006)(건)	2007 한국도시연감(행정안전부)
		네트워크(x3)	민간단체수	비영리민간단체 수(십만 명당)(2006)(개소)	2007 민간단체현황(행정안전부)
		집단협력(x4)	투표참가율	지방선거투표율(2006)(%)	중앙선거관리위원회
		개방성(x5)	외국인 수 비율	외국인등록 수(천 명당)(2006)(명)	2007 한국도시연감(행정안전부)
		지식기반 환경(x6)	공공도서관 이용 책 권수	일인당공공도서관 연간이용 책 권수(2006)(권)	2007 한국도시연감(행정안전부)

3. 분석결과

상관분석과 회귀분석의 결과는 다음과 같다.

(1) 상관분석결과

〈표 22〉는 종속변수인 일인당 소득세와 사회적 자본 측정지표 간의 상관관계를 정리한 것이다. 네트워크와 집단협력을 나타내는 측정지표의 상관계수를 제외하고는 모두 유의수준 10%에서 통계적으로 의미가 있다.

특히, 일인당 소득세와 지식기반환경 측정지표 간의 상관계수는 0.615, 일인당 소득세와 규범 측정지표 간의 상관계수는 0.607, 그리고 일인당 소득세와 신뢰 측정지표 간의 상관계수는 0.418로 비교적 중간 내지 강한 정의 상관성을 보여 주고 있다. 다만, 규범변수의 경우 범죄발생률을 지표로 설정했으므로 범죄발생률이 높을수록 일인당 소득세가 높아진다. 도시의 이질성과 역동성 등이 반영된 것으로 보인다.

〈표 22〉 일인당 소득세 지표와 사회적 자본 측정지표 간의 상관관계

		일인당 소득세	신뢰: 일인당 금융 대출	규범:범죄 발생건수	개방성: 인구 십만 명당 외국인 수 (명)	네트워크: 인구 십만 명당 비영리 민간단체 수	집단협력: 지방선거 투표율	지식기반 환경: 공공 도서관 연간이용 책 권수
일인당 소득세	Pearson 상관계수	1	.418(***)	.607(***)	.217(*)	.067	-.113	.615(***)
	유의확률 (양쪽)		.000	.000	.070	.579	.350	.000

주: * p 〈= 0.10, ** p 〈= 0.05, *** p〈= 0.01

(2) 회귀분석결과

사회적 자본이 도시의 경쟁력에 미치는 영향을 알아보기 위해 측정지표를 활용하여 회귀분석을 실행하였다. 분석결과는 〈표 23〉과 같다.

〈표 23〉 사회적 자본이 도시경쟁력에 미치는 영향

독립변수 \ 종속변수			도시경쟁력(일인당 소득세)
독립변수	사회적 자본	신뢰	.183(.019)**
		규범	.508(.000)***
		네트워크	-.091(.259)
		집단협력	-.027(.721)
		개방성	.096(.236)
		지식기반환경	.506(.000)***
R^2(수정R^2)			.714(.687)
F(유의확률)			26.621(.000)***

주: 1. 회귀계수는 표준화 회귀계수의 값으로 표기
2. * p 〈= 0.10, ** p 〈= 0.05, *** p〈= 0.01
3. 괄호 안의 수치는 p값(유의수준)을 나타냄

도시의 경쟁력에 대한 6개 사회적 자본 변수의 설명력은 68.7%로서 상당히 높은 것으로 나타나고 있다. 이 중에서 '규범', '지식기반환경', '신뢰' 등의 변수가 통계적 유의성을 가지면서 도시의 경쟁력에 상당한 영향을 미치고 있다. 그 영향력의 상대적 비중(표준화 회귀계수)을 보면 '규범'과 '지식기반환경'의 변수가 '신뢰' 변수에 비해 도시의 경쟁력에 3배가량 높은 영향을 미치는 것으로 보인다. 반면, '개방성', '네트워크', '집단협력' 등의 변수는 통계적 유의성을 보이지 않고 있다. '신뢰'요소의 상대적 비중은 떨어지지만 도시의 경쟁력에 의미 있는 영향을 미치고 있다. 여기서의 구체적인 지표는 금융대출의 규모인데, 금융대출은 신뢰를 바탕으로 하는 것이므로 도시의 경제활동이 활발하게 이루어지기 위해서는 금융적 신뢰가 잘 형성되어야 한다고 볼 수 있다.

'규범'이라는 설명변수가 도시의 경쟁력에 상당히 높은 영향을 미치고 있는 것은 사실이지만 그 의미는 다시 되새겨 볼 필요가 있다. 즉 구체적 변수의 의미를 바탕으로 한 통계적 해석은 '범죄율이 높은 도시일수록 도시의 경쟁력이 높다'는 것이 된다. 달리 말하자면, 우리나라의 생산성이 높은 도시에서 법규위반의 범죄가 상대적으로 높다는 것이다. 이처럼 '경제적 수준'과 '규범 또는 법규준수'의 상관관계가 일반적으로 생각되는 이론적 맥락과 일치하지 않는 것은 한국의 특수한 상황, 즉 짧은 기간 동안 급속한 경제적 성장을 이룩하면서 빚어진 '문화적 지체(cultural lag)' 현상의 일면이 아닌가 생각된다. 이것은 사회의 질서를 위반하는 행위가 상대적으로 많이 일어나는 도시일수록 이질성과 역동성이 높고 결과적으로 생산성이 높게 나타나기 때문으로 판단된다.

'지식기반환경'은 도시의 경쟁력에 상당히 의미 있는 영향을 미치는 것으로 나타나고 있다. 구체적인 지표로서 도서 대출이 높은 도시일수록 도시의 경쟁력이 높은 것으로 나타나는데, 도시의 분위기를 지식기반환경으로 바꾸어 가는 것이 도시의 경쟁력을 높이는 데 중요한 요소가 될 것임을 추론할 수 있다.

정책적 시사점

도시경쟁력을 결정하는 요소는 매우 다양하고 복잡하며 어느 하나의 요소가 결정적인 요로 작용하지는 않을 것이다. 많은 요소들 중에 영향력을 미치는 근간을 찾아내어 이를 튼튼하게 만들어 가는 것이 중요할 것이다. 그와 같은 맥락에서, 사회적 자본이 중요 요소가 될 수 있다. 특히 글로벌 경제흐름과 지식기반경제로의 이행추세 하에서 사회적 자본은 도시의 생산성 제고과정에서 중요한 역할을 할 것으로 판단된다.

따라서 본 논의에서는 도시경쟁력을 대변하는 요소로 도시생산성 요소와 전통적으로 사회적 자본의 중요 구성요소로 언급되고 있는 신뢰, 규범, 네트워크, 집단협력에 개방성과 지식기반환경 요소를 추가하여 분석하였다. 분석결과, 경제활동의 추세가 점차 지식기반경제로 옮겨가고 있음이 반영된 것인지 '지식기반환경'이 도시의 생산성에 크게 영향을 미치고 있음이 나타났다. 또한 '규범' 요소로서 범죄발생률이 도시의 생산성과 정의 상관관계에 있음이 나타났고 경제적 측면의 '신뢰'로서 금융적 신뢰는 생산성과 유의미한 관계에 있다는 사실도 나타났다. 기존 연구결과와 달리 '네트워크' 변수, '집단협력' 변수, 그리고 '개방성' 변수 등은 본 연구에서 통계적으로 유의한 결과를 보여 주지 못했다.

도시정부가 도시경쟁력제고 차원에서 정책적으로 고려할 필요가 있는 사항을 분석의 직접적 추론결과와 간접적 추론결과로 나누어 언급하면 다음과 같다.

1. 직접적 추론결과

도시도 하나의 유기체라는 전제에서 우리나라 도시는 공동체 단위로서 독특한 속성이 있는지를 분석한 결과, 공공도서관 연간이용 책 권수로 측정한 지식기반환경 형태의 사회적 자본 수준이 도시의 생산성에 영향을 준다는 사실을 확인했다. 사람들과의 사회적 관계에서 지식기반환경 분위기가 형성되고 확산될 때 그 도시는 지식기반환경이 제대로 조성되고 있다고 볼 수 있다. 이렇게 지식이 창조되고 공유되며 전파됨으로써 새로운 지식을 재창조해 내는 선순환구조를 형성할 것이고 이것이 도시의 생산성 제고로 이어진다고 볼 수 있다. 따라서 도시정부는 도시적 분위기를 정보와 지식이 쉽게 공유될 수 있는 여건을 조성하는 데 역점을 두어야 할 것으로 보인다.

규범에 대한 준수 정도와 도시의 생산성과는 밀접하게 연계되어 있을 것으로 예상된다. 그런데 범죄발생률과 소득수준으로 측정한 도시의 생산성과는 정의 상관관계를 보여 주고 있다. 이 관계는 대략 두 가지 측면에서 해석할 수 있을 것이다. 첫째는, 범죄발생률이 높은 도시는 도시민의 안전감을 손상시키지만 오히려 이질적이고 역동적인 실체일 가능성이 있다는 점이다. 분석자료에서 범죄는 교통위반 등이 과반수를 차지하고 강력범과 폭력범은 전체의 18%에 불과하다. 다시 말하면, 산업 활동으로 급격하게 팽창하고 있는 도시는 안정적인 도시 형태에 비해 상대적으로 생산성이 높게 나타날 수 있는 것이다. 둘째는, 고도경제성장시대의 산물로서 가치혼돈 내지 무질서 의식이 아직까지 우리사회를 지배하고 있을 가능성이 있다. 그런데 우리 사회는 글로벌사회의 행동규범을 이해하고 수용하여 실천하지 않으면 안 되는 시점에 와 있는 것으로 보인다.[27] 우리나라는 아직 법규위반율이나 국제청렴도 지수가 선진국에 비해 많이 떨어져 있지만, 국제사회는 점점 거래의 투명성을 요구하고 있고 이러한 표준에 우리의 행동양식을 맞추어 가지 않으면 안 되는 상황에 직면해 있기 때문이다. 이러한 규범은 한 도시의 문제를 넘어서 국가 전체의 분위기로 이어져야만 하는데 도시단위에서부터 시작해 나갈 필요가 있다.

---

27) 법질서의 준수와 관련하여 우리나라는 OECD 29개국 중 23위로 하위권이다(삼성경제연구소, 2009: 11).

사회적 자본에 대한 논의에서 가장 중요한 요소이면서 다른 구성요소와도 밀접한 관련을 맺고 있는 것이 '신뢰'이다. 대출규모로 측정한 경제적 '신뢰'는 도시의 생산성에 영향을 미치고 있는 것으로 나타났다. 신뢰는 거래비용의 감소를 가져와 사회의 전반적인 비용감소의 효과를 누릴 수 있다. 특히 금융적인 신뢰에서, 소득에만 의존하는 담보대출이 아니라 기업체의 경우 거래에서 쌓인 신뢰나 기술력에 대한 신뢰를 근거로 한 금융대출의 관행은 한 지역의 경쟁력 제고에도 매우 중요한 요소가 될 것으로 보인다. 또한 신뢰는 일상적 거래관계에서도 매우 중요하다. 공동체 구성원에 대한 신뢰도 그 자체가 어떤 도시 경쟁력의 척도가 될 수 있기 때문이다. 따라서 도시정부는 도시지역 전반에 걸친 신뢰도 증진 시책을 적극적으로 개발해 가야 할 것으로 보인다.

2. 간접적 추론 결과

주변의 환경이 점점 세계화되고 있다는 것은 전반적으로 세계 모든 국가와 개방된 상태에서 경쟁해야 한다는 것을 의미하기도 한다. 이것은 제도적인 측면에서 원천적으로 폐쇄를 통한 독과점이익을 누릴 수 없다는 것이고, 문화적 측면에서는 우리의 의식이 세계적 수준에 도달하지 않으면 안 된다는 것이다. 도시경쟁력 차원에서 도시민의 의식이 얼마나 세계적인 수준에 도달하고 있는지에 따라 외부의 자원을 유치하는 데 차이가 날 것으로 예견할 수 있다. 본 분석에서 도시에 거주하는 외국인 수를 통한 개방성 지표가 도시의 생산성에 영향을 미치지만 그 영향력은 미약하고 통계적 유의성도 나타나지 않았다. 하지만, 외국인의 거주가 용이하도록 환경을 조성해 나가는 것은 글로벌 경제로의 이행흐름과 함께 향후 보다 중요한 의미를 갖게 되지 않을까 판단된다.

본 실증분석에서는 '네트워크'가 도시의 생산성에 영향을 미치고 있는 것으로 나타나지 않았다. 이것은 도시단위로 본 지표선정의 한계일 수 있다고 보인다. 도시단위에서 네트워크의 지표를 상대적 비영리민간단체의 수로 측정했으나 관점에 따라 다양한 조직의 네트워크가 있을 수 있으며, 다만 공식적 통계에 잡히기 어려울 수 있기 때문이다. 특히, 전문분야별 네트워크의 중요성은 이미 많은 연구에서 밝혀지고 있으며 특히 신산업에서 클러스터의 중요성은 매우 중요한 것임을 고려할 때 분석단위를 도시가 아닌 조직단위의 공동체로 좁히면 아마 그 결과는 다를 수도 있을 것이다.

본 분석에서 '선거참여율'로 측정한 '집단협력의 정도'는 통계적으로 유의하지 않은 것으로 나타났다. 하지만 '참여'는 도시공동체의 공동관심사에 대한 협력적 문제해결에서 중요한 요소로 판단되므로 어떻게 참여를 유도할 것인가가 도시의 생산성 이외의 영역에서도 계속 중요한 측면으로 남게 될 것으로 보인다.

본 논의에서는 도시역량으로서 지리적 입지조건이나 물리적 환경이 아니라 사회적 자본에 초점을 두었다. 따라서 도시의 사회적 자본 수준이 도시경쟁력에 어떤 영향을 미칠 것인지에 대해 이론적 논의를 바탕으로 실증적 분석을 시도해 보았다. 경제적 측면에서 본 도시의 경쟁력은 도시의 생산성이라고 보아 사회적 자본이 도시의 생산성 내지 소득수준에 미치는 영향을 중심으로 분석하였다. 우리나라 지방자치단체 성격을 지닌 82개 전 도시를 대상으로 하여 사회적 자본을 설명변수(독립변수)로 하고 도시의 생산성을 목적변수(종속변수)로 하여 상관분석 및 회귀분석을 실시하였다. 분석결과, 우리나라 도시의 경우 사회적 자본이 도시경쟁력에 영향을 미치고 있는 것으로 나타났다. 즉 사회적 자본과 도시경쟁력의 중요한 요소인 생산성 내지 소득수준 사이에는 유의미한 관계가 있다는 것이다.

사회적 자본의 구성요소로서는 신뢰, 규범, 네트워크, 집단협력, 개방성, 지식기반환경 등을 이용하였다. 특히, 이 중에서 개방성 및 지식기반환경은 글로벌 경제로의 흐름과 지식기반사회로의 이행추세를 반영한 것이다. 구성요소별 지표로서는 대출규모, 범죄발생률, 민간단체 수, 투표참가율, 외국인수 비율, 그리고 공공도서관 이용 책 권수를 각각 이용하였다. 도시경쟁력을 구성하는 요소는 다양하지만 그중에서 도시의 경제적 수준을 좌우하는 생산성 내지 소득수준을 반영하는 일인당 소득세 지표를 활용하여 분석하였다. 분석결과 나타난 중요한 특징은 사회적 자본이 도시의 소득수준에 미치는 영향의 설명력은 비교적 높았으며 구성요소별로 미치는 영향의 강도와 방향성은 다르게 나타났다.

사회적 자본이 도시경쟁력 중 생산성 내지 소득수준에 미치는 영향의 특징은 다음과 같다. 첫째, 사회적 자본의 구성요소 가운데 '범죄발생률'로 측정한 '규범'과 '공공도서관 이용 책 권수'로 측정한 '지식기반환경'이 가장 강하게 영향을 미치고 있다. 다만, '규범'의 경우 그 방향성이 역방향으로 나타나고 있으므로 표본의 선정과정이나 분석기간 측면에서 추가적인 분석이 필요할 것으로 보인다. 둘째, '대출규모'로 측정한 '신뢰'는 그 영향력이 상대적으로 그리 크지는 않았으나 유의미한 요소로 작용하는 것으로 나타났다. 셋째, '외국인 수 비율'로 측정한 '개방성', '민간단체 수'로 측정한 '네트워크', '투표참여율'로 측정한 '집단협력' 변수는 통계적으로 유의한 결과를 나타내고 있지 않다.

| 참고문헌 |

건설교통부. (2007). 「도시평가시스템 구축방안 연구 및 시스템 구축용역」.

김원배. (1997). 「도시경쟁력의 개념과 강화전략의 틀」. 『국토』. 193: 6-13.

박희봉. (2002). 「사회자본이론의 논점과 연구경향」. 『정부학연구』. 8(1): 5-44.

박희봉·김명환. (2000). 「우리나라 지역사회의 사회자본 증진에 관한 연구: 사회자본 측정과 분석을 위한 시도」. 『한국정치학회보』. 34(4): 119-137.

삼성경제연구소. (1997). 『세계 도시 경쟁력 비교』.

삼성경제연구소. (2009). 「사회적 자본 확충을 위한 정책과제」. 『CEO Information』. 722.

소진광. (2003). 「성남지역사회의 사회적 자본」. 『성남발전연구』. 3: 75-117.

소진광. (2004). 「사회적 자본의 측정지표에 관한 연구」. 『지역개발학회지』. 16(1): 89-118.

유장희·김남두. (2001). 『지식기반경제추진전략-주요 국가들의 사례를 중심으로-』. 이화여자대학교 출판부.

최영출 외. (2006). 『지역경쟁력 강화와 로컬 거버넌스』. 대영문화사.

한국경제연구원. (1995). 「지방경쟁력 강화를 위한 기업가형 지방경영」. 행정안전부. (2007). 『한국도시연감』.

Ahn, T. K. and E. Ostrom. (2008). Social Capital and Collective Action. In D. Castiglione, J. W. Van Deth, and G. Wolleb (eds.) T*he Handbook of Social Capital*. New York: Oxford University Press. 70-100.

Bourdieu, P. (1986). The Forms of Capital. In J. G. Richardson (ed.) *Handbook of Theory and Research for the Sociology of Education*. Westport, CT: Greenwood Press. 241-258.

Bullen, P. and J. Onyx. (1997). *Measuring Social Capital in Five communities in NSW*. Centre for Australian Community Organizations and Management(CACOM). Sydney: University of Technology.

Calvert, R. L. (1995a). The Rational Choice Theory of Social Institutions: Cooperation, Coordination and Communication. In J. S. Banks and E. A. Hanushek (eds.) Modern Political Economy: *Old Topics New Directions*. Cambridge: Cambridge University Press. 216-218.

Calvert, R. L. (1995b). Rational Actors, Equilibrium, and Social Institutions. In J. Knight and I. Sened (eds.) *Explaining Social Institutions*. Ann Arbor: University of Michigan Press. 57-95.

Castiglione, D., J. W. Van Deth, and G. Wolleb. (2008). *The Handbook of Social capital*. New York: Oxford University Press.

Coleman, J. (1990). *Foundations of Social Theory*. Cambridge, MA: Belknap Press.

DeGraaf, Don. (2003). Social Capital. Parks and Recreation. 38-12.

Esser, H. (2008). The Two Meanings of Social Capital. In D. Castiglione, J. W. Van Deth and G. Wolleb (eds.) *The Handbook of Social Capital*. New York: Oxford University Press. 22-49.

Han, Jung Hee. (2008). A Study on the Relation between Properties of Network Activity and Innovation in Regional Innovation Clusters: Perspective of Social Capital. Ph.D. Dissertation in Public Administration, Seoul National University.

Kanter, R. M. (1995). World Class: *Thriving Locally in the Global Economy*. New York: Simon & Schuster.

Krishna, A. and N. Uphoff. (1999). Mapping and Measuring Social Capital: A Conceptual and Empirical Study of Collective Action for Conserving and Developing Watersheds in Rajasthan, India. Social Capital Initiative Working Paper. 13.

Lin, N. and B. H. Erickson. (2008). Theory, Measurement, and the Research Enterprise on Social Capital. In N. Lin and B. H. Erickson (eds.) *Social Capital: An International Research Program*. New York: Oxford University Press. 1-24.

Lin, N. (2001a). Building a Network Theory of Social Capital. In N. Lin, K. Cook, and R. S. Burt (eds.) *Social Capital: Theory and Research*. Hawthorn, NY: Aldine de Gruyter. 3-29.

Lin, N. (2001b). *Social Capital: A Theory of Structure and Action*. London and New York: Cambridge University Press.

Lin, N. (1999). Social Networks and Status Attainment. *Annual Review of*

Sociology, 25: 467–487.

Lin, N. (1982). *Social Resources* and Instrumental Action. In P. V. Marsden and N. Lin (eds.) *Social Structure and Network Analysis*. Beverly Hills. CA: Sage. 131–145.

Malecki, E. J. (2002). Hard and Soft Networks for Urban Competitiveness. *Urban Studies*, 39: 929–945.

Nahapiet, J. and S. Ghoshal. (1998). Social Capital, Intellectual Capital and the Organizational Advantage. *Academy of Management Review*, 23(2): 242–266.

North, D. C. (1990). *Institutions, Institutional Change and Economic Performance*. Cambridge: Cambridge University Press.

Paxton, P. (1999). Is Social Capital Declining in the United States? A Multiple Indicator Assessment. *American Journal of Sociology*, 105(1): 88–127.

Porter, M. E. (1990). *The Competitive Advantage of Nations*. New York: The Free Press.

Putnam, R. D., R. Leonardi and R. Nanetti. (1993). *Making Democracy Work: Civic Traditions in Modern Italy*. Princeton: Princeton University Press.

Putnam, R. D. (2000). *Bowling Alone: The Collapse and Revival of American Community*. New York: Simon & Schuster.

Rohe, W. (2004). Building Social Capital through Community Development. *Journal of the American Planning Association*, 70(2).

Van Deth, J. W. (2008). Measuring Social Capital. In D. Castiglione, J. W. Van Deth, and G. Wolleb (eds.) *The Handbook of Social Capital*. New York: Oxford University Press. 150–76.

Woolcock, M. (1999). *Managing Risk, Shocks, and Opportunity in Developing Economies: The Role of Social Capital. Development Research Group*. The World Bank(unpublished).

World Bank. (2004). Measuring Social Capital: An Integrated Questionnaire. *World Bank Working Paper*, 18.

제3부

지식도시와 혁신체계

제7장_지역혁신체계에서 사회적 자본의 역기능성

제7장 · 지역혁신체계에서 사회적 자본의 역기능성

세계화와 지방화의 흐름은 원심력과 구심력의 조화와 같이 지역단위의 자생적 발전을 불가피하게 강조하고 있다. 그런데 왜 그것이 현실적으로 여의치 못한가에 대해 클러스터 접근을 해결방안으로 강조하는 연구(Porter, 1998, 2000), 지역혁신체계를 제시하는 연구(De La Mothe and Paquet, 1998; 박삼옥·남기범, 2000; 김선배, 2001; 강병주, 2004), 그리고 혁신환경을 강조하는 연구(Maillat and Lecoq, 1992; Camagni, 1991) 등이 있다. 보다 구체적으로, 혁신네트워크에 주목하고 중개모형 제시 및 중개활동 분석에 치중하는 연구결과(박종화, 2006), 도시와 지역의 혁신역량 발전과정에서 신뢰의 구축 등 사회적 자본형성에 주목하는 연구 결과(박희봉·김명환, 2000; 유평준 외, 2006; 최병훈·조현석, 2010; 권태형·박종화, 2010), 그리고 경로의존성 정책결정패턴의 제약성을 강조하는 연구결과(박종화, 2009) 등도 최근 제시되고 있다.

이 과정에서 상당수의 연구자들은 지역혁신역량과 지역혁신네트워크에 동시에 작용하면서 그간 소홀하게 여겨졌던, 흔히 '간과되어 왔던' 자원인 사회적 자본(social capital)에 주목하고 있다. 사회적 자본은 아직 개념상의 불명료성이 제대로 정리되지 못하고 있지만 흔히 신뢰, 규범, 네트워크, 집단

학습 등의 다양한 구성요소로 이루어진 것으로 알려져 있다. 기존 논의에서 공통적인 속성을 정리하면, 눈에 보이지는 않지만 분명히 존재하고 있는 것, 지식기반사회로 이행하면 할수록 더욱 중요하게 부각되는 것, 단순 작업보다 첨단복합 작업 과정에서 보다 더 중요한 것, 그리고 여러 요인에 따라 확대 또는 축소될 수 있는 것 등을 들 수 있다. 결과적으로 지역혁신역할주체들 간의 상호연계 및 협력을 강조하는 지역혁신체계에서 사회적 자본은 중요한 요소로 부각될 수 있다. 그리고 더 나아가서 해당 지역의 사회적 자본이 많으면 지역혁신이 잘되고 지역발전이 가능하게 될 것이라고 추정할 수 있다. 그런데 지역혁신체계와 사회적 자본의 역할관계를 그렇게 평면적으로, 정의 상관관계(positive correlation)로 도식화하는 것이 가능한지에 대해서는 의문이 제기될 수 있다.

사회적 자본은 금융자본이나 물리적 자본과 달리 동일한 사회적 자본이 분야에 따라서 현저히 다른 효과를 나타낼 수 있고, 혁신역량의 원천이자 정치사회적 가치로 작동할 수 있는 것이므로 역할을 특정하기가 용이하지 않다. 사회적 자본은 한편으로 네트워크 체계를 강화하기도 하지만, 또 다른 한편으로는 네트워크를 폐쇄화시켜 집단 눈가림(collective blindness) 형태로 외부적인 환경변화에 둔감하게 만들 수 있다. 집단 내 신뢰와 규범은 지식기반경제에서 절실한 창조적 긴장(creative tension)이 아니라 집단사고 형태로 귀결될 수 있고, 경우에 따라서는 역할인지과정에서의 과잉동조(overconformity) 형태로 목표-수단 대체현상을 초래할 가능성도 내포하고 있다. 그리고 흔히 지역혁신과정이 단선적이고 일방적인 형태에서 복선적이고 쌍방향적인 과정으로 인지되고 있는데(Batten et al., 1989), 그 과정에서 사회적 자본의 역할관계는 다양하게 나타날 수 있다.

따라서 본 논의의 초점은 다음과 같다. 첫째, 지역혁신체계는 지역산업의 발전과정에서 지역혁신역할주체들의 상호작용과 네트워크 형성, 그리고 더 나아가서 집단학습능력의 함양을 촉진하는 제도적 시스템 구축을 강조하고 있다. 그 제도적 시스템 구축과정에서 비가시적인 그리고 거래되지 않는 상호의존성(invisible and untraded interdependencies)의 지표 내지 그 상호의존성을 결정하는 핵심변수로 사회적 자본이 강조되고 있다. 따라서 여기서는 우선 사회적 자본과 지역혁신체계의 관계를 검토한다. 둘째, 지역혁신체계에서 사회적 자본의 역할 관련 논의는 대개 지역혁신역량 제고 관련 기술혁신 조력형태 내지 기술혁신 촉매형태를 강조하고 있다(Coleman, 1990; Grootaert, 1998; Fine, 2001). 그런데 역할내용이나 효과성 그리고 정치사회적 가치지향 등에서 사회적 자본의 역할은 긍정적인 측면뿐만 아니라 부정적인 측면이 동시에 검토될 필요가 있다. 따라서 여기서는 지역혁신체계에서의 사회적 자본 역할의 역기능성 측면은 무엇이며 이것이 어떤 경우에 나타나는지를 검토한다. 특히, 지역경제정책상의 고착성(lock-in) 관련 논의와 어떻게 연결되는지를 검토한다. 셋째, 분석결과를 토대로 정책적 시사점으로서 사회적 자본의 역기능성 극복 관련 지역혁신체계의 구조적, 관계적 그리고 인식적 측면을 밝힌다.

사회적 자본과 지역혁신체계

글로벌 경제로의 이행, 지식기반경제로의 흐름 등과 함께 사회적 자본에 대한 논의가 최근 주목받고 있다. 하지만 하나의 개념으로서 사회적 자본은 이미 한 세기 전부터 사용되어 온 것이다(Portes, 1998: 2). 최근 사회적 자본 개념의 유행은 개발과정에서의 핵심요소로, 기존에 잘 알려져 있던 물리적 자본이나 화폐적 자본과는 다른 형태의 보완재 내지 촉매재로써 그리고 기존에 간과되어 왔던 연결고리의 한 형태로 주목받고 있다(Grootaert, 1998; Fine, 2001). 비경제적 형태의 자본이자 권한과 활동역량의 원천(Burt, 2000)으로 주목받고 있는 것이다. 여기서는 사회적 자본과 지역혁신체계에 대한 개념적 논의와 기존 연구경향 그리고 양자 간의 관계 등을 검토한다.

1. 사회적 자본

사회적 자본은 사회적 관계성의 토대이자 사회적 관계성으로부터 유도되는 자원으로서 흔히 개념화되고 있다. Portes(1998: 7)는 경제적 자본은 개별 은행구좌에 있고 인적 자본은 각자의 두뇌 속에 있지만, 사회적 자본은 그 관계의 구조 속에 있는 것으로 정의한다. Putnam et al.(1993: 167)은 사회의 능률성을 제고시킬 수 있는 신뢰(trust), 규범(norms) 및 네트워크와 같은 사회조직의 특징을 사회적 자본이라고 정의한다. Lin(김동현·오소현 역, 2008: 28-33)의 정의에서 사회적 자본은 사회적 구조에 착근되어 있는 자원으로서 특정 목적 달성과정에서 접근 내지 동원될 수 있는 것이다.

사회적 자본의 핵심은 사회적 네트워크가 실질적 또는 잠재적으로 가치 있는 자산으로 활용될 수 있다는 점이다(Putnam, 2000; Field, 2003: 12). 사회적 네트워크를 통해 사람들은 상호이익을 토대로 서로 협력할 수 있고 사회적 응집력을 형성해 갈 수 있기 때문이다. Grootaert and Bastelaer(2001: 21)은 신뢰의 연계망으로 구체화되어 있는 사회적 자본은 물리적 자본이나 노동력 등 다른 생산요소와 같은 특성을 가지고 있다고 보고, 사회적 자본은 시간의 흐름에 따라 축적 가능하며 경제성과를 증진시킨다고 주장한다(소진광, 2004: 92-93 재인용). 동일 맥락에서, Lin(김동윤·오소현 역, 2008:

26-27)은 사회적 네트워크에 배태된 자원이 행위의 결과를 향상시키는 이유에 대해서 정보흐름 촉진, 영향력 발휘, 사회적 신임 보증, 그리고 정체성 인지 재강화라는 네 가지 요소를 강조하고 있다. 우선, 정보의 흐름이 촉진된다. 개인 내지 집단은 흔히 의사결정과정에서 불완전한 정보에 직면하게 되는데 사회적 유대를 통해 개인 또는 집단은 기회와 선택에 관한 유용한 정보를 추가적으로 확보할 수 있고, 제반 의사결정 및 활동과정에서 거래비용을 줄여갈 수 있다. 둘째, 영향력이 발휘된다. 사회적 유대를 통해 고용, 승진 등의 중요한 순간에 핵심역할주체들에 접근할 수 있고 그들의 영향력 행사를 기대할 수 있다. 그 과정에서, 구조적 구멍(structural hole)과 같은 전략적 위치에 기반한 사회적 유대는 보다 큰 영향력을 발휘하는 것으로 알려져 있다.[28] 그래서 중요한 사람의 '한 말씀'은 개인 또는 집단과 관련된 의사결정 과정에 상당한 영향력을 발휘하는 것이다. 셋째, 사회적 신임(social credential)이 보증된다. 사회적 유대와 공인된 관계를 통해 개인 또는 집단은 사회적 신임을 얻을 수 있다. 사회적 유대 형태의 자본은 흔히 해당자의 자질이나 역량을 넘어서는 사회적 신임을 보증해 준다.[29] 넷째, 사회적 유대를 통해 정체성의 식별과 현상에 대한 공통인지를 개발할 수 있다. 유사한 이해관계와 자원을 공유하는 집단 속의 개인은 해당 집단에서의 귀속감뿐만 아니라 특정 자원에 대한 접근성을 확보하게 된다.

Nahapiet and Ghoshal(1998: 245) 역시 네트워크에서 사회적 자본의 두

28) Burt(1992)는 구조적 구멍은 전기회로에서의 절연체와 같은 하나의 완충물이라고 명시하고 있다. 서로 다른 두 접촉은 완충적인 구멍으로 인해 '두 접촉 사이의 과다하지 않은 관계'를 유지하고 혜택을 얻게 된다는 것이다.

29) Fukuyama(구승회 역, 1996: 77)에 의하면, M. Weber는 『프로테스탄트 분파와 자본주의 정신』(*The Protestant Sects and the Spirit of Capitalism*)에서 미국여행 중 많은 사업가들이 정직과 신용에 대한 징표를 보이기 위해 스스로를 기독교인으로 소개하는 것을 목격했다고 기록하고 있다.

가지 중요한 생산적인 효과를 식별한다. 첫째, 사회적 자본은 활동 능률성을 높인다. 특히 가외성을 줄임으로써 정보 분배의 효율성을 제고하고, 점검과정의 필요성을 줄임으로써 거래비용을 감소시키므로 그렇다. 둘째, 사회적 자본은 적응적 능률성(adaptive efficiency)의 기회를 창조한다. 협력적 행태의 기회를 북돋음으로써 사회적 자본은 창조적 상호작용과 집합적 학습과정을 촉진한다(Tura and Harmaakorpi, 2005: 1115 재인용). Coleman(1990)은 사회적 자본을 특정 유형의 행태를 촉진하는 기능, 네트워크상의 정보채널 그리고 규범 및 통제 등으로 구성된다고 보고 있다. 그는 사회적 자본과 개방적 네트워크의 긍정적 상호작용을 강조하고, 사회적 자본의 촉매자, 결합자, 제어자로의 역할 측면을 강조하고 있다.

결과적으로, 사회적 자본은 사회적 관계를 통해 형성된 것으로, 그 사회적 관계망 속의 개인 또는 집단이 특정 목적 달성을 위해서 접근 내지 활용할 수 있는 자원이다. 다만 그 자원은 화폐나 기타 유형적 재화와 달리 특정 개인이 전유할 수 없고, 유형적인 형태로 표출할 수는 있지만 대개 무형적인 형태로 존재하며, 총량을 특정화하기도 어렵다. 사회적 자본의 이와 같은 속성은 사회적 자본이 기본적으로 사회적 네트워크 속에 배태된 자원이기 때문이다.

2. 지역혁신체계

지역혁신체계(Regional Innovation System: RIS)는 지역혁신과정에서 지역혁신역할주체들이 상호 유기적인 연계를 맺고 협력 및 학습관계를 유지해 가는 것을 말한다. 혁신을 사회적, 비선형의, 상호작용적 학습과정으로 특징화할 때, 혁신은 단순히 한 기업에 의해서 이루어지는 단일 활동의 결과라기보다는 '혁신체계'로 파악할 필요가 있다(Lundvall, 1992). 원래 기술혁신체계는 국가단위에서 개발되고 적용되어 오다 글로벌 경제로의 진전과정에서 Porter (1998, 2000)가 언급하는 '입지의 역설(the location paradox)' 형태로 지역차원의 기술혁신과정에 대한 관심이 고조되고 있다(Camagni, 1991; Grabher, 1993). 최근, 지역혁신체계 논의는 전략적 유연성과 진화적 문제해결 방식 등을 강조함으로써 지역적 차원의 새로운 환경창출, 즉 지역자원의 효율적 활용에 토대한 지역밀착형 경쟁력 확보의 중요성이 강조되고 있다(박종화, 2006: 175).

Kaufmann and Töedtling(2000: 30)은 지역혁신체계의 형성에 대한 요인과 메커니즘에 대한 관련 연구결과들을 다음과 같이 정리하고 있다(박삼옥·남기범, 2000: 131 재인용). 첫째, 지역은 노동력, 교육, 연구기관, 지식의 외부성과 파급효과 등 혁신의 전제조건들이 각각 상이하다. 그리고 이들 요소들의 이동성이 그렇게 높지 않기 때문에 특정 지역이 다른 지역에 비해 우위를 차지하게 된다. 둘째, 산업의 군집은 흔히 국지적으로 진행되고 지역 내에서 네트워크와 특정한 기술혁신 패턴을 유발한다. 셋째, 국지적인 생산체계에서는 집단학습을 통하여 혁신환경으로 유도하는 공통의 기술적 문화가 개발될 수 있다. 넷째, 산학연계와 지식의 파급효과는 흔히 지역적인 첨단기술개발을 유도한다. 다섯째, 지역정책은 특정한 제도와 기능을 통하여 혁신기반을 제공하고 혁신과정에서 보다 적극적인 역할을 수행한다. 결과적으로, 지역혁신체계란 지리적 근접성, 네트워크, 그리고 사회문화적 구조를 토대로 기술혁신에 명백하게 초점을 두고 있는 것을 알 수 있다. 동일 맥락에서, 김선배(2001)와 박종화(2006) 등은 지역혁신체계에서 혁신주체 간 상호작용을 위한 제도적 시스템 구축과 같은 정책적 요인을 강조하고 있다. 지역혁신체계가 존재하고 있다는 사실보다는 어떻게 하면 역동적인 지역혁신체계로 만들어

갈 것인가 그리고 동태적 효율성을 이룩해 갈 것인가가 중요한 것이다.

혁신역량은 지역의 경쟁우위를 형성하는 데 핵심요인으로 광범위하게 인지되고 있다. 현재의 혁신 패러다임은 혁신의 비선형적 상호작용을 강조하고 있으므로, 지역의 혁신환경을 형성하는 것이 중요하다. 지역혁신역량은 지역 내에 존재하는 제반 혁신역할주체들의 총합적 혁신역량으로 파악할 수 있으므로, 지역혁신체계 내에 존재하는 기업 및 기타 기관들과 관련한 네트워크의 결합적 혁신역량을 지역혁신역량으로 간주할 수 있다. 혁신을 사회적, 비선형의, 상호작용적 학습과정으로 특징화하는 것은 혁신과정에 있어서 기술적 요인보다 사회문화적 구조의 중요성을 반영하고 있는 것이다(North, 1990). 기존 기술적 상황보다 해당 지역의 사회제도적 환경이 성공적인 혁신과정에서 핵심적인 역할을 수행한다고 보는 것이다. 지역적인 관점에서, 혁신은 결국 지역혁신환경 속에서 발생하는 지역에 착근된 과정으로 나타나게 될 것이다. 이와 같은 지역혁신역량 형성과정에서 사회적 자본의 역할이 최근 강조되고 있다(Tura and Harmaakorpi, 2005: 1112-1113).

지역혁신역량을 제고하는 과정에서 사회적 자본이 중요한 역할을 한다는 점에 대해서는 일반적으로 받아들여지고 있다. 하지만, 이것이 정확하게 어떻게 이루어지는지 그리고 다른 유사 관련개념과 어떻게 연관되는지는 제대로 깊이 있게 검토되지 못했다(Tura and Harmaakorpi, 2005: 1112).

3. 사회적 자본과 지역혁신체계의 관계

지역혁신체계는 진공 속에 존재하는 것이 아니다. 현실 지역에서 생성되고 발전하고 쇠퇴하는 것이다. 정의상 지역은 개별 기업 간의 관계에 비해 관계의 측면, 빈도, 내용, 그리고 방향 등이 훨씬 이질적이고 복잡, 다양하다. 따라서 혁신과정에서 불확실성 감소, 거래비용 감소, 조정비용 감소 등으로 혁신을 촉진시키는 것으로 알려진 사회적 자본과 지역혁신체계 관계 역시 복합적으로 나타나게 될 것이다(Schientock and Hämäläinen, 2001: 4; Tura and Harmaakorpi, 2005: 1119).

지역혁신체계에서 사회적 자본의 역할 복합성은 우선 지역혁신체계의 속성상의 특성과 사회적 자본 구성요소의 다양성 등에서 기인하는 것으로 보인다. 기술-경제 패러다임이 지배적인 현실에서 지역혁신에서 지역기술혁신이 강조되는 것이 자연스럽지만, 지역혁신이 지역기술혁신만을 의미하는 것은 아니다. 장기적인 측면에서 지역기술혁신이 제대로 일어나기 위해서는 지역사회문화혁신, 지역정치혁신 등이 함께 이루어져야 하므로 지역혁신체계는 여러 부문을 포괄하고 있는 것으로 이해할 필요가 있다. 따라서 그와 같은 지역혁신에 영향을 미치는 사회적 자본 역시 역할의 복합성을 가지게 될 것임을 추론할 수 있다. 더욱이, 이론적 고찰에서 밝혀졌듯이 사회적 자본의 구성요소는 다양하다. 학문적 특성이나 영역별 특성 그리고 장소적 특성별로 사회적 자본의 구성요소는 다양할 수 있고, 결과적으로 그 역할 및 효과도 다양할 것으로 판단된다. 예컨대, 음악가의 사회적 자본과 비즈니스맨이나 조직폭력배의 사회적 자본은 그 구성요소나 성격이 현저히 다르게 나타날 수 있다. 저명한 음악가가 그 음악활동에서 쌓아 온 높은 사회적 자본의 양과 수준은 비즈니스와 조직폭력배의 활동영역에서는 아무런 효과도 발휘하지 못하고, 경우에 따라서는 역효과를 가져올 수 있기 때문이다.

사회적 자본의 역할내용의 다양성으로 인한 복합성 측면과 함께 역할방향의 이질성으로 인한 복합성 측면도 고려할 수 있다. 사회적 자본은 지역혁신과정에서 긍정적인 기여와 함께 부정적인 기여를 할 수 있는 소지를 가지고 있다. 동일한 맥락에서, 사회적 자본 수준은 지역의 혁신역량을 제고한다는 주장(Landry et al., 2002; 유평준 외, 2006)과 오히려 지역의 혁신역량에 손상이 된다는 상충적인 주장(Florida et al., 2002; Fromhold-Eisebith, 2002)이 동시에 제기되고 있다. 양자 간의 관계에 대해 긍정적인 입장은 사회적 자본 수준이 높은 곳이 지역혁신역할주체들 간의 네트워킹을 촉진시키고 거래비용을 줄여 줌으로써 지역기업들의 혁신활동에 기여하게 된다는 입장이다. 유평준 외(2006)는 지역혁신클러스터에서 추구하는 학습과 혁신역량 발전과정에서 사회구성적 변수가 중요하고, 특히 신뢰의 구축 등 사회적 자본 형성이 자율적·창의적 클러스터 발전에 중요하다는 것을 밝히고 있다. 반면에, 부정적인 입장은 사회적 자본 수준이 높은 곳이 오히려 지역의 혁신과정이나 창조적 활동에 방해가 된다는 것이다. 사회적 자본 수준이 높다는 것은 지역혁신역할주체들 간에 안정감을 제고하고 결과적으로 외부세계로부터의 새로운 정보나 기술유입에 대해서 수동적이고 폐쇄적으로 움직이게 된다는 것이다. Fromhold-Eisebith(2002: 8)이 강조하듯이 사람들은 기본적으로 사회적 자본을 통해 "변화하는 환경 속에서 안정성이나 신뢰성 등과 같은 요소를 얻고자 한다." 그런데 혁신적인 환경(innovative milieu)은 개념상 변화지향적인 것이므로 사회적 자본 수준과 상충적인 관계에 있다는 것이다.

사회적 자본은 또한 구성원 간 연대(ties)의 특성에 따라 인연적 사회적 자본(bonding social capital)과 교량적 사회적 자본(bridging social capital)으로 구분되고 있다(Putnam, 2000: 20-22; Grootaert et al., 2003). 인연적 사회적 자본은 가족, 이웃 및 가까운 친구와 같이 필연성에 기초한다. 교량적 사회적 자본은 공통기반을 공유하지 않은 사람들끼리의 보다 느슨한 형태의 수평적 연대형태로 필요성에 기초하고 있다. 따라서 교량적 사회적 자본은 다양한 수평적 집단 간에 형성되는 연결성의 결속을 만들어 낸다. 반면에 인연적 사회적 자본은 동질적 집단의 구성원들만을 연결시킨다. 결과적으로,

교량적 사회적 자본은 다양한 지역사회 또는 지역에 있는 역할주체들 간의 약한 연계(weak ties)를 말한다.[30] 이 두 가지 연대형태와 구분되는 형태로서 연계적 사회적 자본(linking social capital) 개념 형태도 제시되고 있다(Woolcock, 1999). 연계적 사회적 자본은 경찰, 정당과 같은 주민대표기관이나 은행과 같은 사적 기관들을 이어 주는 연계형태로 선택적 친화력에 기초하고 있다. 지역개발과정에서 관련 역할주체들 간에 촉매, 조정 등의 역할을 수행하는 중개기관은 연계적 사회적 자본의 중요한 원천이 된다(소진광, 2004: 98-99 재인용).

지역혁신체계에서 사회적 자본의 역기능성

사회적 자본의 개념 분석 및 지역혁신체계와 사회적 자본의 관계 검토에서 분명하게 드러나듯이 지역혁신체계의 작동과정에서 사회적 자본은 점점 더 복합적이고 중요한 역할을 수행하게 될 것으로 판단된다. 다만, 그 관계는 단순한 정의 상관관계는 아닐 것이고, 역기능성 측면 등이 혼재해서 나타나게 될 것이다.

1. 네트워크 폐쇄

최근 지역혁신논의에서 네트워크 개념이 주목받고 있다. 지역의 경쟁우위

30) 이 점에서는 교량적 사회적 자본이 다영역 연계(cross-field connections)형태와 유사하다. 하지만, 교량적 사회적 자본이 다양한 지역의 역할주체들 간의 약한 연계를 의미하는 데 반해, 다영역 연계형태는 다양한 부문들 간의 어떤 종류의 상호연계성도 모두 포괄하고 있다는 점에서 서로 차이가 있다(Tura and Harmaakorpi, 2005: 1120).

에 도움이 되는 물리적 인프라와 의사전달 네트워크 관점뿐만 아니라 역동적 환경변화과정에서 기업과 서비스 기관들의 새로운 네트워크 형성이 중요하기 때문이다. 네트워크는 지식 및 정보, 재화 및 사람의 교환과정을 효율화하고 물류, 마케팅 그리고 판매정책을 위한 적절한 채널을 제공한다. 경쟁력 있는 네트워크를 통해, 높은 질적 수준의 지식, 정보, 원격통신과 기타 인프라 네트워크에의 접근성을 얻게 됨으로써 기업은 학습과정을 효율화하고 불확실성을 감소시킬 수가 있다. 네트워크는 지역혁신역할주체들에게 창조적이고 새로운 의사결정과 전략수립을 위한 많은 기회를 제공하는 것이다. 그리고 불확실성의 감소는 정보사회에서 아마 가장 중요한 편익에 해당할 것이다(Nijkamp et al., 1994). 결과적으로 사회적 자본이 지역혁신체계에서 순기능적으로 작용하기 위해서는 지역단위에서 사회적 자본의 존재와 경쟁력 있는 네트워크의 형성은 정의 관계를 이루게 된다.

사회적 자본은 개념상 네트워크 구조를 강화시키는 역할을 하게 될 것으로 판단된다. 하지만, 창조적 파괴를 토대로 하는 혁신의 기본 개념상 지역네트워크는 새로운 외부변화에 항상 개방적이고 유연할 필요가 있다. 그런데 사회적 자본량이나 수준이 지역혁신역할주체들이 폐쇄적이고 경직적으로 움직이도록 기여할 경우 그 관계는 역기능적 관계로 나타나게 된다. 이와 같은 관계는 〈그림 15〉에서 명료하게 나타난다. '강한 연계의 강함'의 단계까지는 정의 고착성(positive lock-in)의 형태로 상호관계성이 높을수록 경제성과가 높아지지만, 그 단계를 넘어서서 '강한 연계의 약함'의 단계에서는 부의 고착성(negative lock-in)의 형태로 높은 상호관계성이 오히려 지역경제성과 감소에 기여하게 된다.

사회적 자본 역할의 역기능성은 특히 네트워크의 폐쇄성(network closure)이나 집단눈가림(collective blindness) 현상과 같은 사회적 자본의 두 가지

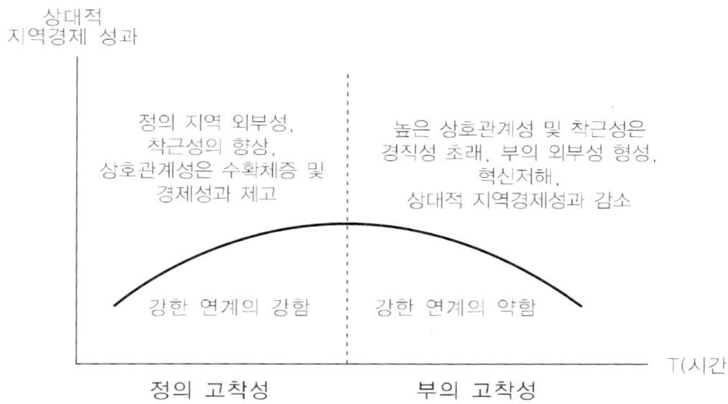

〈그림 15〉 지역개발과정 중 '정의 고착성'에서 '부의 고착성'으로의 이행
자료: Martin and Sunley(2006: 416)

고착성의 경우에 현저하게 나타날 것으로 판단된다. 네트워크의 폐쇄성은 네트워크 구성 주체들만 긴밀한 상호작용적 관계를 맺고 그 네트워크 바깥에 있는 실체들과는 제대로 된 상호작용관계를 맺지 못하는 상태를 말한다. 집합적 눈가림 현상은 특정 네트워크가 해당 네트워크의 목적설정이나 목적 달성 방법을 집합적으로 잘못 설정하는 경우를 말한다(Tura and Harmaakorpi, 2005: 1120-1121). 그런데 사회적 자본이 네트워크를 폐쇄적으로 유도하게 될 것인지는 보다 보완적인 설명이 필요하다. Putnam(2000)의 지적처럼 사회적 자본은 인연적 사회적 자본과 교량적 사회적 자본으로 구분될 수 있는데, 그 두 가지 형태의 사회적 자본은 형성과정과 속성 그리고 네트워크에 미치는 영향이 각각 다르기 때문이다. 인연적 사회적 자본은 이미 언급되었듯이 특별이해관계집단으로 형성되고 배타적(exclusive)인 속성을 지니고 있다. 반면에, 교량적 사회적 자본은 다양한 지역사회, 지역에 존재하는 다양한 역할주체들 간의 약한 연계(weak ties)에 기초한 포용적(inclusive) 속성을 지니고 있다.[31] 따라서 초기 발전단계에서는 인연적 사회적 자본의 중요성이 높겠지만,

그 중요성은 점점 약화되고 교량적 사회적 자본의 중요성이 확대될 것이다.[32)]

Woolcock(1999) 역시 경제적 발전의 실행이 가능하기 위해서는 지역 착근성과 함께 자율성(autonomy)이 필요함을 강조하고 있다. 기업발전의 초기 단계에서는 제반 환경의 불확실성 속에서 인연적 사회적 자본의 중요성이 빛을 발하지만, 초기 발전단계를 넘어서면 비지역적(non-local)인 전문적·산업적·사회적 네트워크를 활용하기 위하여 교량적 사회적 자본의 중요성이 확대되는 것이다. 비즈니스가 특정규모(예: 임계규모)에 도달하게 되면, 새 시장접근이나 '아는 사람'의 범위를 넘어서는 능률적 공급자를 확보하기 위해 교량적 사회적 자본의 중요성이 확대된 것이다(약한 연계의 강함의 예). Florida et al.(2002)과 Fromhold-Eisebith(2002)과 같이 인연적 사회적 자본이 지배적인 지역이나 부문에 초점을 맞춰 보면, 해당 지역 또는 부문의 네트워크 혁신역량은 매우 취약하다고 할 수 있다. 그리고 Landry et al.(2002)과 같이 교량적 사회적 자본에 초점을 맞추면 혁신수준과 사회적 자본 수준 간의 정의 관계를 이룰 수 있는 것이다.

결과적으로, 네트워크와 연계하여 사회적 자본이 지역혁신체계 목적달성

---

31) Glaeser et al.(2002)은 사회적 자본의 핵심구성요소인 신뢰를 특별화된 신뢰(particularized trust)와 일반화된 신뢰(generalized trust)로 구분한다. 특별화된 신뢰는 개인적으로 친한 사람들과의 관계이고, 반면에 일반화된 신뢰는 개인적으로 잘 모르는 대다수의 사람과의 관계이다. 일반화된 신뢰는 감시비용을 줄이고 공식적·비공식적 거래를 용이하게 하여 사회경제적 효율성을 증진하지만, 특별화된 신뢰은 테러조직이나 범죄조직과 같이 사회에 해로운 현상을 초래할 수 있다(김시윤, 2008: 9 재인용).

32) 영국 캠브리지 사례에서 기술기업의 초기개발단계에서는 인연적 사회적 자본이 중요하다. 그러나 지식기반경제가 확대되고 관련 기업이 임계규모에 도달하게 되면, 인연적 사회적 자본의 중요성이 떨어지고 교량적 사회적 자본의 중요성이 높아지게 된다(Iyer et al., 2005: 1019-1020). 30년 이상의 개발역사를 가진 한국 대덕연구개발특구를 대상으로 사회적 자본이 혁신성과에 어떤 영향을 미치는지에 대한 최병훈·조현석(2010)의 최근 연구결과에 의하면, 교량적 사회적 자본의 영향이 인연적 사회적 자본보다 더 크게 나타나고 있다.

에 도움이 안 되는 경우는 크게 두 가지이다. 하나는 네트워크가 잘못된 분야(영역)에서 작동하는 경우(사회적 자본이 지역혁신역할주체들이 사실상 추구하지 않는 행동기회를 창출)이다. 그리고 또 하나는 네트워크가 올바른 분야에 있지만 잘못된 방식으로 작동하는 경우(지역혁신역할주체들이 사실상 그들이 필요로 하는 사회적 자본을 가지고 있지 않은 경우)이다(Tura and Harmaakorpi, 2005: 1121). 네트워크 폐쇄로 인한 문제는 후자의 경우에 해당한다. 사회적 자본이 단순히 네트워크 폐쇄를 가져오는 것은 아니지만, 인연적 사회적 자본이 지배적인 경우 네트워크 폐쇄성이 두드러지게 나타날 수 있다. 특히 지식기반경제로 이행하는 과정에서 지역 환경은 끊임없이 소용돌이 치고 있는데, 혁신네트워크가 폐쇄적으로 움직이는 것이 지역혁신역할주체들 간의 창조적 긴장을 손상하고 경쟁력을 훼손하게 될 것임을 짐작하기란 어렵지 않다. Cooke et al.(2005: 1068)의 지적처럼, 사회적 자본 자체가 부정적이라는 것이 아니라 특정 사회적 자본의 종류와 이용 목적에 따라 부정적인 속성이 두드러지게 나타날 수 있다는 점이 지적될 필요가 있다.

2. 집단사고

사회적 자본의 역할 주체는 개인일 수도 있고 집단일 수도 있다. 하지만 사회적 자본은 집합적인 수준에서만 생성되고 집합체를 통해서만 활용될 수 있다. 사회적 자본은 궁극적으로 집합적인 현상이다(Tura and Harmaakorpi, 2005: 1117). M. Granovetter가 적절하게 지적하고 있듯이, 사람들은 가족, 이웃, 교우관계, 직장, 교회, 민족 따위의 다양한 사회집단에 뿌리박고 있다. 사람들은 일상생활과정 중 집단의 이익과 자신의 이익 사이에서 균형을 맞추어 가는 것이다(구승회 역, 1996: 43). 사회적 자본은 본질적으로 '자본

(capital)' 논의에서 간과되어 왔던 '사회적(social)' 측면을 부각시킴으로써 '기존 자본 논의'의 불완전성을 보완하려는 취지를 가지고 있다. 따라서 사회적 자본이 집단적 속성을 가지고 있고 집단문제를 다룬다는 것은 그 자체를 역기능적인 것으로 볼 수는 없다. 다만 여기서의 집단사고(groupthink)의 함정은 집단구성원들 간에 정보공유가 제대로 이루어지지 않고 동료나 타 역할주체의 의사를 단순신뢰 형태로 추종함으로써 모두가 원하지 않는 결과에 빠지는 형태를 말한다. 즉, 개인적인 관계성(personal relationships)에 토대한 사회적 자본이 '끼리 끼리 문화'를 만들어 내게 되고, '무엇을 아는가'보다 '누구를 아는가'에 따라 상황에 대한 관리적인 반응이 유도되는 식의 집단사고를 야기하는 것이다. 결과적으로, 사회적 자본이 시장, 기술개발, 그리고 생산 관련하여 지역혁신역할주체들이 사실상 추구하지 않는 행동기회를 창출하게 된다.[33]

지식기반경제에서 혁신과 경쟁력 확보과정에서 사회적 자본의 중요성이 강조되고 있는 것은 분명하다. 경쟁력이 정태적인 가격토대 경쟁이 아니라 역동적인 기술혁신을 통하여 가능하기 때문이다. Arrow(2000: 3-5)는 사회적 상호작용을 포함하고 있다는 점에서 사회적 자본은 '사회적'이고, 그 상호작용효과가 경제적 지속성을 갖는 정도까지 '자본적'이 된다고 주장한다. 솔로우-스완 성장모형(the Solow-Swan Growth Model)을 언급하지 않더라도, 사회적 자본은 기술이 이용되는 방식을 변화시킬 수 있고 신기술의 조기채택을 이끌 수 있다. 그런데 집단사고로 인하여 동태적인 환경변화에 둔감해지면 부정적인 영향이 확대될 수 있는 것이다. 특히 Grabher(1993)가 주목하는 내부지향적 네트워크(inward-looking networks)의 경우 집단사고 형태로 귀

---

33) 지역혁신체계 내에서 지역혁신역할주체들 간에 부정적인 외부성(negative externalities)으로 시장 및 생산관련 집단사고의 문제와 혼잡(congestion)의 문제 등이 언급되고 있다(Brown and McNaughton, 2002).

착하게 될 것이다.[34] 이 경우 해당 시스템은 고착의 상태로 나아가게 되고 새로 진입하는 실체에 대한 기회는 거의 제공되지 못할 것이다(Boschma, 2005: 68). Porter(1998) 역시 개인적인 관계성에 대한 지나친 강조는 집단사고로 이행할 위험을 안고 있음을 지적하고 있다. 인연적 사회적 자본이 지배적인 경우 집단사고로 귀착하게 될 가능성이 보다 높을 것으로 판단된다.

Grabher(1993)가 루르지방의 석탄과 철강산업단지 쇠퇴 원인으로 지적한 세 가지 고착성 중 인식적 고착성(cognitive lock-in)은 집단 내 공통의 세계관으로 인한 집단사고 문제의 전형적인 예에 속한다.[35] 인식적 고착성으로 인해 루르 석탄·철강산업단지가 새로운 아이디어를 흡수할 수 없었고 둔감하게 된 것이다. 한때 카메라와 필름의 대명사처럼 알려졌던 코닥이 1975년 세계 최초로 디지털 카메라 기술을 개발해 놓고도, 자사 필름시장의 쇠퇴를 우려해 새로운 변화의 흐름에 늦게 반응하고 극심한 쇠퇴를 경험한 것 역시 집단사고의 부정적인 영향의 사례에 속한다(조선일보, 2010.10.9). 집단사고는 동일성(sameness)을 연계하고 집단 내 협력을 강조한다. 동일한 맥락에서, Olson(1982)은 특정 이해관계에 기초한 수평적 연대(horizontal associations)는 성장을 저해할 수 있음을 지적하고 있다.[36] 이와 같은 연대는 특혜적인

---

34) 지역적 경로의존성에 대한 박종화(2009: 246-251)의 연구에 의하면, 대구지역의 경우 내부지향적인 집단사고 등으로 인하여 새로운 기술적 및 생산적 역량에서 낮은 수준의 '수용역량(absorptive capacity)'을 나타내고, 결과적으로 '낮은 단계의 적응성'을 보여 주고 있다.

35) Grabher(1993)는 인식적 고착성 외에 기능적 고착성(functional lock-in)과 정치적 고착성(political lock-in)을 지적하고 있다. 기능적 고착성은 계층적인 기업관계에 토대한 것이고 정치적 고착성은 구조조정을 저해하는, 밀집되어 있고 조밀한 제도적 구조에 기인한 것이다.

36) 여기서의 수평적 연대는 집단 내에서의 연대, 즉 인연적 사회적 자본의 속성을 강조한 것이다. 이에 반해, Granovetter(1973, 1985)가 강조하는 '약한 연계(weak ties)' 또는 '횡단적 사회적 연계(cross-cutting social ties)'는 교량적 사회적 자본의 속성을 강조하는 것이다. 결과적으로, 사회구성집단들 간 이질성(disparate social groups)이 높을수록 인연적 사회적 자본의 부정적인 영향이 크게 나타날 것으로 보인다(Iyer et al., 2005: 1017).

정책을 향한 집단로비 등으로 나아갈 수 있기 때문이다. 결과적으로 이와 같은 행동은 전체사회에 부적절한 비용(disproportionate cost)을 부과하게 된다. 집단사고 형태의 부정적 측면에 대한 Ogilvie(2004)의 연구결과는 다음과 같다.

> 초기 현대 독일의 길드는 여성 노동자를 차별하고 배척했다. 여성은 도제관계(apprenticeship)로 받아들여져서는 안 된다는 규범을 강조함으로써 여성 노동자들은 길드 참여 자체가 배제되었다. 그 당시 여성들은, 극히 일부 예외의 경우를 제외하고는, 작업장(workshops)을 만드는 것 자체가 허용되지 않았다.

3. 과잉동조

Nahapiet and Ghoshal(1998: 243)은 사회적 자본을 '관계성의 네트워크로부터 유도되는, 관계성의 네트워크를 통해 이용 가능한, 관계성의 네트워크 내에서 착근되어 있는 실질적 잠재적 자원의 총계'라고 정의하고 있다. 지역혁신체계가 제대로 작동하기 위해서는 지역혁신네트워크가 필요하지만, 지역혁신네트워크가 존재한다는 사실 자체보다는 '지역혁신네트워크가 어떻게 구성되어 있는가' 하는 점이 보다 중요하다는 것이다. 네트워크 구성요소들, 연결밀도, 연결방향 등이 네트워크의 실제적·잠재적 역량을 결정할 것이기 때문이다. 과잉동조(overconformity) 현상은 네트워크 구성요소들 간 연결밀도와 연결방향에 문제가 발생하고, 소위 '목표와 수단의 대체현상' 등을 초래하는 문제점을 말한다.

특정 동태적 시스템에서 사회적 자본 등에 의해 활동의 연속적인 패턴이

'관례(groove)'를 형성하고 따라서 회피하기가 어렵게 될 경우, Setterfield (1997: 36)는 그 시스템이 특정한 기술, 산업 또는 제도적 체제에 과잉동조(over-committed)하고 있는 것이라고 규정한다. 조직 내이든 조직 간이든 과잉동조로 인해 Levitt and March(1996)가 지적하는 '역량함정(competence trap)'에 빠지게 되면 기존 개발경로에 고착되고 새로운 시장수요나 개발형태를 간과할 가능성이 높다. 동일한 맥락에서, 경제적 관계의 사회적 측면인 착근성(embeddedness)과 기업혁신성과 간의 관계에 대해 〈그림 16〉의 Uzzi 모형은 기존 신고전 모형과 착근성 모형을 보완하는 새로운 모형을 제시하고 있다.

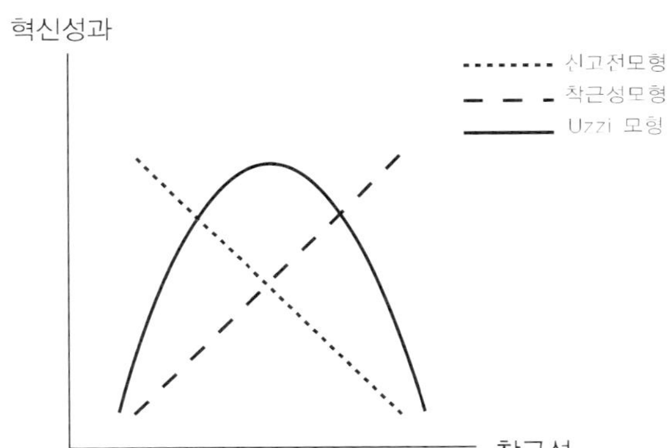

〈그림 16〉 착근성의 정도와 기업의 혁신성과의 관계
자료: Boschma et al.(2002: 31)

Uzzi 모형은 착근성과 혁신성과 간의 '역(逆)U자형' 관계를 제시한다. 즉, 경제적 관계의 사회적 측면(착근성)이 어느 수준까지는 혁신성과와 정의 관계를 이루지만, 그 수준을 넘어서면 부의 관계를 이루게 된다는 것이다. 이 관계는 기본적으로 지역경제성과와 발전단계(시간)에 대한 〈그림 15〉의 관계와 동일한 것이다. 높은 상호관계성 및 착근성이 경직성을 초래하고 부의 외부성을 형성해서 혁신을 저해하게 되는 것이다. 일정 수준을 넘어선 착근관계에 의한 과잉동조현상은 특정 교환관계에 고착되고 의사소통과 이해에 있어서 관계 특정적 투자에 지나친 의존을 초래할 수 있다. 더욱이, 계층적 형태의 거버넌스는 보다 대칭적인 관계에서 흔한 피드백 메커니즘을 결여하기 쉽다. 결과적으로 관료적 시스템에서는 새로운 아이디어가 제대로 보상을 받지 못하고 상호작용적 혁신과정이 생성되기 어려워진다(Boschma. 2005: 63-67).

Putnam et al.(1993)은 사회적 자본이 네트워크 내에서 조정과 협력을 촉진하며, 반복된 상호작용과 긍정적인 관계성을 통하여 사회적 자본이 창출된다고 보았다. 그러다 보니, 그들은 가족적인 유대나 커뮤니티와 같은 복잡하고 깊은 사회적인 연계를 흔히 언급한다. 그런데 지역혁신체계에서의 사회적 자본의 관계나 기여는, 복잡하고 깊은 사회적 관계나 유대관계의 긴 역사적 측면보다는 지역혁신역할주체들 간에 생산적인 상호작용 측면이 보다 중요하다. 그리고 기존 멤버들 간의 강력한 연계는 새로 오는 사람들이나 외부인을 배제하는 데 이용될지 모른다. 이 경우 시작단계의 기업들(start-up firms)은 큰 어려움을 겪을 수 있다. 멤버십이 멤버들 간의 통상적인 열등한 관리관행을 강화할지도 모르기 때문이다. 멤버들 간의 과잉동조 현상은 창의성이나 기업가정신을 질식시킬 뿐만 아니라 객관성의 상실(a loss of objectivity)을 이끌 수 있다(Brown and McNaughton, 2002).

> 높은 신뢰와 연대감을 보여 주는 집단이 그렇지 못한 집단보다는 경제적으로 훨씬 효율적이기는 하지만, 신뢰와 연대를 지닌 모든 형태가 반드시 유리한 것만은 아니다. 만약 (집단 내) 결속이 경제적 이성을 무력하게

한다면 공동체적 연대는 단지 친인척 등용이나 파벌의 형성을 초래할 따름 이다(구승회 역, 1996: 215).

사회집단들은 흔히 그 연계관계가 아주 복잡하게 이루어져 있기 때문에 한쪽으로 보면 사회 결속력이 강한 것으로 보이고, 또 다른 관점에서 보면 분산화와 대립 그리고 사회계층의 형성으로 보일 수 있다(구승회 역, 1996: 217). 기업연합체, 전문직의 연합, 조합, 로비단체 등은 대체로 구성원들의 이해관계를 대변한다. 하지만 사회의 중요 집단으로서 전체 사회의 경제적 이익을 돕는 경우는 거의 없다. 이런 이유로 다수의 경제학자들은 이런 조직체들이 집단 내 이해관계를 과잉대변하고 결과적으로 전체 사회의 경제효율성을 저하시키는 것이 아닌가 염려하고 있다. M. Olson은 안정된 민주사회의 경기침체는 늘어나는 이익단체의 증가 때문이라는 연구결과를 제시하고 있다(구승회 역, 1996: 216 재인용).

정책적 시사점

기존의 자본개념으로 측정할 수 없는 '사회적 영역'들이 생산성 제고나 관리과정에 존재하고 있다. 그 '사회적 영역'들이 지식기반사회로의 이행, 글로벌 경제로의 이행 그리고 정보화사회로의 이행 등의 환경변화와 맞물려 점점 더 확대되며 중요성의 비중도 강화되고 있다. 그런데 앞에서의 분석결과와 같이 네트워크 폐쇄, 집단사고, 과잉동조 등의 사회적 자본의 역기능성이 나타날 수 있다. 지역혁신체계에서 사회적 자본의 역기능적 측면을 축소하고 긍정적 측면을 강화하기 위해서, 역기능적 요소의 특성에 대응하여 정책적 시사점으로 구조적 차원, 관계적 차원, 그리고 인식적 차원을 검토한다. 물론 네트워크 폐쇄, 집단사고, 과잉동조 등의 역기능적 요소들이 엄밀하게 구분되는 것이 아닌 것처럼, 구조적·관계적·인식적 정책적 함의가 명확하게 따로 존재하는 것은 아니다.

1. 구조적 차원

지식기반경제로의 이행과정에서 지식과 혁신의 중요성이 계속적으로 강조되고 있다. 전통적 경제이론에서는 지식과 혁신은 중심지에서 개발되고 공간을 따라서 주변지역으로 확산해 가게 된다. 지식과 혁신의 이런 분포방식은 공간에서 성극화(polarization) 현상을 초래함으로 내재적으로 '계층적 구조(hierarchical structure)'를 가지게 된다. 그런데 지식기반경제에서는 사회경제적 관계성에서의 다양한 집합은 다양한 지리를 창출하게 된다. 신뢰·상호학습·공유의 공통아젠다·기타 등등에 토대한 역동적 혁신지구에 대한 강조가 강화될수록 그 관계성은 기업들 간의 네트워크에 토대한 '이질적 결합구조(heterarchical structure)'가 될 것이다(Cooke and Morgan, 1998; Raco, 1999: 951-953).

지역혁신체계가 제대로 작동하기 위해서는 지역단위에서의 혁신네트워크 존재 자체보다는 네트워크의 구성적 측면이 보다 중요하다. 네트워크 구조, 구성요소, 연결밀도, 연결방향 등이 중요한 것이다. 네트워크 폐쇄는 특정 네트워크가 그 자신을 환경으로부터 분리하는 방식이다. 폐쇄 네트워크의 구성원은 그 네트워크 내부에서는 밀접하고 상호작용적 관계를 가지지만, 네트워크 외부에 있는 실체들과는 부분적 또는 미약한 관계성만 가지고 있는 상태를 말한다. 폐쇄네트워크는 다른 네트워크와 이해관계가 일치하기 어렵고 지대추구적 행태(rent-seeking behavior)로 나아가 총합적 경제성과를 저하시킬 것으로 예상된다(Olson, 1982; Tura and Harmaakorpi, 2005: 1121).

사회적 자본으로 인한 네트워크 폐쇄의 문제는 네트워크가 잘못된 분야(영역)에서 작동하는 경우는 아니다. 하지만 지역혁신역할주체들이 사실상 필요로 하는 사회적 자본을 가지고 있지 않음으로써 발생하는 문제이다. 초기발전단계를 지나 인연적 사회적 자본에 비해 교량적 사회적 자본에 대한 수요가 높은데, 인연적 사회적 자본이 지배적인 경우 사회적 자본은 네트워크 폐쇄에 기여하게 된다는 것이 사회적 자본 역기능성 분석 논의의 초점이다. 지역혁신체계에서의 네트워크 구조를 보다 개방적이고 유연하게 발전시켜 가는 과정에서 사회적 자본에 대한 정책적 노력에는 무엇이 필요하고 어떻게 이를 진전시켜 나가야 하는가? 우선, '강한연계의 약함' 현상이 나타날 때까지는 긍정적인 네트워크의 효과가 지배적이라는 연구결과가 있으므로, 네트워킹의 강화쪽으로 정책적 노력이 필요할 것이다. 다만 정부기구가 사람들로 하여금 위험을 무릅쓰고 사회성을 발휘하고 서로를 신뢰해 가도록 하기는 매우 어려울 것이므로, 기존에 작동하고 있던 사회적 자본의 원천(예: 협의체, 시민단체 등)을 훼손하지 않도록 개입하는 면밀함이 필요할 것이다. 동일 맥락에서, Fukuyama(구승회 역, 1996: 411, 463)는 사회적 자본은 한 방향으로만 돌아가는 '미늘형 톱니바퀴'와 같아서, 사회적 자본을 강화하고자 하는 정부의 활동은 오히려 더 큰 낭비가 될 수 있음을 지적하고 있다.[37] 둘째, 사회적 자본의 속성에 따른 차별적 접근이 필요하다. 클러스터 출현요인과 클러스터의 지속적 성장기여요인들은 상이하다는 연구결과와 영국 캠브리지 사례연구

37) 최근 행동경제학자인 D. Ariely는 이스라엘 탁아소 경험을 사례로 사회적 규범과 시장의 규칙이 충돌하면 사회적 규범이 밀리고 시장의 규칙이 지배하게 됨을 지적하고 있다(장석훈 역, 2008: 113-122).

(Iyer et al., 2005: 1019-1020)에서 초기개발단계에서는 인연적 사회적 자본이 중요하고, 이후 교량적 사회적 자본의 중요성이 높아진다는 것이 제시되고 있다. 따라서 사회적 자본은 하나의 속성으로 접근하는 방식에서 벗어나 다양한 속성에 따른 다양한 대처가 필요하다.

실리콘 밸리, 제3이태리, 바덴 뷔르템베르크 주 등 소위 성공적인 신산업지구(NIDs)들은 유연노동력과 생산네트워크를 통해서 적응성과 혁신을 달성한 것으로 알려져 있다. 이들 산업지구의 조직과 리더십은 대규모의 수직적으로 통합된 회사 형태에서 얻어진 것이 아니라, 오히려 산업지구 나름대로의 전문화된 생산 및 서비스 체계에서 획득된 것이다. 특히 지구 내 수많은 이질적인 업체들 간의 횡적 네트워크(laternal networks) 개발을 통해서 지역경쟁력의 제고와 경제적 활동의 착근성을 이룩한 것이다(Raco, 1999: 951-953). 즉, 인연적 사회적 자본에 기반한 좁은 범위의 문화적 사회적 공통성을 벗어나 교량적 사회적 형태의 신뢰와 협력체계로 이행한 것이다.

2. 관계적 차원

사회적 자본이 집단사고 형태로 전체 사회에 부적절한 비용을 부과할 수 있음이 역기능성 분석에서 논의되었다. 개인적인 관계성의 지나친 강조 등으로 집단사고라는 부정적 외부성을 초래해서 집단구성원들 간에 제대로 된 정보공유를 차단할 수 있다는 것이다. 따라서 지역혁신역할주체들이 사실상 추구하지 않는 행동기회를 창출하게 된다는 것이다. 수평적 연대가 인연적 사회적 자본의 속성에 토대하고 있을 때 그리고 사회구성집단들 간 이질성이 높을 때 그 부정적인 영향이 보다 확대될 것으로 분석되었다. 그렇다면 지역혁신역할주체들 간의 관계성은 무엇에 토대를 두고, 어떻게 발전해 감으로써 그 부정적인 영향을 줄여갈 수 있을지에 대한 논의가 필요해진다.

사회적 자본은 경제 분석과정에 사회적 측면을 복원하고자 한 착근성의 이론화 그리고 사회경제적 영역에서 네트워크 구조의 중요성을 부각시킴으로써 주목받고 있다(Granovetter, 1985; Cooke and Morgan, 1998). 사회적 자본 논의는 개인의 행태에서 집단, 사회적 단위, 그리고 제도 등 적용영역이 광범위하고, 분석의 초점 역시 현상분석에서 갈등의 패턴분석으로 이행시키고 있다(Cooke at al., 2005: 1066). 그럼에도 불구하고, 교량적 사회적 자본에 비해 인연적 사회적 자본이 지배적인 경우 등에서, 개인적인 관계성에 대한 지나친 강조로 결국 집단사고로 이행하게 되고 사회적 자본의 역기능성이 노출될 수 있다. 따라서 지역혁신역할주체들이 사실상 추구하고 있는 행동기회를 창출하는 과정에서 시점과 상황에 맞는 네트워크 관계를 모색할 필요가 있다. Granovetter(1985)가 네트워크 접촉들 간에 강한 연계의 취약함과 약한 연계와 느슨한 결합의 강함을 지적하고 있는 것 역시 시점과 상황별 네트워크의 관계적 측면에 주목하고 있는 것을 보여 준다. Grabher(1993)가 언급한 루르 사례뿐만 아니라 코닥사례에서의 집단사고의 문제점 역시 사회적 자본의 활용측면이자 구성요소들 간의 관계적 측면을 검토할 필요성을 제시하고 있다. 지역실정에 맞는 네트워크 관계의 모색과정에서 Castaldi and Dosi(2003)가 '지역적 고착' 탈출과정에서 제시하고 있는 몇 가지 시나리오(토착적 창조, 이질성과 다양성, 다른 곳으로부터의 이식, 기술적 관련 산업의 다양화, 기존 산업 개선)를 참조할 수 있다(Martin and Sunley, 2006: 419-424 재인용). 로컬 산업, 기술 및 조직의 이질성과 다양성은 개인적인 관계성에 대한 지나친 의존을 원천적으로 어렵게 하고 혁신과 경제적 재구조화를 촉진할 수 있다. 지역성장의 신(新) 경로를 형성할 수 있도록 다른 곳으로부터 새로운 산업과 기술을 수입하고, 토착적 기술 창조 내지 기존 산업

개선노력은 집단사고로의 이행을 제어하고 새로운 변화 흐름에 대한 적응력을 높일 수 있을 것으로 기대된다.

Marshall(1916)은 산업국지화의 외부경제의 삼각 축으로 숙련 노동력, 지원 및 부속산업, 그리고 지식파급을 언급하였다. 그리고 이에 더하여, 관계적 측면으로 '허공 중에 있는 그 무엇(something in the air)' 또는 '산업적 분위기(industrial atmosphere)'를 포함하고 있다. Porter(1998, 2000)는 지역적 경쟁우위는 지리적으로 지방화된 또는 클러스터화된 활동의 중재와 역동성에서 연유한다고 하며, 강력한 로컬 경쟁관계, 양호한 요소투입조건, 요구사항이 많은 로컬고객, 로컬 기반한 역량 있는 공급업자 및 지원 산업의 존재를 소위 '다이아몬드 모델' 형태로 강조하고 있다. A. Marshall과 M. Porter의 논의를 종합하면, 지역적 경쟁우위는 성공요소들의 사회적 착근성의 정도와 그 요소들을 맺어 주는 촉진적 사회적 네트워크 관계이다. 즉, 소프트한 외부성의 형성 및 발전을 지역경쟁우위의 핵심으로 파악하고 있다(Kitson and Primost, 2005: 994). 이것은 Storper(1995)가 지역경쟁우위에서 '비거래적 상호의존관계'를 강조하고 있는 것과 동일한 맥락이다.[38)]

결과적으로, 거래과정에서 비경제적 교환 및 다양하고 촉진적인 사회적 관계의 중요성이 강조되고 있는 것이다. 동일맥락에서, Granovetter(1985: 492)는 현대산업사회에서의 경제적 행동은 사회적 관계의 구조 속에 착근되어 있다고 보았고, Krishna(2000: 79)는 구성원 간 신뢰와 협력 과정에서 제도적 자본(institutional capital)과 관계적 자본(relational capital)의 보완적 관계를 강조한다.[39)] 소진광(2004: 99-100)은 사회적 관계망의 종류와 단위의

38) Storper(1995)는 '비거래적 상호의존관계'의 내용으로 암묵지의 흐름, 기술적 파급효과, 신뢰와 협력의 네트워크, 그리고 규범과 전통의 로컬시스템을 포함하고 있다.

39) Krishna(2000: 79)는 구성원 간 신뢰 확대 및 협력과정에서 구조화된 제도 등은 제도적 자본 그리고 규범이나 신념(norms and beliefs) 등과 같이 무정형적이고 기능적인 것을

설정방식에 주목한다. 이들은 거래와 교환에서 개별 경제주체를 합리적 원자적 경제인으로 간주하는 전통적인 경제이론을 비판하고 사회적 관계구조 속의 개인 그리고 그 구조 속에 제대로 착근된 개인행태를 강조하고 있다.

3. 인식적 차원

지역혁신역할주체들 간의 네트워크 구조 내지 관계를 강조하는 주장이 기술개발과 생산 그리고 교환과정에서의 경제적인 논리를 부인하는 것은 아니다. 다만, 생산체계 및 거래관계에서 역할주체들이 네트워크 구조와 상황 속에서 움직이게 된다는 것을 강조하는 것이다. 네트워크 외부성과 파급효과 그리고 공통인지(common cognition) 등으로 인해 해당 네트워크의 수준과 강도가 높으면 높을수록 신뢰변수 등 사회적 자본의 지역적 착근 가능성이 높게 나타날 것으로 인지할 수 있다.[40] Porter(1990) 역시 지역혁신역할주체들의 공통입지를 통한 네트워크 연계성과 공유기대가 실질적인 파급효과에서 중요한 부분을 차지하고 있다는 점을 강조하고 있다. 지역혁신체계론, 클러스터론, 또는 혁신환경론(milieu) 등이 공통적으로 함의하는 것은, 해당 시스템이 불확실성을 줄이는 등의 형태로 기업의 행동을 조정하고 있다는 것이다(Camagni, 1991) 그리고 그 조정 메커니즘은 Lorenzen and Foss(2003)가

관계적 자본으로 구분한다. 그리고 제도적 자본과 관계적 자본의 강약에 따른 2X2 행렬 결합형태를 몰가치적 원자론적 형태, 강한 조직형태, 전통적인 결사형태, 그리고 높은 사회적 자본 형태로 분류한다. 즉 제도적 자본수준과 관계적 자본수준이 모두 약한 형태가 몰가치적 원자론적 형태이고, 모두 강한 형태가 높은 사회적 자본 수준 형태가 된다. 관계적 자본 수준은 약하지만 제도적 자본 수준은 강한 형태가 강한 조직형태가 되고, 그 반대는 전통적 결사형태이다.

40) 사회참여가 중앙 및 지방정부의 성과인식에 미치는 영향에 대한 최근 연구에서, 사회신뢰는 중앙 및 지방정부 수준에 상관없이 정부성과 인식에 긍정적인 영향을 미친다는 결과가 있다(유희정 · 이숙종, 2010).

강조하고 있는 것처럼, 인센티브 조정과 인식적 조정 메커니즘이 작동하고 있다는 것이다.

인센티브 조정(incentive coordination)은 평판효과와 사회적 제재 등이 지역기업가들 간에 존재하는 이해관계와 행태를 맞추도록 작동하게 되고 기회주의적인 행태를 피할 수 있도록 작동한다는 것이다. 물론 최근 중개활동 관련 연구들(박종화, 2006)은 전문화된 지역중개조직들이 불확실성 하에서 위험하거나 거래비용이 많이 들 수 있는 비즈니스를 촉진할 수 있다는 것을 보여 주고 있다. Lorenzen and Foss(2003)는 행태조정을 유인관점이 아니라 기업들 간에 내재적인 자기강화계약(implicit, self-reinforcing contracts) 내지 공통전략에 토대한 인식적 조정형태로 파악하고 있다. 상호협력하고 기회주의적인 행태를 삼가는 것은 단순히 인센티브의 문제가 아니라 정규적으로 상호작용하고 있던 기업들 간에는 언제나 존재하고 있었다는 것이다. 공유지식(shared knowledge)을 통해 기업들은 서로의 기술, 방법, 그리고 기타를 이해하게 되고, 어떻게 행위하고 협력할 것인가에 대한 공통전략을 개발하게 된다. 즉, 공유지식을 통해 인식적 조정을 얻게 된다는 것이다.

기업들은 협력과정에서 상호이해하게 되고 학습하게 되며, Loasby(1996)가 언급한 소위 '간접적인 역량(indirect capabilities)'을 개발하게 된다. 그러다 시간이 흐르게 되면 서로의 관심과 전략을 학습하고 조정하게 되면서 점차 특정 파트너에 대한 신뢰를 키워 가게 된다. 그러나 문제는 기업들 간에 공통지식을 형성하는 것은 시간과 노력이 많이 들게 된다는 것이다. 여기서 우리는 가족, 친구, 또는 친구의 친구 네트워크에 의존하게 된다(Lorenzen, 2002; Lorenzen and Foss, 2003). 그런데 과잉동조 등의 인식적 차원의 문제는 특정 네트워크가 집합적으로 그 초점을 잘못 설정하는 경우를 말한다. 해당 목적을 잘못 인식할 수도 있고, 또는 그 목적에 도달하는 수단을 잘못 인지하고 선택할 수도 있다. 결과적으로 인식적 차원의 문제는 해당 네트워크의 입지 및 활용 그리고 발전과정에서 유용한 외부정보에 대한 흡수 능력을 떨어뜨리게 되고 해당 네트워크 자체에 대한 손상을 초래할 수 있다. 예컨대, D. McGregor의 X이론에서의 가정과 같이 고용주가 근로자들은 원래부터 게으르고 믿을 수 없는 존재라 인지하고, 근로자들의 작업 활동을 매사 감시감독함으로써 생산성을 제고할 수 있다고 생각한다고 가정하자. 이 경우, 만일 저수준의 신뢰가 근로자들의 작업에 대한 보다 높은 감시비용을 초래하게 되고 결과적으로 생산성을 저하시키게 된다면 인지적 차원의 문제가 해당 네트워크에서 부정적 외부성을 초래하는 경우라고 할 수 있다.

우리는 의사나 교수가 그들의 전문직업적 규범과 원리를 따를 것으로 기대하기 때문에 고의로 우리를 해치거나 잘못된 것을 가르칠 것으로 생각하지 않는다. 즉, 사회적 학습과정을 통해 지역공동체 차원의 공통초점 내지 공통전략이 만들어진 것이다. 이와 같은 공통초점 내지 공통전략을 통해 지역공동체 내에 유사한 유추형성(analogy making)이 가능해지고 사회적 신뢰로 귀착되어 가는 것이다(Lorenzen and Foss, 2003).[41] 다만, 지역혁신역할주체들 간에 유사한 유추형성 형태로 신뢰를 정착시켜 가는 과정은 복합적 연계에 토대한 사회적 과정의 특성상 다른 형태의 인적자본의 투자과정과는 달리 시간이 많이 걸리고 쉽지 않을 것으로 보인다.

---

41) 동일한 맥락에서, Boschma(2005: 63-64)는 지나친 인식적 근접성으로 인한 문제를 풀어 가는 과정에서 다양하면서도 보완적인 역량(diverse but complementary capabilities)에 토대한 공통지식 형성을 강조하고 있다.

지역문제의 해결과정에서 지역혁신이 주목받고 있다. 그 과정에서 지역혁신역량, 지역혁신체계 등이 문제해결의 원천 내지 틀로 강조되어 왔다. 지역문제해결의 원천 내지 구조에 집중하는 연구 전통은 지역 경쟁력의 원천으로 지역혁신체계, 로컬 클러스터, 또는 혁신환경 관련 연구로 진전되고 있다. 이들이 제대로 작동하기 위해서는 해당 지역의 혁신역할주체들이 상호 유기적 연계관계를 맺고 상호 협력과 경쟁 그리고 집단학습이 토대가 되어야 한다. 그런데 혁신역할주체들의 상호 유기적 연계 및 협력관계를 보완하고 촉매작용을 하는 것으로써 최근 사회적 자본이 각광받고 있다.

사회적 자본의 보완성과 촉매성은 네트워크 형성과정에서 중요하고, 네트워크의 형성 및 작동이 생산성 제고과정에서 핵심적인 지식기반경제에서 사회적 자본의 속성은 더욱 주목받게 된다. 따라서 사회적 자본의 역할에 대해 다양한 분야에서 연구가 시도되고 있다. 특히, 사회적 자본의 존재방식 내지 수준형태로 사회적 자본의 개념에 대한 논쟁이 진전되고 있고, 거의 대부분 사회적 자본의 긍정적 역할 측면에 대한 검증 형태로 연구가 진전되고 있다. 그런데 '사회적 미덕에 속하는 모든 것'의 형태로 사회적 자본을 규정하거나 긍정적인 역할 측면에만 주목하는 것은 사회적 자본의 존재와 역할에 대한 미숙한 논의가 될 것이다. 그리고 지식기반경제로의 이행과정에서 그 수요가 확대될 것으로 예상되는 사회적 자본의 잠재적 역할에 대한 파악 및 분석에도 제대로 기여하지 못할 것으로 보인다.

따라서 본 논의에서는 지역혁신체계에서 사회적 자본 역할의 복합성 및 역기능성 등을 강조하였다. 특히 네트워크 폐쇄, 집단사고, 그리고 과잉동조의 문제점을 지역혁신체계에서의 사회적 자본의 역기능성으로 적시하고 분석하였다. 그리고 관련 정책적 함의로서 지역혁신 네트워크의 구조적 측면, 관계적 측면, 그리고 인식적 측면을 논의하였다. 사회적 자본의 역할을 제대로 포착하기 위해서는 다면적인 사회적 자본의 개념요소에 집중하는 논의보다 사회적 자본의 활용영역에서 잠재되어 있는 역기능적 측면의 속성을 밝히고 관련 정책적 함의를 제시하는 것이 필요하기 때문이다.

| 참고문헌 |

강병주. (2004). 「기업지원기관을 위한 지역혁신체제(RIS) 구축에 관한 연구」. 『국토계획』, 39(7): 193-210.

구승회 역. (1996). 『트러스트: 사회도덕과 번영의 창조』 (*Trust: The Social Virtues and the Creation of Prosperity* by F. Fukuyama (1995)). 한국경제신문사.

권태형 · 박종화. (2010). 「사회적 자본이 도시경쟁력에 미치는 영향분석」. 『지방정부연구』, 14(3): 97-116.

김동윤 · 오소현 역. (2008). 『사회자본』 (Social Capital by N. Lin(2001)). 커뮤니케이션북스.

김선배. (2001). 「지역혁신체제 구축을 위한 산업정책 모형」. 『지역연구』, 17(2): 79-97.

김시윤. (2008). 「사회자본과 경제성장에 대한 비판적 고찰 - 신뢰변수를 중심으로」. 『한국행정논집』, 20(4): 1067-1084.

박삼옥 · 남기범. (2000). 「중소기업 육성을 위한 지역혁신체계 및 산업지구 개발방향」. 『국토계획』, 35(3): 121-140.

박종화. (2006). 「지역혁신체계상의 중개모형 - 대구전략산업기획단의 경험」. 『국토계획』, 41(4): 171-187.

박종화. (2009). 「지역산업정책 형성과정에서의 경로의존성: 대구권 산업발전로드맵 수립과정의 경험」. 『국토연구』, 61: 235-254.

박희봉 · 김명환. (2000). 「우리나라 지역사회의 사회자본증진에 관한 연구」. 『한국정치학회보』, 34(4): 219-237.

소진광. (2004). 「사회적 자본의 측정지표에 관한 연구」. 『지역개발학회지』, 16(1):

89-118.

유평준·한상일·최호진. (2006). 「지역혁신클러스터의 학습과 혁신: 사회적 자본과 전략적 제휴와의 관계」. 『한국행정학보』, 40(1): 225-247.

유희정·이숙종. (2010). 「사회참여가 정부성과 인식에 미치는 영향 - 사회신뢰의 매개를 통하여」. 『한국정책학회보』, 19(3): 29-56.

장석훈 역. (2008). 『상식 밖의 경제학』 (*Predictably Irrational* by D. Ariely(2008)). 청림출판.

「조선일보」. (2010.10.9.)

최병훈·조현석. (2010). 「산업클러스터와 혁신 - 사회적 자본과 구조적 요인의 영향 분석」. 『한국정책학회보』, 19(3): 109-136.

Arrow, K. J. (2000). Observations on social capital. In P. Dasgupta and I. Serageldin (eds.) *Social Capital: A Multi-faceted Perspective*. Washington, DC: World Bank. 3-5.

Batten, D. F., K. Koboyashi, and A. E. Andersson. (1989). Knowledge, Nodes and Networks: An Analytical Perspective. In A. E. Andersson, K. F. Batten and C. Karlsson (eds.) *Knowledge and Industrial Organization*. Berlin: Springer. 1-18.

Boschma, R. A., J. G. Lambooy, and V. Schutjens. (2002). Embeddedness and innovation. In M. Taylor and S. Leonard (eds.) *Embedded Enterprise and Social Capital. International Perspectives*. Aldershot: Ashgate. 19-35.

Boschma, R. A. (2005). Proximity and Innovation: A Critical Assessment. *Regional Studies*, 39(1). 61-74.

Brown, P. and R. B. McNaughton. (2002). Global Competitiveness and Local Networks: A Review of the Literature. In R. B. McNaughton and M. B. Green (eds.) *Global Competition and Local Networks*. Burlington, VT: Ashgate. 3-37.

Burt, R. S. (1992). *Structural Holes: The Social Structure of Competition*. Cambridge, MA: The Harvard University Press.

Burt, R. S. (2000). The contingent value of social capital. In E. L. Lesser (ed.) *Knowledge and Social Capital: Foundations and Applications*. Boston, MA: Butterworth-Heinemann. 255-286.

Camagni, R. (1991). Local 'milieu', uncertainty and innovation networks: towards a new dynamic theory of economic space. In R. Camagni (ed.) *Innovation Networks: Spatial Perspectives*. London: Belhaven. 121-144.

Castaldi, C. and G. Dosi. (2003). The grip of history and the scope for novelty: some results and open questions on path dependence in economic processes. *Working Paper 2003/02*. Laboratory of Economics and Management, Sant'Anna School of Advanced Studies, University of Pisa.

Coleman, J. (1990). *Foundations of Social Theory*. Cambridge, MA: Belknap Press.

Cooke, P. and K. Morgan. (1998). *The Associational Economy*. Oxford: Oxford University Press.

Cooke, P., N. Clifton, and M. Oleaga. (2005). Social capital, firm embeddedness and regional development. *Regional Studies*, 39(8): 1056-1077.

De La Mothe, J. and G. Paquet. (1998). *Local and Regional Systems of Innovation*. London: Kluwer Academic Publishers.

Edquist, C. (1997). *Systems of Innovation: Technologies, Institutions, and Organizations*. London: Pinter.

Field, J. (2003). *Social Capital*. London: Routledge.

Fine, B. (2001). *Social Capital Vs Social Theory: Political Economy and Social Science at the Turn of the Millennium*. London: Rouledge.

Florida, R., R. Cushing, and G. Gates. (2002). When social capital stifles innovation. *Harvard Business Review*. August 20.

Fromhold-Eisebith, M. (2002). Innovative milieu and social capital - exploring conceptual complementaries. Paper presented at the 42nd Congress of the European Regional Science Association (ERSA). Dortmund, Germany. 27-31.

Glaeser, E., D. Laibson, and B. Sacerdote. (2002). The Economic Approach to Social Capital. *Economic Journal*, 612: 437-458.

Grabher, G. (1993). The weakness of strong ties: the 'lock-in' of regional development in the Ruhr area. In G. Grabher (ed.) *The Embedded Firm: On the Socio-Economics of Industrial Networks*. London: Routledge.

Granovetter, M. S. (1973). The strength of weak ties. *American Journal of*

Sociology, 78: 1360-1380.

Granovetter, M. S. (1985). Economic action and social structure: the problem of embeddedness. *American Journal of Sociology*, 78: 1360-1380.

Grootaert, C. (1998). Social Capital: The Missing Link? Social Capital Inititive. *Working Paper No. 3*. NY: World Bank (available at: http://www.poverty.worldbank.org/library/view/11998/).

Grootaert, C. and T. van Bastelaer. (2001). Understanding and Measuring Social Capital: A Synthesis of Finding and Recommendations from the Social Capital Initiative. Center for Institutional Reform and the Informal Sector(IRIS). University of Maryland. *Working Paper No. 24*.

Grootaert, C., D. Narayan, M. Woolcock, and V. Nyhan-Jones. (2003). Measuring Social Capital: An Integrated Questionaire. *Working Paper No. 18*. NY: World Bank (available at: http://www.poverty.worldbank.org/library/view/5459/).

Iyer, S., M. Kitson, and B. Toh. (2005). Social Capital, Economic Growth and Regional Development. *Regional Studies*, 39(8): 1015-1040.

Kaufmann, A. and F. Töedtling. (2000). Systems of innovation in traditional industrial regions. The case of Styria in a comparative perspective. *Regional Studies*, 34: 29-40.

Kitson, M. and D. Primost. (2005). *Corporate Responses to Macroeconomic Changes and Shocks*. Report to the Economic and Social Research Council (ESRC). Swindon.

Krischna, A. (2000). Creating harnessing social capital. In P. Dasgupta and I. Serageldin (eds.) *Social Capital: A Multi-faceted Perspective*. Washington, DC: World Bank. 71-93.

Landry, R., N. Amara, and M. Lamari. (2002). Does social capital determine innovation? To what extent?. *Technological Forecasting and Social Change* 69: 681-701.

Levitt, B. and J. March. (1996). Organizational learning. In M. D. Cohen and L. S. Sproull (eds.) *Organizational Learning*. Thousand, Oaks, CA.: Sage. 516-541.

Loasby, B. J. (1996). Capabilities. In N. J. Foss and B. J. Loasby (eds.) *Economic*

Organization, Capabilities and Coordination: Essays in Honour of G. B. Richardson. London: Routledge.

Lorenzen, M. (2002). Ties, trust, and trade elements of a theory of coordination in industrial clusters. *International Studies of Management and Organizations* 31(4): 14-34.

Lorenzen, M. and N. J. Foss. (2003). Cognitive Coordination, Institutions and Clusters: An Exploratory Discussion. In D. Fornahl and T. Brenner (eds.) *Cooperation, Networks and Institutions in Regional Innovation Systems*. Edward Elgar. 82-104.

Lundvall, B. (1992). *National Systems of Innovation: Towards a Theory of Innovation and Interactive Learning*. London: Pinter.

Maillat, D. and B. Lecoq. (1992). New technologies and transformation of regional structures in Europe: The role of the milieu. *Entrepreneurship & Regional Development*, 4: 1-20.

Marshall, A. (1916). *The Principles of Economics*. London: Macmillan.

Martin, R. and P. Sunley. (2006). Path dependence and regional economic evolution. *Journal of Economic Geography*, 6: 395-437.

Nahapiet, J. and S. Ghoshal. (1998). Social Capital, Intellectual Capital, and the Organizational Advantage. *Academy of Management Review*, 23(2): 242-265.

Nijkamp, P., G. van Oirschot, and A. Oosterman. (1994). Knowledge networks, science parks and regional development: An international comparative analysis of critical success factors. In J. R. Cuadrado-Roura, P. Nijkamp and P. Salva (eds.) *Moving Frontiers: Economic Restructuring, Regional Development and Emerging Networks. Avebury*. 225-246.

North, D. C. (1990). *Institutions, Institutional Change and Economic Performance*. Cambridge: Cambridge University Press.

Ogilvie, S. C. (2005). The use and abuse of trust: social capital and its deployment by early modern guilds. *Economic History Yearbook*. 15-52.

Olson, M. (1982). *The Rise and Decline of Nations: Economic Growth, Stagflation, and Social Rigidities*. New Haven: Yale University Press.

Porter, M. E. (1990). *The Competitive Advantage of Nations*. New York: The

Free Press.

Porter, M. E. (1998). Clusters and the New Economics of Competition. *Harvard Business Review*. Nov-Dec. 77-90.

Porter, M. E. (2000). Location, Competition, and Economic Development: Local Clusters in Global Economy. *Economic Development Quarterly* 14(1): 15-34.

Portes, A. (1998). Social capital: its origins and applications in modern sociology. *Annual Review of Sociology*, 24: 1-24.

Putnam, R. D., R. Leonardi, and R. Nanetti (1993). *Making Democracy Work: CivicTraditions in Modern Italy*. Princeton: Princeton University Press.

Putnam, R. D. (2000). *Bowling Alone: The Collapse and Revival of American Community*. New York: Simon & Schuster.

Raco, M. (1999). Competition, collaboration and the new industrial districts: examining the institutional turn in local economic development. *Urban Studies* 36(5/6): 951-968.

Schienstock, G. and T. Hämäläinen. (2001). *Transformation of the Finnish Innovation System. A Network Approach*. Sitra Reports Series No. 7. Hakapaino Oy, Helsinki.

Storper, M. (1995). The resurgence of regional economies ten years later: the region as a nexus of untraded interdependencies. *European Urban and Regional Studies*, 2: 191-221.

Tura, T. and V. Harmaakorpi. (2005). Social Capital in Building Regional Innovative Capability. *Regional Studies*, 39(8): 1111-1125.

Uzzi, B. (1997). Social structure and competition in interfirm networks: the paradox of embeddedness. *Administrative Science Quarterly* vol.42. Ithaca, NY: The Johnson School at Cornell University. 36-67.

Woolcock, M. (1999). *Managing Risk, Shocks, and Opportunity in Developing Economies: The Role of Social Capital*. Development Research Group, The World Bank(unpublished).

출처

제1장 박종화. (2003). 「지식기반산업의 입지」. 『한국행정논집』, 15(3): 709-728을 토대로 재작성.

제2장 Park, Jong Hwa. (2009). Locational Environment, Obstacles and Policy Demands in an Emerging Cluster. *International Journal of Public Administration*, 13(3):107-125를 토대로 재작성.

제3장 박종화. (2009). 「지역산업정책 형성과정에서의 경로의존성: 대구권 산업발전 로드맵 수립과정의 경험」. 『국토연구』, 61: 235-254를 토대로 재작성.

제4장 권태형·박종화. (2011). 「지방정부 기업지원의 전략적 실행모형의 모색 - 대구 스타 기업 육성 프로젝트의 경험」. 『한국행정논집』, 23(1): 343-370을 토대로 재작성.

제5장 김동진·박종화. (2006). 「도시문화산업과 경쟁력 결정요인 - 분석적 계층화(AHP) 기법을 이용한 상대적 중요도를 중심으로」. 『한국행정논집』, 18(1): 311-333을 토대로 재작성.

제6장 권태형·박종화. (2010). 「사회적 자본이 도시경쟁력에 미치는 영향분석」. 『지방정부연구』, 14(3): 97-116을 토대로 재작성.

제7장 박종화. (2011). 「지역혁신체계에서 사회적 자본의 역기능성」. 『국토연구』, 69: 63-82를 토대로 재작성.

찾아보기

[X]

X이론 249

[ㄱ]

가치사슬 43, 66, 94, 163, 169, 172-178, 186, 187

간접적인 역량 248

개방성 87, 201, 204, 206, 207, 208, 210, 212, 214

결합 22, 23, 24, 45, 127, 131, 245

경로의존성 57, 80-91, 99-110, 221, 237

고착성 54, 84, 85, 86, 88, 89, 100, 101, 105, 108, 109, 223, 232, 233, 237

공유지식 248

과잉동조 222, 238, 239-242, 248, 250

과학단지 14

관계적 자본 192, 246, 247

교량적 사회적 자본 230, 231, 233, 234, 237, 243, 244, 245

구조적 구멍 225

국가혁신체계 120

국지화 경제 28, 36

규범 66, 158, 161, 192, 199, 200-204, 206-211, 214, 221, 222, 224, 226, 238, 243, 246, 249

기능적 고착성 100, 237

기술적 고착성 84, 85, 88, 89

[ㄴ]

내부 경제 28, 46

내부화 22, 23

내재적인 자기강화계약 248

네트워크 18, 23, 25, 27, 30, 34, 36, 45, 49, 64, 65, 69, 71, 72, 73, 85-90, 108, 109, 118, 121-123, 125, 127-129, 136, 138, 140, 142, 146, 150, 151, 154, 155, 157, 158, 169, 174, 185, 187, 191-193, 199-201, 203, 206-208, 210, 213, 214, 221-228, 231-236, 238, 240-243, 245-250

네트워크 폐쇄 231, 235, 241, 242, 243, 250

네트워크 효과 20, 87

노동의 공간적 분할 가설 26

[ㄷ]

다영역 연계 231

대도시 지향론 25, 26

도시경쟁력 167, 190, 191, 194, 195,

196, 198, 201, 205, 206, 208, 209, 210, 212-215
도시경쟁력 191
도시공동체 196, 202, 213
도시문화산업 161-188
도시화 경제 28, 36, 46

[ㄹ]
로슬린연구소 68

[ㅁ]
문화 51, 118, 161-166, 170, 173, 186, 227, 236, 244
문화산업 161-166, 168, 169, 170, 173, 176, 186, 187
밀착형 공동 R&BD 모형 127, 131, 132, 138, 150, 151, 152, 157, 158

[ㅂ]
부의 고착성 232, 233
분산 지향론 25, 27-31
분석적 계층화 기법 162, 163, 175, 186, 187
비거래적 상호의존관계 246
빈 공간 가설 26

[ㅅ]
사회적 규범 199, 243
사회적 신임 225
사회적 인프라 68, 90, 100
사회적 자본 23, 36, 90, 190-193, 195-202, 207, 208, 210, 212-215, 221-226, 228-238, 240, 241, 243, 244, 245, 247, 250, 251
사회화 22
산-학-관 협력전략 34, 35
산업지구 14, 15, 27, 28, 30, 90, 119, 244
삶의 질 가설 31, 32
생산비 가설 26
서비스형 도시문화산업 165, 178-187
선택적 집중전략 32-34
쇼핑상의 경제 28
수확체증 17, 20, 22, 23, 24, 38, 85, 86, 88, 89, 106
쉐필드 문화산업단지 170
스타기업 124, 125, 133-158
시스템 자본 192
신뢰 23, 36, 37, 38, 64, 66, 192, 193, 195, 198-202, 206-210, 212, 214, 221, 222, 224, 230, 233, 236, 240, 242, 243, 244, 246, 248, 249

[ㅇ]
암묵지 21-24, 30, 37, 38, 46, 66, 246
약한 연계 231, 233, 234, 237, 245
연계 거버넌스 모형 127-129, 136, 150, 154, 158
연계성의 경제 28
연계적 사회적 자본 231
외부화 22
유추형성 249

이도향농가설 26
이질적 결합구조 242
인센티브 조정 248
인식적 고착성 100, 237
인연적 사회적 자본 230, 233, 234, 235, 237, 243, 244, 245
일반화된 신뢰 234
임계용량 49
입지의 역설 227
입지적 기회의 창 106

[ㅈ]

정의 고착성 232, 233
정치적 고착성 100, 237
정치적 인프라 89, 91, 100
제도 13, 19, 23, 81-83, 85, 86, 88-90, 100, 101, 108, 117, 126, 146, 152, 153, 156, 162, 191, 193, 200, 201, 203, 212, 223, 227, 237, 239, 245, 246
제도적 이력 89
제도적 자본 246, 247
제조업형 도시문화산업 165, 178-187
지식기반경제 13, 14, 15, 18, 19, 21, 32, 34, 38, 47, 87, 117, 118, 133, 161, 186, 194, 210, 222-236, 242, 250
지식기반산업 13-20, 22-27, 30-34, 36, 38, 39, 55, 60, 80, 204
지식기반환경 204, 207-211, 214
지식산업 16, 29, 80
지식의 내용 17, 23, 24
지역 다이너미즘 가설 31, 32
지역산업구조 90, 97, 100, 110, 134
지역산업분포 90
지역적 경로창조성 105-107
지역적 적응성 105, 107-109
지역조직 형태의 노후화 가설 31, 32
지역혁신역량 134, 157, 221, 223, 228, 250
지역혁신체계 29, 117-121, 123, 124, 127, 128, 131, 136, 157, 158, 221-224, 226-229, 231, 232, 234, 236, 238, 240-243, 247, 250
지역혁신클러스터 230
집단눈가림 232
집단협력 201, 203, 204, 206, 207, 208, 210, 213, 214, 215
집적 지향론 27-30
집적경제 28, 46, 89, 91

[ㅊ]

착근성 56, 70, 82, 90, 234, 239, 240, 244, 245, 246
창조적 긴장 222, 235

[ㅋ]

클러스터 14, 15, 29, 43-52, 54-73, 84, 90, 92, 93, 95, 97, 119, 122, 162, 163, 168, 213, 221, 230, 243, 246, 247, 250

[ㅌ]
탈(脫)대도시 지향론 25-27, 31
특별화된 신뢰 233, 234

[ㅍ]
프로세스 모형 127, 129-131, 142, 150, 151, 155, 158

[ㅎ]
형성기 클러스터 43-73
형식지 21-24, 30, 37, 38, 46, 66